"十四五"职业教育国家规划教材

ERP 供应链管理系统

（用友 U8 V10.1）

主　编　庞靖麒　马　娟
副主编　郑圣慈　张晓琳　马晓东　孟凡功
参　编　卜艳艳　宋良文　刘　荣

北京理工大学出版社
BEIJING INSTITUTE OF TECHNOLOGY PRESS

版权专有 侵权必究

图书在版编目(CIP)数据

ERP供应链管理系统：用友U8V10.1 / 庞靖麒，马娟主编. -- 北京：北京理工大学出版社，2019.8（2024.8重印）
ISBN 978-7-5682-7313-8

Ⅰ. ①E… Ⅱ. ①庞… ②马… Ⅲ. ①企业管理 – 供应链管理 – 计算机管理系统 Ⅳ. ①F274-39

中国版本图书馆CIP数据核字（2019）第150771号

责任编辑：申玉琴		**文案编辑**：申玉琴	
责任校对：周瑞红		**责任印制**：施胜娟	

出版发行 /	北京理工大学出版社有限责任公司
社　　址 /	北京市丰台区四合庄路6号
邮　　编 /	100070
电　　话 /	（010）68914026（教材售后服务热线）
	（010）68944437（课件资源服务热线）
网　　址 /	http://www.bitpress.com.cn
版 印 次 /	2024年8月第1版第10次印刷
印　　刷 /	唐山富达印务有限公司
开　　本 /	787 mm×1092 mm　1/16
印　　张 /	23
字　　数 /	532千字
定　　价 /	55.00元

图书出现印装质量问题，请拨打售后服务热线，负责调换

前 言

为贯彻落实《国家职业教育改革实施方案》，促进产教融合校企"双元"育人，本书的编写团队在对山东五征集团、东升地毯集团、日照裕鑫动力有限公司、日照实信税务师事务所等多家公司开展深入调研的基础上，吸纳了日照海港装卸有限公司、国网山东日照供电公司具有丰富用友软件操作经验的财务管理人员，根据企业业务及从业人员素质要求进行内容选择和编写体例设计。本书依托用友 ERP – U8V10.1 软件，以商业企业典型业务为载体，依据《企业会计准则及其指南（2018 版）》及最新税法，处理信息化环境下商业企业的购销存经济业务。

本书按照企业供应链业务流程设置了建账赋权、财务软件初设设置、采购业务、销售业务、库存管理与存货核算五个项目。为确保学习者掌握操作原理，明晰操作过程，培养职业素质，本书对供销任务进行了精心设计，通过任务描述、任务解析、原始凭证、岗位说明、业务流程、知识链接、操作指导、注意事项和拓展延伸来开展每个任务的学习，将管理理念渗透于业务，同时配备了原理讲解及流程操作一体的微课来辅助学习，使学习者对接企业实务，并可根据自身需要开展相关业务的拓展学习。此外，本书配套了"会计信息化"课程的课程标准、单元设计、课件、习题等优质教学资源，为教学提供了有力保障。

本书是山东省精品资源共享课"会计信息化"建设成果之一，也是国家级教学成果奖"基于'五三三'培养模式提升统会专业群教师信息化教学能力的探索与实践"的标志性成果之一。本书以清晰的业务流程、准确的操作步骤、高仿真的原始凭证、全面的操作演示和详细的内容讲解启发学习者思考，提高学习者使用财务软件处理经济业务和财务管理的能力。

本书由庞靖麒、马娟担任主编，郑圣慈、张晓琳、马晓东、孟凡功担任副主编，卜艳艳、宋良文、刘荣参编。编写分工如下：卜艳艳（日照职业技术学院）编写子项目1.1、1.2；马晓东（国网山东日照供电公司）编写子项目2.1、2.2；刘荣（日照职业技术学院）编写子项目2.3；马娟（日照海港装卸有限公司）审阅采购业务原始凭证并编写子项目2.4、3.1；张晓琳（日照职业技术学院）编写子项目2.5、5.1；庞靖麒（日照职业技术学院）编写子项目3.2、4.2；郑圣慈（日照职业技术学院）编写子项目4.1；宋良文（日照市农业学校）编写子项目5.2；孟凡功（日照海港装卸有限公司）审阅销售业务原始凭证并编写子项目5.3。庞靖麒绘制了全书的原始凭证，并对全书进行了统稿审阅。

本书得到了日照海港装卸有限公司、国网山东日照供电公司、山东五征集团有限公司、东升地毯集团有限公司、日照实信税务师事务所、日照天勤代理记账公司、日照裕鑫动力有限公司、日照港集团物流公司的大力支持，在此深表感谢。

由于时间仓促，加之编者水平有限，书中难免存在疏忽和不当之处，恳请广大读者批评指正。

编　者

目 录

项目一　建账赋权

子项目1.1　账套与用户管理 ……………………………………… 3
　任务1　建立账套 ………………………………………………… 3
　任务2　增加用户 ………………………………………………… 7
子项目1.2　权限管理 ……………………………………………… 8
　任务1　赋予功能权限 …………………………………………… 8
　任务2　分配数据权限 …………………………………………… 10

项目二　财务软件初始设置

子项目2.1　设置基础档案 ………………………………………… 17
　任务1　建立部门和人员档案 …………………………………… 17
　任务2　建立客商档案 …………………………………………… 21
　任务3　建立财务档案 …………………………………………… 25
　任务4　设置收付结算信息 ……………………………………… 30
　任务5　建立存货档案 …………………………………………… 33
　任务6　建立业务档案 …………………………………………… 36
子项目2.2　设置单据 ……………………………………………… 41
　任务1　设置单据编号 …………………………………………… 41
　任务2　设置单据格式 …………………………………………… 42
子项目2.3　设置参数 ……………………………………………… 45
　任务1　设置采购参数 …………………………………………… 45
　任务2　设置销售参数 …………………………………………… 47
　任务3　设置库存参数 …………………………………………… 49
　任务4　设置存货核算参数 ……………………………………… 52
　任务5　设置往来核算参数 ……………………………………… 54
　任务6　设置总账参数 …………………………………………… 57
子项目2.4　设置科目 ……………………………………………… 60
　任务1　设置存货核算科目 ……………………………………… 60
　任务2　设置往来管理系统科目 ………………………………… 62

目 录

子项目 2.5　录入期初余额 ……………………………………… 67
- 任务 1　录入采购期初余额 ………………………………… 67
- 任务 2　录入库存期初余额 ………………………………… 69
- 任务 3　录入存货核算期初余额 …………………………… 72
- 任务 4　录入应收系统期初余额 …………………………… 75
- 任务 5　录入应付系统期初余额 …………………………… 78
- 任务 6　录入总账系统期初余额 …………………………… 79

项目三　采购业务

子项目 3.1　普通采购业务 ……………………………………… 89
- 任务 1　赊购 ………………………………………………… 89
- 任务 2　现付采购 …………………………………………… 100
- 任务 3　付款核销 …………………………………………… 107
- 任务 4　运费分摊 …………………………………………… 111
- 任务 5　预付款采购 ………………………………………… 119
- 任务 6　本月货到单未到 …………………………………… 128
- 任务 7　暂估业务 …………………………………………… 131
- 任务 8　单到货未到业务 …………………………………… 137

子项目 3.2　特殊采购业务 ……………………………………… 141
- 任务 1　合理损耗 …………………………………………… 141
- 任务 2　非合理损耗 ………………………………………… 147
- 任务 3　现金折扣采购 ……………………………………… 154
- 任务 4　商业汇票背书 ……………………………………… 162
- 任务 5　买赠同种商品 ……………………………………… 169
- 任务 6　采购退货 …………………………………………… 177
- 任务 7　采购拒收 …………………………………………… 184

项目四　销售业务

子项目 4.1　普通销售业务 ……………………………………… 194
- 任务 1　赊销 ………………………………………………… 194

目录 Contents

  任务2 现结销售 …………………………………… 203
  任务3 预收款销售 ………………………………… 211
  任务4 现金折扣及代垫运费 ……………………… 219
  任务5 一次开票分次出库 ………………………… 227
  任务6 一次出库分次开票 ………………………… 237
  任务7 商业汇票结算业务 ………………………… 245
子项目4.2 特殊销售业务 …………………………… 252
  任务1 超订单出库开票 …………………………… 252
  任务2 外币结算销售 ……………………………… 260
  任务3 直运销售 …………………………………… 266
  任务4 定金销售 …………………………………… 276
  任务5 委托代销 …………………………………… 288
  任务6 零售日报 …………………………………… 304
  任务7 销售退货 …………………………………… 309
  任务8 销售折让 …………………………………… 316

项目五 库存管理与存货核算业务

子项目5.1 库存管理业务 …………………………… 325
  任务1 存货盘点 …………………………………… 325
  任务2 发放非货币性福利 ………………………… 329
  任务3 对外捐赠 …………………………………… 333
子项目5.2 存货核算业务 …………………………… 336
  任务1 录入暂估成本 ……………………………… 336
  任务2 计算发出存货成本 ………………………… 339
子项目5.3 期末业务处理 …………………………… 343
  任务1 计算汇兑损益 ……………………………… 343
  任务2 期末结账 …………………………………… 345
参考文献 ………………………………………………… 352

微课资源目录

建立账套 …………………………………………………… 04
增加用户 …………………………………………………… 07
赋予功能权限 ……………………………………………… 09
分配数据权限 ……………………………………………… 11
建立部门档案 ……………………………………………… 18
建立人员类别 ……………………………………………… 19
建立人员档案 ……………………………………………… 19
地区分类 …………………………………………………… 23
客户分类 …………………………………………………… 23
建立客户档案 ……………………………………………… 24
供应商分类 ………………………………………………… 25
建立供应商档案 …………………………………………… 25
设置外币及汇率 …………………………………………… 28
修改会计科目 ……………………………………………… 28
增加会计科目 ……………………………………………… 29
指定会计科目 ……………………………………………… 29
设置凭证类别 ……………………………………………… 29
设置结算方式 ……………………………………………… 31
设置付款条件 ……………………………………………… 32
设置开户银行 ……………………………………………… 32
设置计量单位 ……………………………………………… 35
建立存货档案 ……………………………………………… 35
建立仓库档案 ……………………………………………… 38
建立收发类别 ……………………………………………… 38
建立采购类型 ……………………………………………… 38
建立销售类型 ……………………………………………… 39
建立费用项目 ……………………………………………… 40
设置单据编号 ……………………………………………… 41

设置单据格式…………………………………………………… 43
设置采购参数…………………………………………………… 46
设置销售参数…………………………………………………… 48
设置库存参数…………………………………………………… 50
设置存货核算参数……………………………………………… 53
设置应收款参数………………………………………………… 55
设置应付款参数………………………………………………… 56
设置总账参数…………………………………………………… 58
设置存货科目…………………………………………………… 61
设置存货对方科目……………………………………………… 62
设置应收款基本科目…………………………………………… 64
设置应收款控制科目…………………………………………… 64
设置应收款结算科目…………………………………………… 65
设置坏账准备…………………………………………………… 65
设置应付款基本科目…………………………………………… 66
录入采购期初余额……………………………………………… 68
录入库存期初余额……………………………………………… 70
录入存货核算期初余额………………………………………… 72
录入应收系统期初余额………………………………………… 76
录入应付款期初余额…………………………………………… 78
录入总账期初余额……………………………………………… 81
赊购业务………………………………………………………… 92
现付采购………………………………………………………… 102
付款核销………………………………………………………… 109
运费分摊………………………………………………………… 114
预付款采购……………………………………………………… 122
本月货到单未到………………………………………………… 130
单到货未到业务………………………………………………… 139
合理损耗采购…………………………………………………… 144
非合理损耗……………………………………………………… 150
现金折扣………………………………………………………… 157
商业汇票背书转让……………………………………………… 165

买赠同种商品	172
采购退货	179
采购拒收	186
赊销	197
现结销售	206
预收款销售	214
现金折扣与代垫运费	223
一次开票分次出库	231
一次出库分次开票	240
商业汇票结算	248
外币销售	263
直运销售	270
定金—设置单据及权限	280
收取定金	281
确认收入	282
委托代销初始设置	292
委托代销发货	294
确认收入	297
确认代销手续费	299
结算货款	302
零售日报	306
销售退货	311
销售折让	317
存货盘点	326
发放非货币性福利	331
对外捐赠	334
暂估成本录入	337
计算发出存货单价	340
计算汇兑损益	343
期末结账	346
期初入库单录入错误	351
存货核算系统无法记账	351

库存管理表体无法编辑 …………………………………………… 360
开户银行信息无法保存 …………………………………………… 360
审核不到采购发票 ………………………………………………… 360
无法生成到货单 …………………………………………………… 360
核销时没有付款单 ………………………………………………… 360
预付款凭证错误 …………………………………………………… 360
暂估业务无法执行记账 …………………………………………… 360
参照入库单生成的发票无法保存 ………………………………… 360
设置订单自动关闭 ………………………………………………… 360
汇票贴现 …………………………………………………………… 360
签订无法估计退货率合同 ………………………………………… 360
签订可估计退货率合同 …………………………………………… 360
处理销售存在质量问题商品 ……………………………………… 360
运费分摊 …………………………………………………………… 360
签发商业汇票 ……………………………………………………… 360
债务重组 …………………………………………………………… 360
计提存货跌价准备 ………………………………………………… 360
月末处理 …………………………………………………………… 360

学习导航

同学们好，欢迎开启 ERP 供应链管理系统的学习旅程！党的二十大提出"建设现代化产业体系，坚持把发展经济的着力点放在实体经济上，推进新型工业化，加快建设制造强国、质量强国、航天强国、交通强国、网络强国、数字中国。"建设现代化强国是以现代经济为支撑，需要现代供应链的集成管控与优化。本书将针对商品物资的购销存，展开软件流程、原理、内控制度的学习，为了便于大家掌握软件操作原理、熟悉业务流程、了解相关内控制度，学习中须优化内控流程、关注国家政策法规，并借助在线教学平台提升学习效率，希望大家学有所获！

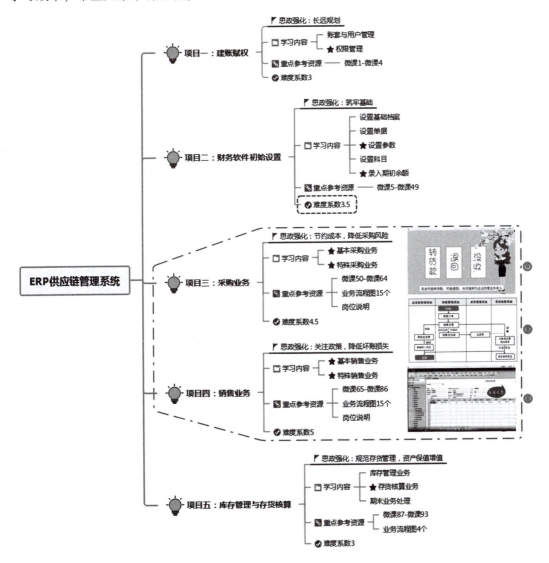

项目一
建账赋权

职业能力目标

目标类型	目标要求	对应子项目
能力目标	能建立企业账套	子项目1.1
	能对用户进行管理	子项目1.1
	能给用户赋予权限	子项目1.2
知识目标	了解账套的基本原理及作用	子项目1.1
	熟悉用户及权限的管理流程及作用	子项目1.2
	掌握系统管理员与账套主管的权限差异	子项目1.2
素质目标	培养学生具有整体规划意识	子项目1.1~1.2
	帮助学生明晰岗位分工、树立职责意识	

典型工作任务

项目	子项目	典型工作任务
建账赋权	账套与用户管理	建立账套
		增加用户
	权限管理	赋予功能权限
		分配数据权限

项目背景资料

日照瑞泽商贸有限责任公司是一家从事家用电器购销活动的商贸公司，公司法人代表马瑞泽，公司的信息如下：

一、公司基本信息

1. 单位信息。

单位名称：日照瑞泽商贸有限责任公司；单位简称：瑞泽商贸；单位地址：山东省日照市淄博路56号。

2. 开户银行及账号。

人民币户：中国建设银行烟台路支行　　账号：37002200369852147852

美元户：中国银行威海路支行　　账号：37012200369745678912

3. 统一社会信用代码：913706210036544569。

二、科目设置及辅助核算要求

日记账：库存现金、银行存款。

银行账：银行存款。

客户往来：应收票据—银行承兑汇票、应收票据—商业承兑汇票、应收账款—人民币、应收账款—美元、预收账款—人民币、预收账款—美元、预收账款—定金（不受控于应收系统）。

供应商往来：应付票据—商业承兑汇票、应付票据—银行承兑汇票、应付账款——一般应付账款、应付账款—暂估应付账款（不受控于应付系统）、预付账款。

个人往来：其他应收款—个人往来。

三、企业的会计政策和核算方法

1. 存货业务处理：公司主营家用电器，分仓库存放，采用实际成本法核算。企业共计5个仓库：冰箱、彩电、空调、家用小电器和其他仓库。其中冰箱、彩电、空调、其他仓库采用先进先出法核算存货发出成本，家用小电器仓库采用全月平均法核算存货发出成本。

2. 财产清查的处理：公司每月月末对存货进行盘点清查，根据盘点结果编制"盘点表"，并与账面数据进行比较，经管理部门审批后再进行相应处理。

3. 坏账损失的处理：企业仅对应收账款计提坏账准备，每年年末，按应收账款余额百分比法计提坏账准备，提取比例为5%。

子项目1.1 账套与用户管理

制度法规——中国制度图谱清晰绘就

任务1 建立账套

【任务描述】

日照瑞泽商贸有限责任公司是一家从事家用电器购销活动的商贸公司，公司于2019年9月1日使用用友软件进行财务核算，请根据以下信息建立企业的账套。

1. 账套信息。

账套号：009；账套名称：瑞泽商贸账套；账套路径：默认；启用会计期2019年9月；会计期间设置：9月1日至12月31日。

2. 单位信息。

单位名称：日照瑞泽商贸有限责任公司；机构代码及税号：913706210036544569；单位简称：瑞泽商贸；单位地址：山东省日照市淄博路56号；法人代表：马瑞泽；联系电话、传真：0633-7987070；电子邮件：rzsm@163.com。

3. 核算类型。

本币代码：RMB；本币名称：人民币；企业类型：商业；行业性质：2007年新会计制度科目；账套主管：默认；需要按行业性质预置科目。

4. 基础信息：企业有外币核算，需要对存货、客户、供应商进行分类。

5. 编码方案。

(1) 科目编码级次：4-2-2-2。

(2) 客户分类、供应商分类及存货分类编码级次：2-2。

(3) 收发类别的编码级次：1-2。

(4) 其他编码默认。

6. 数据精度：系统默认。

7. 系统启用：启用【总账】、【应收款管理】、【应付款管理】、【采购管理】、【销售管理】、【库存管理】、【存货核算】系统，启用日期为2019年9月1日。

【任务解析】

该任务要求建立账套并启用财务软件的相关系统。

【岗位说明】

由系统管理员admin根据相关信息，在【系统管理】中完成建账工作，并启用相关系统。

【知识链接】

账套是一组相互关联的数据，每个进行独立核算的企业都应该建立一套完整的账簿体系，各账套间的数据相互独立，互不影响。企业进行业务处理之前，需要在系统中将企业的基本信息、核算方法、业务处理规则等加以设置，这个过程被称为建立账套。

【操作指导】

1. 执行【开始】-【所有程序】-【用友U8V10.1】-【系统服务】-【系统管理】命令，或双击【系统管理】图标，打开【系统管理】窗口，执行【系统】-【注册】命令，打开【登录】对话框。

1 建立账套

2. 在【登录到】文本框中输入服务器名称，【操作员】输入"admin"，密码为空，选择【账套】为"default"。

3. 在【用友U8系统管理】窗口，执行【账套】-【建立】命令，弹出【创建账套】窗口，单击【新建空白账套】按钮，单击【下一步】按钮。

4. 进入【创建账套-账套信息】窗口，输入【账套号】"009"，【账套名称】为"瑞泽商贸账套"，【账套语言】和【账套路径】默认，【启用会计期】为"2019年9月"，如图1.1.1所示，单击【下一步】按钮。

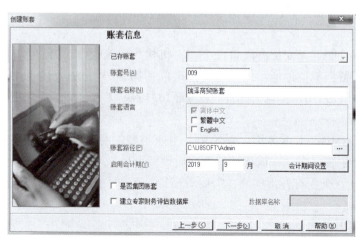

图1.1.1 账套信息

5. 进入【创建账套–单位信息】窗口,输入【单位名称】、【机构代码】等信息,单击【下一步】按钮。

6. 进入【创建账套–核算类型】窗口,【本币代码】、【本币名称】信息默认,选择【企业类型】为"商业",【行业性质】为"2007年新会计制度科目",【账套主管】默认,勾选"按行业性质预置科目(S)"复选框,如图1.1.2所示,单击【下一步】按钮。

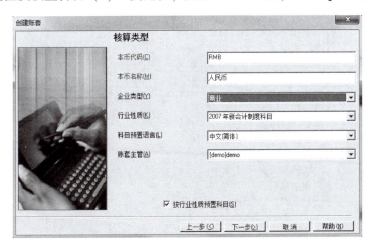

图1.1.2 核算类型

7. 进入【创建账套–基础信息】窗口,勾选"存货是否分类""客户是否分类""供应商是否分类""有无外币核算"复选框,单击【下一步】按钮。

8. 进入【创建账套–开始】窗口,单击【完成】按钮,系统提示"可以创建账套了吗?",单击【是】按钮,系统开始创建账套。

9. 经过几分钟的等待,系统弹出【编码方案】窗口,根据资料所给信息,输入或修改编码方案,如图1.1.3所示。

10. 单击【确定】按钮,关闭【编码方案】窗口。系统弹出【数据精度】窗口,默认系统的设置,单击【取消】按钮或关闭窗口,系统提示"日照瑞泽商贸有限公司:[009]建账成功,您可以现在进行系统启用的设置,或以后从[企业应用平台–基础信息]进入[系统启用]功能,现在进行系统启用的设置?",单击【是】按钮。

11. 进入【系统启用】窗口,按照任务要求启用【总账】、【应收款管理】等7个系统,启用日期均为"2019–09–01",如图1.1.4所示。单击【退出】按钮,建账完毕。

【注意事项】

1. 账套号是账套的唯一标志,设置后不允许修改,新建的账套号与系统内已经存在的账套号不可重复。

2. 启用"供应链"模块时,要注意【企业类型】的选择,"工业"和"商业"两种企业类型下其业务范围有差异。

3. 编码方案设置完毕后,单击【确定】按钮,然后需要关闭【编码方案】窗口,才能进行下一步的操作。

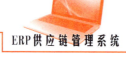

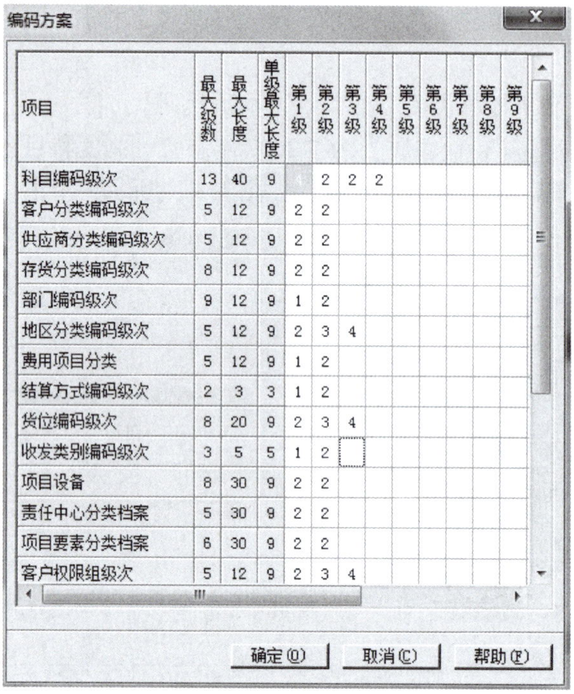

编码方案

项目	最大级数	最大长度	单级最大长度	第1级	第2级	第3级	第4级	第5级	第6级	第7级	第8级	第9级
科目编码级次	13	40	9	4	2	2	2					
客户分类编码级次	5	12	9	2	2							
供应商分类编码级次	5	12	9	2	2							
存货分类编码级次	8	12	9	2	2							
部门编码级次	9	12	9	1	2							
地区分类编码级次	5	12	9	2	3	4						
费用项目分类	5	12	9	1	2							
结算方式编码级次	2	3	3	1	2							
货位编码级次	8	20	9	2	3	4						
收发类别编码级次	3	5	5	1	2							
项目设备	8	30	9	2	2							
责任中心分类档案	5	30	9	2	2							
项目要素分类档案	6	30	9	2	2							
客户权限组级次	5	12	9	2	3	4						

确定(O) 取消(C) 帮助(F)

图 1.1.3 编码方案

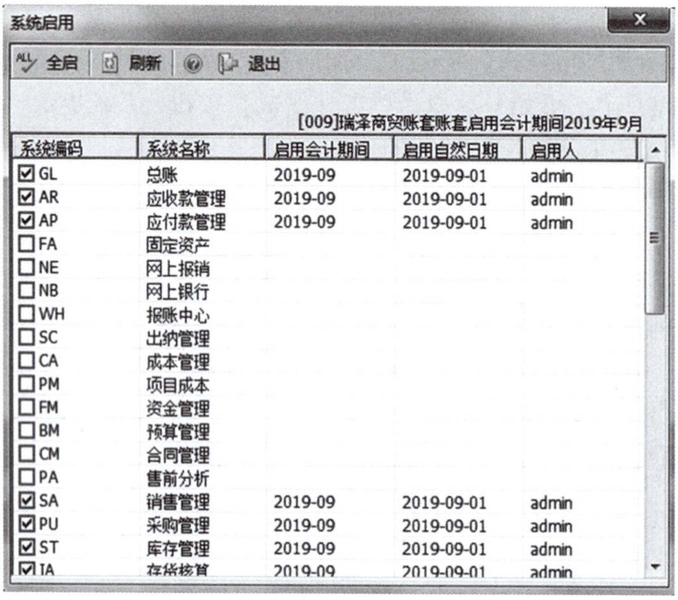

系统启用

全启 刷新 退出

[009]瑞泽商贸账套账套启用会计期间2019年9月

系统编码	系统名称	启用会计期间	启用自然日期	启用人
☑GL	总账	2019-09	2019-09-01	admin
☑AR	应收款管理	2019-09	2019-09-01	admin
☑AP	应付款管理	2019-09	2019-09-01	admin
☐FA	固定资产			
☐NE	网上报销			
☐NB	网上银行			
☐WH	报账中心			
☐SC	出纳管理			
☐CA	成本管理			
☐PM	项目成本			
☐FM	资金管理			
☐BM	预算管理			
☐CM	合同管理			
☐PA	售前分析			
☑SA	销售管理	2019-09	2019-09-01	admin
☑PU	采购管理	2019-09	2019-09-01	admin
☑ST	库存管理	2019-09	2019-09-01	admin
☑IA	存货核算	2019-09	2019-09-01	admin

图 1.1.4 系统启用

【拓展延伸】

不同企业可以根据企业类型和行业性质建立个性化账套，系统根据建账时企业类型的选择实现差别化的科目预置。同时应注意各系统启用时间的要求，【销售管理】系统的启

用月份必须大于等于【应收款管理】系统的未结账月，【采购管理】系统的启用月份必须大于等于【应付款管理】系统的未结账月。当【库存管理】晚于【采购管理】启用时，若存在着根据"采购订单"生成的"采购入库单"，则【库存管理】系统无法启用。当【库存管理】晚于【销售管理】启用时，若存在着【库存管理】系统启用前"发货单"对应的"出库单"，则需要先删除该"出库单"，否则【库存管理】系统无法启用。

任务2　增加用户

【任务描述】

用户信息如表1.1.1所示，请根据所给信息增加用户。

表1.1.1　用户信息

编码	姓名	用户类型	隶属部门
zg01	张亚	普通用户	财务部
kj01	马英	普通用户	财务部
kj02	刘凯	普通用户	财务部
cn01	徐莲	普通用户	财务部
cg01	王强	普通用户	采购部
xs01	李超	普通用户	销售部
ck01	孟新	普通用户	仓储部

【任务解析】

该任务要求增加用户。

【岗位说明】

由系统管理员admin在【系统管理】中完成操作。

【知识链接】

用户又称操作员，指有权登录【企业应用平台】并进行业务操作的人员。用户每次登录都要进行身份验证，为保障软件系统和财务数据的安全，需要对其进行设置。只有系统管理员admin才有权设置用户。

【操作指导】

1. 以系统管理员admin身份登录到【系统管理】。

2. 在【用友U8系统管理】窗口，执行【权限】-【用户】命令，打开【用户管理】窗口，单击【增加】按钮，弹出【操作员详细情况】窗口，输入【编号】"zg01"，【姓名】"张亚"，【所属部门】"财务部"。

2 增加用户

3. 单击【增加】按钮，按照表1.1.1所给信息增加其他用户，全部增加完毕后，单击【取消】按钮退出，如图1.1.5所示。

图 1.1.5　用户列表

【注意事项】

1. 注意区分用户与角色。角色是指在企业管理中拥有某一类职能的组织，如往来会计、出纳、销售主管等。

2. 只有系统管理员 admin 才能增减用户。

3. 用户编码是唯一的，即使不同的账套，用户编码也不能重复。

4. 一个角色可以分配给多个用户，一个用户也可以拥有多个不同的角色。

【拓展延伸】

基础档案的增加、修改、删除、查询权限，通过【基本信息】-【公共目录】进行设置，而供应链系统的出库单、入库单的增加、修改、删除、查询等权限，是通过权限列表下的【基本信息】-【公共单据】进行设置的。

制度法规——完善权力制约机制

子项目 1.2　权限管理

任务 1　赋予功能权限

【任务描述】

用户权限信息如表 1.2.1 所示。请根据所给信息，给用户进行赋权操作。

表1.2.1　用户授权分工

编码	姓名	职务	操作分工
zg01	张亚	主管	账套主管
kj01	马英	会计	凭证的审核、查询、对账、结账
kj02	刘凯	会计	拥有【财务会计】-【总账】、【应收款管理】、【应付款管理】及【供应链】-【存货核算】的权限
cn01	徐莲	出纳	拥有【总账】-【凭证】-【出纳签字】和【总账】-【出纳】的权限、【财务会计】-【应收（付）款管理】-【日常处理】-【收（付）款单据处理】权限
cg01	王强	采购员	拥有【供应链】-【采购管理】的权限
xs01	李超	销售员	拥有【供应链】-【销售管理】的权限
ck01	孟新	库管员	拥有【供应链】-【库存管理】和【基本信息】-【公共单据】权限

【任务解析】

该任务要求在符合内部控制的前提下，对用户进行财务分工。

【岗位说明】

本任务既可以由系统管理员admin完成所有用户的授权工作，也可以由账套主管完成所管辖账套下其他用户的授权操作。

【知识链接】

实际工作中，为保障企业经营数据的安全，满足内部控制的需求，需要进行合理的财务分工。在增加了用户、建立好账套后，对用户进行权限赋予，其实质是指定用户对账套数据的处理权限及操作范围。

【操作指导】

1. 以系统管理员admin身份登录到【系统管理】，在【用友U8［系统管理］】界面执行【权限】-【权限】命令，打开【操作员权限】窗口。

2. 单击窗口右上角的下拉框，选中"［009］瑞泽商贸账套"，在左侧的操作员列表中，选中"zg01 张亚"，勾选"账套主管"复选框，系统提示"设置普通用户：［zg01］账套主管权限吗？"，单击【是（Y）】按钮。

3 赋予功能权限

3. 选中操作员列表中的"kj01 马英"，单击工具栏【修改】按钮，再单击右侧权限列表中【财务会计】-【总账】-【凭证】前面的"＋"，展开【凭证】下的所有权限，分别勾选"审核凭证""查询凭证"复选框。打开【财务会计】-【总账】-【期末】前的"＋"，展开【期末】下的所有权限，勾选"对账""结账"复选框，单击【保存】按钮，完成对kj01的授权。

4. 选中操作员列表中的"kj02 刘凯"，单击【修改】按钮，勾选【财务会计】的"总账""应收款管理""应付款管理""供应链""存货核算"复选框，单击【保存】按钮，如图1.2.1所示。

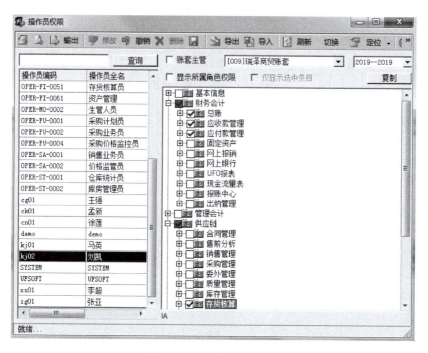

图 1.2.1　用户 kj02 赋权

5. 同理给其他用户赋予功能权限。

【注意事项】

1. 一个账套可以设定多个账套主管，账套主管自动拥有该账套的所有权限。
2. 拥有不同权限的操作员进入系统后，所看到的系统界面及可操作的功能是不同的。
3. 除 admin 可以给用户授权外，账套主管可对所管辖账套除账套主管以外的其他用户进行授权。

【拓展延伸】

企业可以先设定角色，然后分配权限给角色，再进行用户的设置。当设置用户时勾选角色，该角色拥有的权限会自动地传递到该用户。

任务 2　分配数据权限

【任务描述】

将【用户】数据权限授予刘凯。

【任务解析】

该任务要求在进行数据权限控制的基础上，给特定用户进行数据权限的分配。

【岗位说明】

本任务由账套主管 zg01 操作完成。

【知识链接】

用友 ERP – U8V10.1 除提供用户对各系统操作的功能权限之外，还相应地提供了数据权限和金额权限管理，对数据的字段级和记录级的控制。当进行了数据权限控制后，需完成数据权限的分配才能进行正常业务处理。

【操作指导】

1. 以账套主管 zg01 身份登录到【企业应用平台】，【操作日期】为"2019 – 09 – 01"。

2. 在【系统服务】选项卡下，执行【权限】–【数据权限分配】命令，打开【权限浏览】窗口，单击左侧的【用户】"kj02 刘凯"，【业务对象】选中"用户"，再单击【授权】按钮。

4 分配数据权限

3. 打开【记录权限设置】窗口，勾选"主管"前的复选框，单击【保存】按钮，系统弹出提示信息"保存成功，重新登录门户，此配置才能生效"，单击【确定】按钮，关闭【记录权限设置】窗口。

4. 返回到【权限浏览】窗口，如图 1.2.2 所示。

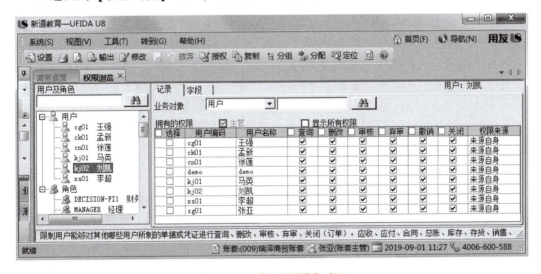

图 1.2.2 【权限浏览】窗口

【注意事项】

1. 如果进行了数据权限设置，则须进行数据权限分配，只有这样才能真正拥有相应的操作权限。

2. 账套主管也可以通过取消数据权限控制的方式，使用户进行正常业务操作。

【拓展延伸】

用友 U8 软件可以实现三个层次的权限管理，即功能权限管理、数据权限管理和金额权限管理，后两者使授权更加精细、有效。功能权限管理在【系统管理】中设置，而数据权限管理和金额权限管理通过【企业应用平台】的【数据权限】加以设置。

财务新世界

财务机器人来了

财务机器人，是机器人流程自动化（Robotic Process Automation，RPA）的一种。RPA以机器人作为虚拟劳动力，依据预先设定的程序与现有用户系统进行交互并完成预期的任务。从目前的技术实践来看，现有的RPA还仅适用于高重复性、逻辑确定并且稳定性要求相对较低的流程。

通俗点说，就是借助一些能够自动执行的脚本完成一系列原来需要人工完成的工作，但凡具备一定脚本生成、编辑、执行能力的工具，都可以称为机器人。看起来还是有点神秘，换成我们现实中的例子：喜欢玩游戏的，肯定都用过诸如"按键精灵"一类的软件，其实就是RPA的一种。估计还有不少喜欢用外挂的朋友，中过某些人的招，用"按键精灵"一类的软件，偷偷记录你的用户名和密码。经常熟练使用Excel的"童鞋"，应该知道Excel可以录制宏，并用于后续批量操作，这个也是RPA的一种。做过SAP实施的，SAP的BDC，Batch Input，BAPI，User Exit，等等的使用，其实都是RPA。说白了，就是通过记录某一业务操作处理的界面操作（点鼠标、敲键盘等），并生成相应的程序代码，然后再通过循环调用的模式，完成大量的同类型业务操作。所以，RPA不是突然冒出来的，财务机器人也不是突然才出来的"东东"。Excel 97版就有录制宏的功能，而SAP早在46C版本就可以做BDC，所以这其实是老早就有的。以前做SAP实施的时候，数据的批量导入，预制凭证批量生成，其实都是财务机器人。只是那时候正在做企业信息化，可做的事儿多，眼界没那么宽广，没想过这可以被大肆宣传和广泛应用，做成一个新的产业。

由于机器不吃喝拉撒，不酗酒，不赌博，不打架，不失恋，没有情绪波动，性能优秀且稳定，非常受资本家欢迎。和工业时代的机器替代人工，其实是一个原理。但是，RPA最大的问题是，不思考、不学习。有人会把RPA和最近火热的AI（人工智能混在一起），认为他俩天生一对儿，焦不离孟。但是，很不幸，当下的RPA和AI基本上没关系，因为RPA只执行既有的固化流程，它从不学习，也不需要学习，从不思考，也无法思考。因此，财务机器人的优势适合在公司信息化程度够高的情况下，处理那些量大的、流程标准规范的、稳定的、不需要人工干预的业务流程，比如：规范的凭证记账、费用报销、发票校验、资金支付，甚至一些规范的财务报表、增值税抵扣（电子发票）、税务申报之类的事儿，都是财务机器人的强项。这些工作，在财务管理范畴，通常被称为操作型财务或运营型财务。操作型或运营型财务工作，对于大企业而言，信息化程度够高的情况下，原本就是比较边缘化的工作，好多企业通过建立财务共享中心，甚至于完全的外包，来规范这些财务工作的操作，降低财务人员的成本，当然为了社会稳定而保留的岗位不算哈；而小企业的信息化程度没那么高，所以还需要专人来负责处理，但小企业可以考虑外包财务（未来负责做外包财务的公司也可以采用机器人来降低自身的成本）的做法。所以无论财务机器人是否盛行，这一类财务人员的工作都不是自身能够决定的，如果想把命运掌握在自己手里，则需要考虑在财务工作上的转型。

财务机器人的劣势，导致需要根据人工判断的业务流程，基本都是目前的财务机器人无法代替的。那么，哪些财务工作是财务机器人无法触及的呢？财务管理范畴，除了操作型财务外，还有业务伙伴财务和专家财务。业务伙伴财务，主要工作职责是为公司经营管理提供业务财务数据及报表分析，高层战略决策落地的支持，协助提升业务部门的销售和服务，等等，常见工作包括经营分析、绩效评价、全面预算管理等各方面。专家财务，主要是公司相关领域的财务管理政策的制定、维护、培训等，比如税务政策、风险管理制度、司库（资金）管理、审计管理、外部关系维护等。

因此，作为财务管理的从业人员，要逐渐让自己的工作重心转向业务伙伴财务及专家财务，一方面能够为公司提供更高价值的财务工作，一方面能够让自己的职业生涯更为持久。作为财务从业人员，你大致了解未来的方向了吗？

（文章来源：https：//zhuanlan.zhihu.com/p/49709287）

项目小结

建账赋权		
子项目	任务列表	学习内容
账套与用户管理	1. 建立账套	账套的作用
		建立账套的流程及注意问题
	2. 增加用户	用户的含义及作用
		增加用户的方法
权限管理	1. 赋予功能权限	授权的意义作用
		用户功能权限授予的方法
	2. 分配数据权限	数据权限的含义
		分配数据权限的方法
		取消数据权限控制的方法

项目二

财务软件初始设置

职业能力目标

目标类型	目标要求	对应子项目
能力目标	能建立企业的部门、职员、存货、仓库等档案	子项目2.1
	能根据业务需要设置常用单据格式和编号方式	子项目2.2
	能设置科学合理的系统参数	子项目2.3
	能设置存货核算、往来系统核算科目	子项目2.4
	能正确录入各系统期初余额	子项目2.5
知识目标	掌握企业各系统基础档案设置的顺序及方法	子项目2.1
	理解单据格式和编号设置的方法及意义	子项目2.2
	掌握基本参数的含义及对后续业务的影响	子项目2.3
	掌握存货科目、存货对应科目的设置原理	子项目2.4
	理解往来系统期初余额录入的方法及注意事项	子项目2.5

续表

目标类型	目标要求	对应子项目
知识目标	掌握总账系统与各系统期初余额间的关系	子项目2.5
	掌握采购、销售系统期初余额的类型及录入方法	子项目2.5
	理解库存管理及存货核算系统期初余额的关系	子项目2.5
	掌握供应链系统期初余额录入、记账的先后顺序	子项目2.5
素质目标	培养学生细心谨慎的工作态度	子项目2.1~2.5
	培养学生认真高效的工作作风	
	培养学生具有长远规划和价值创造的意识	

典型工作任务

项目	子项目	典型工作任务
财务软件初始设置	设置基础档案	建立部门和人员档案
		建立客商档案
		建立财务档案
		设置收付结算信息
		建立存货档案
		建立业务档案
	设置单据	设置单据编号
		设置单据格式
	设置参数	设置【采购管理】系统参数
		设置【销售管理】系统参数
		设置【库存管理】系统参数
		设置【存货核算】系统参数
		设置【应收(付)款管理】系统参数
		设置【总账】系统参数
	设置科目	设置【存货核算】系统科目
		设置【应收、应付款管理】系统科目
	录入期初余额	录入【采购管理】系统期初余额
		录入【库存管理】系统期初余额
		录入【存货核算】系统期初余额
		录入往来系统期初余额
		录入【总账】系统期初余额

项目背景资料

日照瑞泽商贸有限责任公司在正式使用财务软件前，整理了企业的档案数据，并录入软件系统，为后续软件的基础设置奠定基础。企业相关的档案资料如下。

一、企业的基础档案数据

1. 企业的部门人员档案。（略）

2. 企业的客商档案。

企业目前有日照凌云商贸公司、济南银座商贸公司、徐州天盛百货公司、杭州佳美购物中心等8家主要客户。企业的主要供应商有5家，分别是青岛海尔集团有限公司、TCL集团股份公司、美的集团公司、九阳股份有限公司、苏泊尔集团有限公司，此外企业主要通过山东速达物流公司办理运输业务。

3. 企业财务信息。

企业主要使用人民币核算，偶尔发生美元业务，外币核算采用固定汇率，期初人民币对美元的汇率为：1:6.860；会计凭证使用通用记账凭证。

4. 收付结算信息。

企业收付结算用到的方式主要包括现金、支票、电汇等8种方式，为提前收回货款，企业设置了两种现金折扣条件，分别是：4/10，2/20，$n/30$ 以及 2/20，1/40，$n/60$。

5. 企业存货信息。

企业存货主要包括冰箱、彩电、空调、小家电和其他5类。

6. 业务档案。

企业存货分仓库进行核算，建立了冰箱库、彩电库、空调库等5类仓库，除家用小电器库使用全月平均法外，其他仓库均使用先进先出法核算发出存货成本。

二、单据格式及编号要求

根据企业特点从格式和编号两方面设置符合业务需要的单据。

三、参数设置

根据业务需要，对于所启用的软件系统进行参数设置，包括【采购管理】、【销售管理】、【库存管理】、【存货核算】、【应收款管理】、【应付款管理】、【总账】系统。

四、科目设置

企业在进行基本科目设置的基础上，为了简化后期通过【应收款管理】系统、【应付款管理】系统和【存货核算】系统生成凭证的工作量，需要对这三个系统的会计科目进行初始设置。其中【存货核算】系统包括存货科目和存货对方科目的设置,往来核算系统包括基本科目、控制科目和结算方式科目的设置。

五、各系统期初余额

通过查询明细账,发现企业在使用财务软件核算前,采购、库存、应收账款、应付账款等均有期初余额,需要将期初余额录入到各系统。

制度法规——五年规划
的力量

子项目2.1 设置基础档案

任务1 建立部门和人员档案

【任务描述】

根据表2.1.1、表2.1.2、表2.1.3建立企业的部门档案和人员档案。

1. 瑞泽商贸公司的部门档案如表2.1.1所示。

表2.1.1 部门档案信息

部门编码	部门名称	部门属性	部门编码	部门名称	部门属性
1	管理中心	管理部门	2	采购部	采购管理
101	办公室	综合管理	3	销售部	市场营销
102	财务部	财务管理	4	仓储部	仓储物流

2. 瑞泽商贸公司的人员类别如表2.1.2所示。

表2.1.2 人员类别信息

分类编码	类别名称	分类编码	类别名称
10101	管理人员	10102	采购人员
10103	销售人员	10104	仓储人员

3. 瑞泽商贸公司的人员档案如 2.1.3 所示。

表 2.1.3　人员档案信息

人员编码	姓名	性别	行政部门	雇佣状态	人员类别	是否业务员
101	马瑞泽	男	办公室	在职	管理人员	是
201	张亚	女	财务部	在职	管理人员	是
202	马英	女	财务部	在职	管理人员	是
203	刘凯	男	财务部	在职	管理人员	是
204	徐连	女	财务部	在职	管理人员	是
301	王强	男	采购部	在职	采购人员	是
401	李超	男	销售部	在职	销售人员	是
501	孟新	男	仓储部	在职	仓储人员	是

【任务解析】

该任务要求建立企业的部门档案及人员档案。

【岗位说明】

本任务由账套主管根据所给信息建立企业的部门档案、人员类别档案，并在此基础上建立人员档案。

【知识链接】

基础档案是用友 ERP－U8V10.1 开展会计核算的基础，各子系统共享公共的基础档案信息。由于基础数据之间存在着先后承接关系，因此基础档案的设置应遵循一定的顺序。因为企业的人员档案需要用到部门信息和人员类别信息，所以在建立人员档案前应先建立好企业的部门档案和人员类别档案。

【操作指导】

一、建立部门档案

1. 以账套主管 zg01 身份登录到【企业应用平台】，【操作日期】为"2019－09－01"。

2. 在【基础设置】选项卡中，执行【基础档案】－【机构人员】－【部门档案】命令，打开【部门档案】窗口。

5 建立部门档案

3. 单击【增加】按钮，【部门编码】录入"1"，【部门名称】录入"管理中心"，【部门属性】录入"管理部门"，单击【保存】按钮或按 F6 键，再单击【增加】按钮或按 F5 键，继续录入其他部门档案，全部增加完毕后如图 2.1.1 所示。

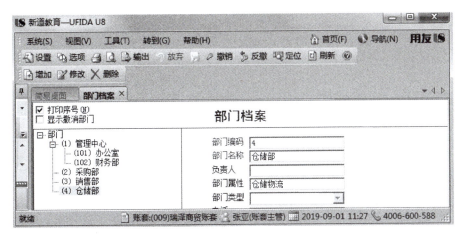

图 2.1.1 建立部门档案

二、建立人员类别

1. 关闭【部门档案】窗口,执行【基础档案】-【机构人员】-【人员类别】命令,打开【人员类别】窗口。

2. 单击选中左侧人员类别"正式工",再单击【增加】按钮,系统弹出【增加档案项】窗口,【档案编码】录入"10101",【档案名称】录入"管理人员",如图 2.1.2 所示。

6 建立人员类别

图 2.1.2 建立人员类别

3. 单击【确定】按钮,按照要求继续增加其他人员类别,全部增加完毕后,关闭【增加档案项】窗口,单击【退出】按钮。

三、建立人员档案

1. 执行【基础档案】-【机构人员】-【人员档案】命令,打开【人员列表】窗口,目前【人员列表】窗口显示为空。

7 建立人员档案

2. 单击【增加】按钮,打开【人员档案】窗口,【人员编码】录入"101",【人员姓名】录入"马瑞泽",【性别】选择"男",【行政部门】选择"办公室",【雇佣状态】选择"在职",【人员类别】选择"管理人员",勾选"是否业务员"复选框,如图2.1.3所示。

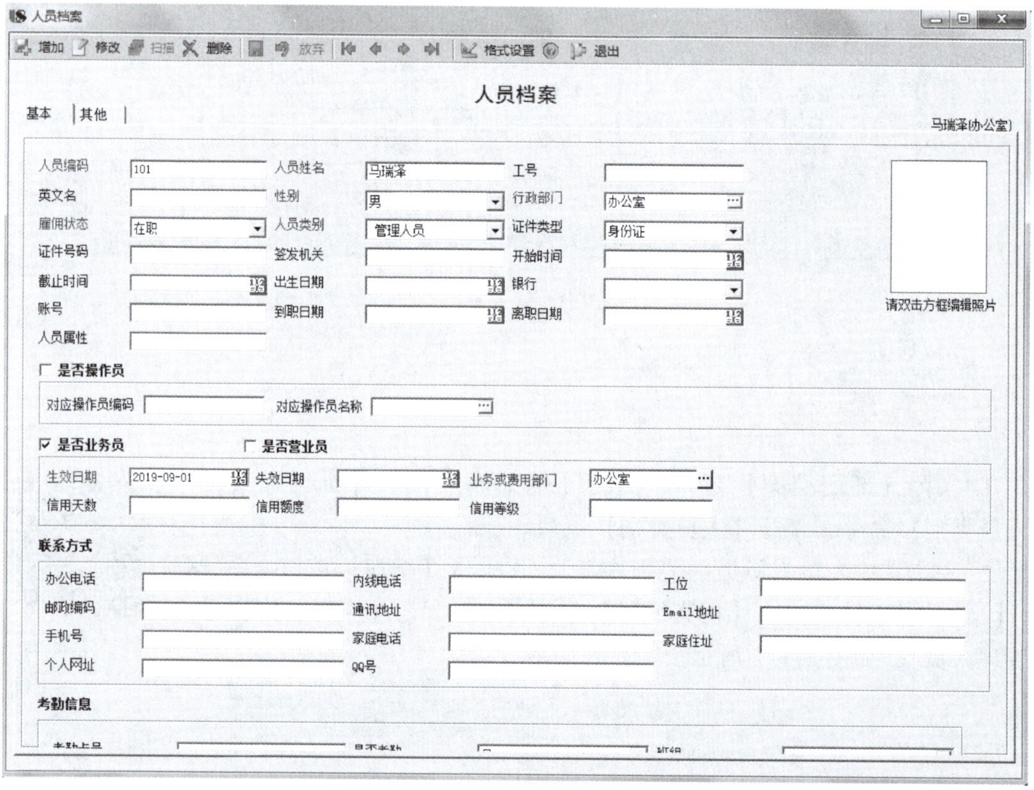

图 2.1.3　建立人员档案

3. 单击【保存】按钮,继续为其他人员建立档案,全部建立完成后单击【退出】按钮,【人员列表】窗口显示新增的人员档案。

【注意事项】

1. 如果某个部门因为单位机构调整而被削减,可以对其进行撤销,撤销部门时该部门不能有在职和未注销的职员。其方法是选中要撤销的部门,然后单击工具栏中的【撤销】按钮,即可撤销此部门。

2. 设置人员档案前需要先设置人员所属的类别,系统预置了"正式工""合同工""实习生",可以在此基础上扩充或者修改人员类别。建立好人员类别后,再建立企业的人员档案。

【拓展延伸】

如果启用了【薪资管理】系统,人员档案中应建立银行及账号信息,以确定为职工发放工资的银行及账号。

任务2　建立客商档案

【任务描述】

根据表2.1.4、表2.1.5、表2.1.6建立企业的客户档案和供应商档案。

1. 瑞泽商贸公司的地区分类如表2.1.4所示。

表2.1.4　地区分类信息

分类编码	分类名称	分类编码	分类名称
01	山东	04	广东
02	江苏	05	北京
03	浙江	06	其他

2. 瑞泽商贸公司的客户分类如表2.1.5所示。

表2.1.5　客户分类信息

客户分类编码	客户分类名称	客户分类编码	客户分类名称
01	商贸公司	03	零售店
02	超市		

3. 瑞泽商贸公司的客户如表2.1.6所示。

表2.1.6　客户档案

编码	客户名称	客户简称	所属地区	所属分类	开户行（默认）	银行账号	税号	地址
001	日照凌云商贸公司	日照凌云	山东	商贸	建行日照东港支行	3710124021005546	9137554273261	日照东港区海曲路49号
002	济南银座商贸公司	济南银座	山东	商贸	工行济南历下支行	7322155825003545	9130021254802	济南历下区泉城路52号
003	徐州天盛百货公司	徐州天盛	江苏	商贸	建行徐州牌楼支行	3710041844622201	9100512520045	徐州夹河东街18号
004	杭州佳美购物中心	杭州佳美	浙江	商贸	中行杭州石桥路支行	6202154878952310	9121502151548	杭州拱墅区石桥路49号
005	广州和润超市	广州和润	广东	超市	工行广州南京路支行	2002136254878700	9642513003154	广州南京南路78号
006	北京华联有限公司	北京华联	北京	超市	建行北京南湖支行	3710230345678954	9500662251450	北京南湖南路47号

续表

编码	客户名称	客户简称	所属地区	所属分类	开户行（默认）	银行账号	税号	地址
007	信克宝德进出口公司	信克宝德	山东	商贸	招行日照分行	4202123365458579	9137220545687	日照东港区泰安路48号
008	日照海晶家电公司	日照海晶	山东	零售店	建行开发区支行	3710264590554725	91376654621260	日照东港区烟台路49号

4. 瑞泽商贸公司的供应商分类如表2.1.7所示。

表2.1.7 供应商分类信息

供应商分类编码	供应商分类名称	供应商分类编码	供应商分类名称
01	大型家电	02	小型家电
03	混合家电	04	其他

5. 瑞泽商贸公司的供应商如表2.1.8所示。

表2.1.8 供应商档案

编码	供应商名称	简称	所属地区	所属分类	开户行（默认）	银行账号	税号	地址
001	青岛海尔集团有限公司	海尔	山东	大型家电	建行海尔路支行	3710556487921300	9612778898548	青岛崂山区海尔工业园
002	TCL集团股份公司	TCL	广东	大型家电	建行惠州江北路支行	3710562134852385	91443007258456	广东惠州TCL科技大厦
003	美的集团公司	美的	广东	混合家电	建行美的工业园支行	3710778895456662	91442003120045	广东佛山市美的工业城
004	九阳股份有限公司	九阳	山东	小型家电	建行济南槐荫支行	3702154878952310	91370022136547	济南槐荫区经十路38号
005	苏泊尔集团有限公司	苏泊尔	浙江	小型家电	工行青年路支行	6323136222365478	9602778965420	浙江大麦屿经济开发区
006	山东速达物流公司	速达物流	山东	其他	中行日照泰安路支行	3710588787920955	9612444003227	日照东港区泰安路12号

【任务解析】

该任务要求建立企业的客户档案和供应商档案。

【岗位说明】

本任务由账套主管根据所给信息先进行客户分类、供应商分类及地区分类，并在此基础上建立企业的客户档案和供应商档案。

【知识链接】

建立客户、供应商档案主要是为销售管理、采购管理、应收款管理和应付款管理提供服务,企业填制销售发票、统计销售单位数据时会用到客户档案,而在录入采购发票、应付款结算时会用到供应商档案,因此必须先设立客商档案。如果建账时选择了对客户、供应商进行分类,则必须先分类,然后才能建立客商档案。

【操作指导】

一、建立客户档案

(一) 进行地区分类

1. 以账套主管 zg01 身份登录到【企业应用平台】,【操作日期】为"2019-09-01"。

2. 在【基础设置】选项卡中,执行【基础档案】-【客商信息】-【地区分类】命令,打开【地区分类】窗口。

8 地区分类

3. 单击【增加】按钮,根据表2.1.4所给信息进行地区分类。地区分类全部建立完成后如图2.1.4所示,单击【退出】按钮。

图 2.1.4 地区分类

(二) 进行客户分类

1. 执行【基础档案】-【客商信息】-【客户分类】命令,打开【客户分类】窗口。

9 客户分类

2. 单击【增加】按钮,按照任务要求,输入客户分类信息,建好后单击【退出】按钮。

（三）建立客户档案

1. 执行【基础档案】-【客商信息】-【客户档案】命令，打开【客户档案】窗口。

10 建立客户档案

2. 单击【增加】按钮，打开【增加客户档案】窗口，包括"基本｜联系｜信用｜其他"4个选项卡，分别对客户的4类属性进行记录。

3. 在【基本】选项卡内，输入客户编码、客户名称、客户简称、税号，选择所属地区、所属分类；在【联系】选项卡内输入地址信息。

4. 单击上方的【银行】标签，弹出【客户银行档案】窗口，单击【增加】按钮，输入开户银行、银行账号，【默认值】选择"是"，如图2.1.5所示，保存后退出。

图2.1.5 建立客户档案

5. 单击【保存并新增】按钮，同理依次建立其他客户档案，建立完毕后保存，关闭退出，如图2.1.6所示。

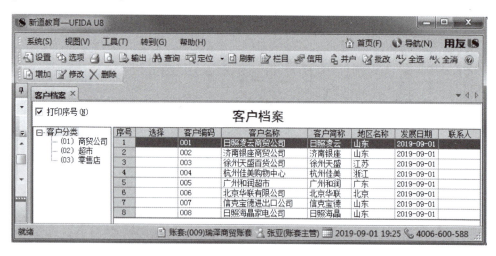

图2.1.6 客户档案

二、建立供应商档案

（一）进行供应商分类

1. 在【基础设置】选项卡中，执行【基础档案】-【客商信息】-【供应商分类】命令，打开【供应商分类】窗口。

2. 单击【增加】按钮，按照任务要求，输入供应商分类信息。

（二）建立供应商档案

1. 执行【基础档案】-【客商信息】-【供应商档案】命令，打开【供应商档案】窗口。

11 供应商分类

2. 单击【增加】按钮，打开【增加供应商档案】窗口，也包括"基本｜联系｜信用｜其他"4个选项卡，分别对供应商的4类属性进行记录。

3. 在【基本】选项卡内，输入供应商编码、供应商名称、供应商简称、税号、开户银行、银行账号等信息；单击【联系】选项卡，输入供应商地址信息。

12 建立供应商档案

4. 单击【保存并新增】按钮，依次建立其他供应商档案，建立完毕后保存，关闭退出，如图2.1.7所示。

图 2.1.7 供应商档案

【注意事项】

1. 建立客户、供应商档案时，应遵循预先设定的分类编码规则。
2. 建立银行档案时，有且只有一个开户行账号能作为默认值。

【拓展延伸】

客户档案下有"国内""国外""服务"三种属性，一般情况下新增客户档案默认为"国内"，若启用了【出口管理】系统，则默认为"国外"，而"服务"为售后服务业务使用。

任务3 建立财务档案

【任务描述】

根据表2.1.9、表2.1.10建立企业的财务档案。

1. 瑞泽商贸公司使用的外币及汇率资料如表2.1.9所示。

表2.1.9 外币及汇率设置

币符	币名	固定汇率
USD	美元	1：6.860

2. 瑞泽商贸公司的会计科目如表2.1.10所示。

表2.1.10 会计科目

科目编码	科目名称	计量单位/外币币种	辅助账类型
1001	库存现金		日记账
1002	银行存款		银行账　日记账
100201	建行存款		银行账　日记账
100202	中行存款	美元	银行账　日记账
1121	应收票据		
112101	银行承兑汇票		客户往来（受控应收系统）
112102	商业承兑汇票		客户往来（受控应收系统）
1122	应收账款		
112201	人民币		客户往来（受控应收系统）
112202	美元	美元	客户往来（受控应收系统）
1123	预付账款		供应商往来（受控应付系统）
1221	其他应收款		
122101	应收个人款		个人往来
122102	应收单位款		客户往来
2201	应付票据		
220101	银行承兑汇票		供应商往来（受控应付系统）
220102	商业承兑汇票		供应商往来（受控应付系统）
2202	应付账款		
220201	一般应付账款		供应商往来（受控应付系统）
220202	暂估应付账款		供应商往来
2203	预收账款		
220301	人民币		客户往来（受控应收系统）
220302	美元	美元	客户往来（受控应收系统）
220303	定金		客户往来
2211	应付职工薪酬		
221101	工资		

续表

科目编码	科目名称	计量单位/外币币种	辅助账类型
221102	非货币性福利		
221103	其他		
2221	应交税费		
222101	应交增值税		
22210101	进项税额		
22210102	销项税额		
22210103	转出未交增值税		
22210104	进项税额转出		
222102	未交增值税		
4104	利润分配		
410401	未分配利润		
6601	销售费用		
660101	办公费		
660102	委托代销手续费		
660103	职工薪酬		
6602	管理费用		
660201	办公费		
660202	职工薪酬		
6603	财务费用		
660301	利息支出		
660302	汇兑损益		
660303	现金折扣		
6702	信用减值损失		说明：新增科目；类型：损益；性质：支出
671101	捐赠支出		

3. 瑞泽商贸公司的会计凭证类别为记账凭证。

【任务解析】

该任务要求进行财务档案初始设置。

【岗位说明】

本任务由账套主管根据所给信息完成外币及汇率、会计科目的增加、修改、指定操作，以及凭证类别的设置。

【知识链接】

企业的财务信息包括会计科目、凭证类别等，在开展日常工作前，需根据实际工作需要对财务信息加以设置。建账时选择了行业性质及按行业性质预置会计科目，系统则提供与之对应的科目表。企业应结合管理需要增加明细、设置辅助核算类型，并指定会计科目。

【操作指导】

一、设置外币及汇率

1. 以账套主管 zg01 身份登录到【企业应用平台】，【操作日期】为"2019－09－01"。

2. 在【基础设置】选项卡中，执行【基础档案】－【财务】－【外币设置】命令。

3. 打开【外币设置】窗口，【币符】输入"USD"，【币名】输入"美元"，单击【确认】按钮后，左侧列表出现美元户，同时显示汇率表格。

13 设置外币及汇率

4. 在 2019 年 09 月的【记账汇率】处输入"6.860"，按回车键，如图 2.1.8 所示。设置好后单击【退出】按钮。

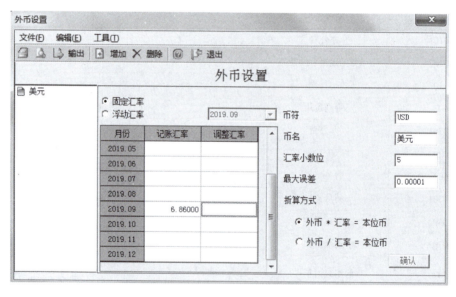

图 2.1.8　设置外币

二、设置会计科目

（一）修改会计科目

1. 在【基础设置】选项卡中，执行【基础档案】－【财务】－【会计科目】命令，打开【会计科目】窗口。

2. 选择"1001 库存现金"科目，双击该科目或者单击工具栏上的【修改】按钮，打开【会计科目－修改】对话框。

14 修改会计科目

3. 单击【修改】按钮，进入修改状态，勾选"日记账"复选框，单击【确定】按钮，再单击【返回】按钮，同理修改会计科目 1123。

（二）增加会计科目

1. 在【会计科目】窗口，单击【增加】按钮，打开【新增会计科目】窗口。

2. 【科目编码】输入"100201"，【科目名称】输入"建行存款"，勾选"日记账""银行账"复选框，单击【确定】按钮保存。

15 增加会计科目

3. 按照表2.1.10提供的资料增加"100202""122101""122102"等其他明细会计科目。

（三）指定会计科目

1. 在【会计科目】窗口，执行【编辑】-【指定科目】命令，打开【指定科目】对话框。

2. 单击左侧的【现金科目】选项，在【待选科目】框中选择"1001库存现金"，单击">"按钮，将"1001库存现金"添加到【已选科目】框内，单击【确定】按钮。

16 指定会计科目

3. 同理将"1002 银行存款"指定为【银行科目】，如图2.1.9所示，单击【确定】按钮，关闭【会计科目】窗口。

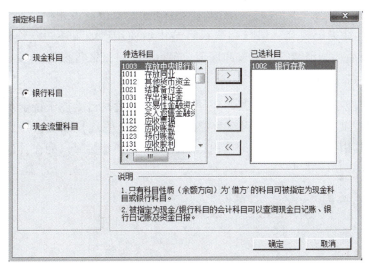

图2.1.9 指定会计科目

三、设置凭证类别

1. 在【基础设置】选项卡中，执行【基础档案】-【财务】-【凭证类别】命令，打开【凭证类别预置】窗口。

2. 选择【分类方式】为"记账凭证"，单击【确定】按钮，打开【凭证类别】窗口，如图2.1.10所示，单击【退出】按钮。

17 设置凭证类别

【注意事项】

1. 会计科目的编码应符合编码规则。

2. 会计科目的编码必须唯一，不能重复。增加会计科目时，要遵循先建上级再建下

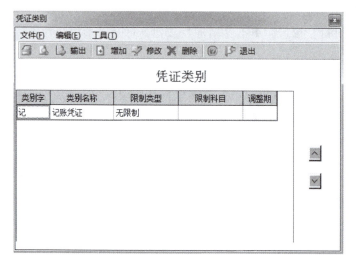

图 2.1.10 设置凭证类别

级的原则,删除会计科目则与之相反。

3. 如果会计科目已录入余额,应先清除余额再进行修改或者删除。

4. 指定科目是指定现金、银行存款科目给出纳使用。如果不进行会计科目的指定,则出纳无法进行后续的出纳签字、查询现金、银行存款日记账等操作。

【拓展延伸】

如果要求只能在特定系统生成某些凭证,则可以设置科目受控于特定系统。如将"应收账款""应收票据"的科目属性设定为受控于【应收款管理】系统,并且【总账】系统不勾选"可以使用应收受控科目"的选项,这样这两个会计科目只能在【应收款管理】系统完成制单工作。

任务4 设置收付结算信息

【任务描述】

根据表 2.1.11、表 2.1.12、表 2.1.13 建立企业收付结算信息。

1. 瑞泽商贸公司的常见结算方式如表 2.1.11 所示。

表 2.1.11 结算方式信息

结算方式编号	结算方式名称	结算方式编号	结算方式名称
1	现金结算	4	银行承兑汇票
2	支票结算	5	商业承兑汇票
201	现金支票	6	委托收款
202	转账支票	7	网银结算
3	电汇	8	其他

2. 瑞泽商贸公司的付款条件如表 2.1.12 所示。

表 2.1.12 付款条件信息

付款条件编码	信用天数	优惠天数 1	优惠率 1	优惠天数 2	优惠率 2
01	30	10	4	20	2
02	60	20	2	40	1

3. 瑞泽商贸公司的开户银行信息如表 2.1.13 所示。

表 2.1.13 开户银行信息

企业开户银行编码	01	02
开户银行	中国建设银行烟台路支行	中国银行威海路支行
账号	37002200369852147852	37012200369745678912
币种	人民币	美元
所属银行	03 中国建设银行	00002 中国银行
客户编号	1104	2107
机构号	05789	03214
联行号	002	006

【任务解析】

该任务要求设置企业的结算方式、现金折扣条件及开户银行信息。

【岗位说明】

本任务由账套主管根据所给信息完成结算方式、付款条件、开户银行的建立工作。

【知识链接】

企业的收付结算信息包括结算方式、付款条件、本单位开户银行等。其中付款条件即现金折扣，是指企业为鼓励客户支付货款而允诺在一定期限内给予的规定的折扣优待；付款条件可以在采购（销售）订单、采购（销售）结算、客户（供应商）目录中引用；开户银行用于设置本企业在应收、应付款项结算过程中对应的开户银行信息。

【操作指导】

一、设置结算方式

1. 以账套主管 zg01 身份登录到【企业应用平台】，【操作日期】为"2019 – 09 – 01"。

2. 在【基础设置】选项卡中，执行【收付结算】–【结算方式】命令，打开【结算方式】窗口。

3. 单击【增加】按钮，输入【结算方式编码】为"1"，【结算方式名称】为"现金结算"，单击【保存】按钮，同理增加企业其他结算方式，全部增加完毕后，单击【保存】按钮退出。

18 设置结算方式

二、设置付款条件

1. 执行【收付结算】–【付款条件】命令,打开【付款条件】窗口。

2. 单击【增加】按钮,输入【付款条件编码】为"01",【信用天数】为"30",【优惠天数1】为"10",【优惠率1】为"4",【优惠天数2】为"20",【优惠率2】为"2",单击【保存】按钮,【付款条件名称】处自动生成"4/10,2/20,n/30"。

19 设置付款条件

3. 同理录入第二条付款条件,如图2.1.11所示,保存后退出。

图2.1.11 设置付款条件

三、设置开户银行

1. 执行【收付结算】–【银行档案】命令,双击"03 中国建设银行",打开【修改银行档案】窗口,取消企业账户规则的"定长"勾选,【单位编码】录入"12345678",保存后关闭窗口。

2. 执行【收付结算】–【本单位开户银行】命令,打开【本单位开户银行】窗口。

20 设置开户银行

3. 单击【增加】按钮,弹出【增加本单位开户银行】窗口,根据表2.1.13内容输入开户行信息,如图2.1.12所示,单击【保存】按钮,继续增加美元户的开户行信息,增加完毕后保存退出。

【注意事项】

1. 结算方式编码应符合编码规则。若建账时编码规则建立错误,可通过修改账套的方式修改,或者在企业应用平台,通过【基本信息】–【编码方案】进行修改。

2. 如果没有启用【应收款管理】系统和【应付款管理】系统,则收付结算中没有本单位开户行命令。

【拓展延伸】

如果不设本单位开户银行,则在填制发票时,没有银行信息,则发票无法保存。

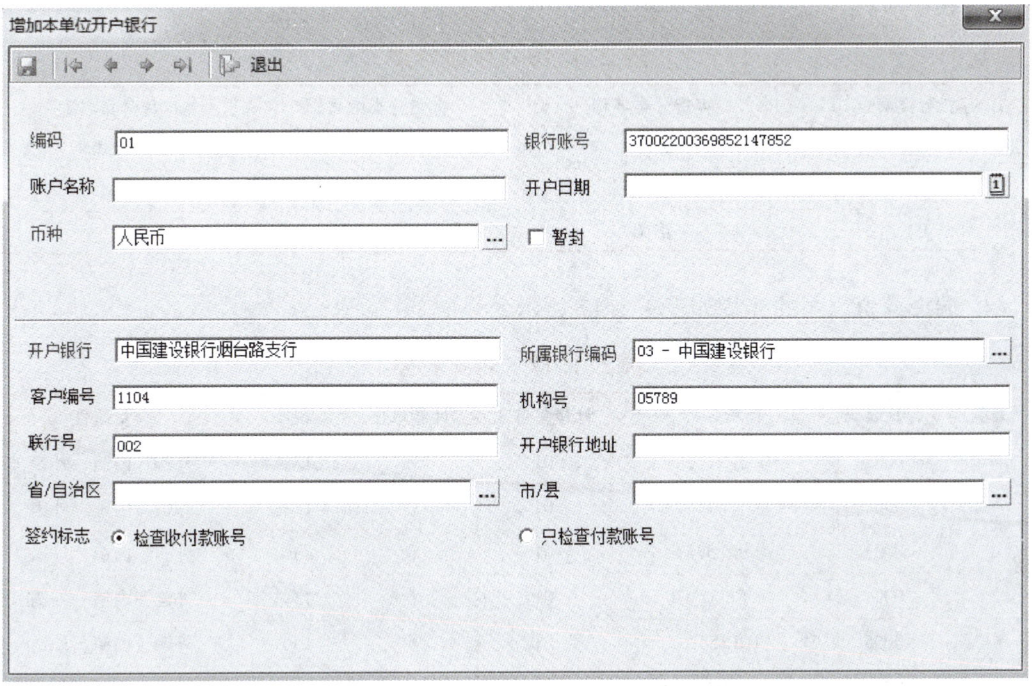

图 2.1.12　设置开户银行

任务 5　建立存货档案

【任务描述】

根据以下表格所给信息建立企业的存货档案。

1. 瑞泽商贸公司的存货计量单位组信息如表 2.1.14 所示。

表 2.1.14　存货计量单位组

计量单位分组编码	计量单位组名称	计量单位组类别
01	自然单位	无换算率

2. 瑞泽商贸公司的存货计量单位如表 2.1.15 所示。

表 2.1.15　存货计量单位

计量单位编码	计量单位名称	计量单位组类别	计量单位编码	计量单位名称	计量单位组类别
01	台	01	03	件	01
02	公里	01			

3. 瑞泽商贸公司的存货分类如表 2.1.16 所示。

表 2.1.16 存货分类

存货分类编号	存货分类名称	存货分类编号	存货分类名称
01	冰箱	04	小家电
02	彩电	05	其他
03	空调		

4. 瑞泽商贸公司的存货如表 2.1.17 所示。

表 2.1.17 存货档案

所属类别	存货编码	存货名称	计量单位组	计量单位	税率	存货属性
冰箱	0001	海尔 572E1	01	台	13%	外购、内销、外销
	0002	海尔 642V2	01	台	13%	外购、内销、外销
	0003	海尔 258P4	01	台	13%	外购、内销、外销
	0004	海尔 331W6	01	台	13%	外购、内销、外销
彩电	0005	TCL155A	01	台	13%	外购、内销、外销
	0006	TCL032F	01	台	13%	外购、内销、外销
	0007	TCL646A	01	台	13%	外购、内销、外销
空调	0008	美的 35GW1.5P	01	台	13%	外购、内销、外销
	0009	美的 26GW1P	01	台	13%	外购、内销、外销
	0010	美的 72LW3P	01	台	13%	外购、内销、外销
小家电	0011	九阳豆浆机 D08	01	件	13%	外购、内销、外销
	0012	九阳电磁炉 C22	01	件	13%	外购、内销、外销
	0013	苏泊尔电饭煲 B40	01	台	13%	外购、内销、外销
其他	0014	运输费	01	公里	9%	外购、应税劳务

【任务解析】

该任务要求建立企业的存货档案。

【岗位说明】

本任务由账套主管根据所给信息在进行存货分类、计量单位设置的基础上,建立企业的存货档案。

【知识链接】

存货档案主要用于设置企业在生产经营中使用到的各种存货信息。设置存货档案前,应先设置单位,而单位的设置又包括计量单位分组和单位设置两部分。计量单位组包括无换算、浮动换算和固定换算三种类别,每个计量单位组中有一个主计量单位、多个辅助计量单位,可以设置主辅计量单位之间的换算率,还可以设置采购、销售、库存和成本系统所默认的计量单位。

【操作指导】

一、设置存货计量单位

（一）设置计量单位组

1. 以账套主管 zg01 身份登录到【企业应用平台】，【操作日期】为"2019-09-01"。

2. 在【基础设置】选项卡中，执行【基础档案】-【存货】-【计量单位】命令，打开【计量单位-计量单位组】窗口。

3. 单击工具栏的【分组】，弹出【计量单位组】窗口。

4. 单击【增加】按钮，输入【计量单位编码】为"01"，【计量单位组名称】为"自然单位"，选择【计量单位组类别】为"无换算率"，设置完毕后保存退出。

21 设置计量单位

（二）设置计量单位

1. 选择左侧【（01）自然单位<无换算率>】，单击工具栏的【单位】，弹出【计量单位】窗口。

2. 单击【增加】按钮，根据表2.1.15 所给信息输入"计量单位编码""计量单位名称"，保存后退出，完成计量单位的建立，如图2.1.13 所示。

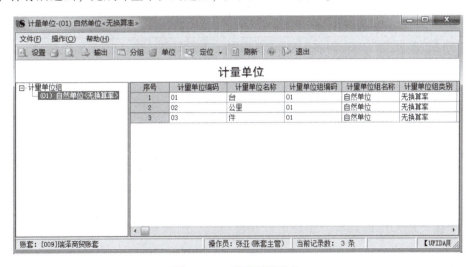

图 2.1.13　设置计量单位

二、设置存货档案

（一）进行存货分类

1. 执行【存货】-【存货分类】命令，打开【存货分类】窗口。

2. 单击【增加】按钮，根据表2.1.16 所给信息完成存货的分类，保存后退出。

22 建立存货档案

（二）建立存货档案

1. 执行【存货】-【存货档案】命令，打开【存货档案】窗口。

2. 单击【增加】按钮，打开【增加存货档案】窗口，根据表2.1.17所给信息，输入存货档案信息，其中将【销项税率%】和【进项税率%】改为"13"，【存货属性】勾选"内销""外销""外购"复选框，如图2.1.14所示。

图 2.1.14　增加存货档案

3. 单击【保存并新增】按钮，根据表2.1.16所给信息建立其他存货档案。

【注意事项】

1. 设置存货单位时，必须先设置计量单位组，并在此基础上进行计量单位的设置。
2. 在设置存货属性时，只有勾选了"内销""外销"属性，销售订单、销售发票等单据才能选择该存货；同样对于外购存货，只有勾选了"外购"属性，到货单、采购发票等单据才能选择该存货。如果属性选择错误，则后期进行票据开具时无法参照或选择。

【拓展延伸】

建立账套时，只有选择了【商业】核算类型，并且在【采购管理】和【库存管理】选项中设置了"有受托代销业务"，存货属性的"受托代销"才能被勾选，否则就是灰色的。

任务6　建立业务档案

【任务描述】

根据所给信息建立企业的业务档案。

1. 瑞泽商贸公司的仓库信息如表2.1.18所示。

表2.1.18 仓库档案信息

仓库编码	仓库名称	计价方法	仓库编码	仓库名称	计价方法
01	冰箱库	先进先出法	04	家用小电器库	全月平均法
02	彩电库	先进先出法	05	其他库	先进先出法
03	空调库	先进先出法			

2. 瑞泽商贸公司的商品收发类别信息如表2.1.19所示。

表2.1.19 收发类别信息

收发类别编码	收发类别名称	收发标志	收发类别编码	收发类别名称	收发标志
1	入库	收	2	出库	发
101	采购入库	收	201	销售出库	发
102	采购退货	收	202	销售退货	发
103	受托代销入库	收	203	委托代销出库	发
104	盘盈入库	收	204	盘亏出库	发
109	其他入库	收	209	其他出库	发

3. 瑞泽商贸公司采购、销售类型信息如表2.1.20所示。

表2.1.20 采购、销售类型信息

采购类型名称	入库类别	销售类型名称	出库类别
01 正常采购	采购入库	01 正常销售	销售出库
02 采购退货	采购退货	02 销售退货	销售退货
03 受托采购	受托代销入库	03 委托代销	委托代销出库
04 其他采购	其他入库	04 其他销售	其他出库

4. 瑞泽商贸公司费用项目信息如表2.1.21所示。

表2.1.21 费用项目信息

费用项目编码	费用项目名称	费用项目分类编码	费用项目分类
01	运输费	0	无分类
02	包装费	0	无分类
03	委托代销手续费	0	无分类

【任务解析】

该任务要求建立企业的业务档案，完成仓库、收发类别、采购销售类型、费用项目各业务档案的设置工作。

【岗位说明】

本任务由账套主管根据所给信息建立企业的业务档案。

【知识链接】

业务档案是购销存业务单据上必须输入的项目,包括仓库、采购类型、销售类型等。在业务发生之前,预先做好该类信息的设置工作,才能为后期顺利填制业务单据奠定基础,同时也是系统进行分类查询、统计、汇总信息的依据。

【操作指导】

一、建立仓库档案

1. 以账套主管 zg01 身份登录到【企业应用平台】,【操作日期】为"2019-09-01"。

2. 在【基础设置】选项卡中,执行【基础档案】-【业务】-【仓库档案】命令,打开【仓库档案】窗口。

3. 单击【增加】按钮,打开【增加仓库档案】对话框,输入【仓库编码】为"01",【仓库名称】为"冰箱库",选择【计价方式】为"先进先出法",单击【保存】按钮,继续录入其他仓库,录入完成后关闭退出,如图 2.1.15 所示。

23 建立仓库档案

图 2.1.15　建立仓库档案

二、建立收发类别

1. 执行【业务】-【收发类别】命令,打开【收发类别】窗口。

2. 单击【增加】按钮,输入【收发类别编码】为"1",【收发类别名称】为"入库",选择【收发标志】为"收",单击【保存】按钮,根据资料继续录入其他收发类别,如图 2.1.16 所示。

24 建立收发类别

三、建立采购销售类型

(一)建立采购类型

1. 执行【业务】-【采购类型】命令,打开【采购类型】窗口。

2. 单击【增加】按钮,输入【采购类型编码】为"01",【采购类型名称】为"正常采购",选择【入库类别】为"采购入库",保存后继续录入其他采购类型,如图 2.1.17 所示。

25 建立采购类型

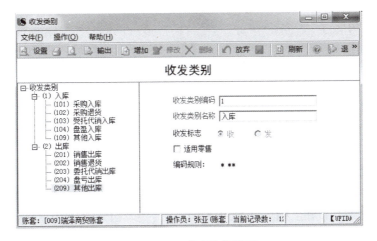

图 2. 1. 16　建立收发类别

序号	采购类型编码	采购类型名称	入库类别	是否默认值	是否委外默认值	是否列入MPS/MRP计划
1	01	正常采购	采购入库	否	否	是
2	02	采购退货	采购退货	否	否	是
3	03	受托代销	受托代销入库	否	否	是
4	04	其他采购	其他入库	否	否	是
						是

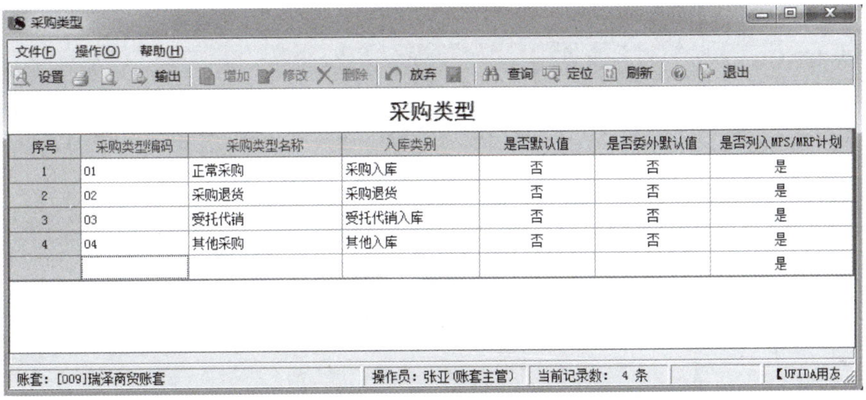

图 2. 1. 17　建立采购类型

（二）建立销售类型

1. 执行【业务】－【销售类型】命令，打开【销售类型】窗口。

2. 单击【增加】按钮，输入【销售类型编码】为“01”，【销售类型名称】为“正常销售”，选择【出库类别】为“销售出库”，保存后继续录入其他销售类型，如图 2. 1. 18 所示。

26 建立销售类型

序号	销售类型编码	销售类型名称	出库类别	是否默认值	是否列入MPS/MRP计划
1	01	正常销售	销售出库	否	是
2	02	销售退货	销售退货	否	是
3	03	委托销售	委托代销出库	否	是
4	04	其他销售	其他出库	否	是
					是

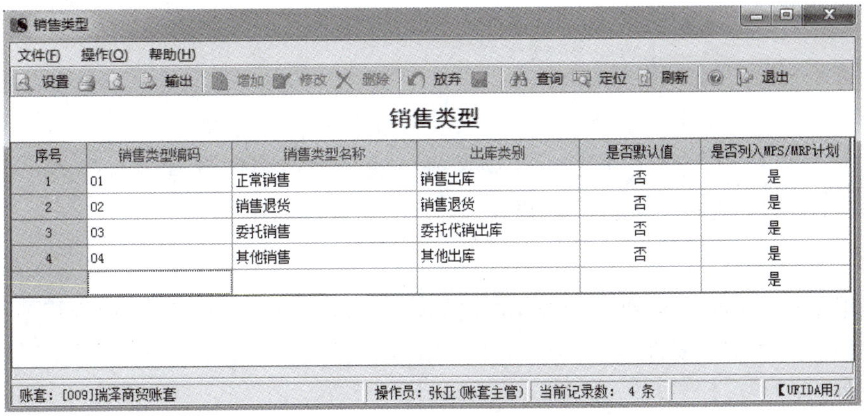

图 2. 1. 18　建立销售类型

四、建立费用项目

（一）费用项目分类

1. 执行【基础档案】-【业务】-【费用项目分类】命令，打开【费用项目分类】窗口。

2. 单击【增加】按钮，输入【分类编码】为"0"，【分类名称】为"无分类"，保存后退出。

27 建立费用项目

（二）设置费用项目

1. 执行【基础档案】-【业务】-【费用项目】命令，打开【费用项目】窗口。

2. 单击【增加】按钮，输入【费用项目编码】为"01"，【费用项目名称】为"运输费"，选择【费用项目分类】为"无分类"，单击【保存】按钮，继续录入其他费用项目，如图 2.1.19 所示。

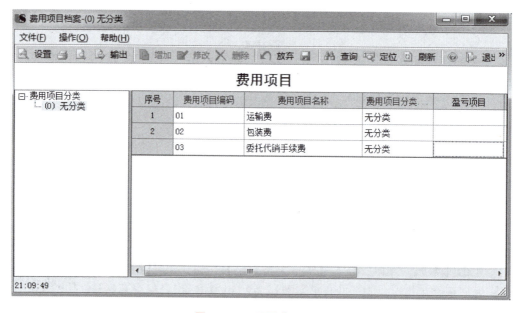

图 2.1.19 设置费用项目

【注意事项】

1. 系统提供了 5 种计价方式，每个仓库必须选择一种计价方式。

2. 费用项目在设立前必须先进行费用项目的分类，即使没有进行分类，也需要在【费用项目分类】下进行"无分类"设置。

【拓展延伸】

企业根据对存货的管理要求勾选仓库的属性。如果需要对仓库进行货位管理，则需要勾选仓库档案的"货位属性"；如果采购的固定资产需要办理入库手续，则需要勾选"资产仓"属性。

项目二 财务软件初始设置 41

子项目 2.2 设置单据

德技并修——改革先锋

任务 1 设置单据编号

【任务描述】

将采购订单、采购普通发票、采购专用发票、销售订单、销售专用发票、销售普通发票、销售零售日报的编号改为"手工改动,重号时自动重取"的方式。

【任务解析】

该任务要求将单据编号方式设置为能够进行手工编号。

【岗位说明】

本任务由账套主管根据所给信息完成单据的编号设置。

【知识链接】

单据设置功能包括"单据格式设置""单据编号设置""单据打印控制"三部分,可以实现对主要单据的屏幕显示界面以及打印格式、编号的设置。实际工作中,根据企业业务中使用的各种单据、档案的不同需求,由用户自己设置各种单据外观及编码生成原则。

【操作指导】

1. 以账套主管 zg01 身份登录到【企业应用平台】,【操作日期】为"2019-09-01"。

2. 在【基础设置】选项卡中,执行【单据设置】-【单据编号设置】命令,打开【单据编号设置】窗口。

3. 选择左侧的【单据类型】为"采购管理"-"采购订单",单击【修改】图标,选中"手工改动,重号时自动重取",单击【保存】按钮,如图 2.2.1 所示。

28 设置单据编号

4. 同理完成采购发票、销售订单等其他单据编号的设置。

【注意事项】

采购发票、销售发票等原始凭证都有自己的编号,编号是识别单据的重要标志。为了在系统中体现原始凭证的号码，需要将编号设置为"完全手工编号"或者"手工改动，重号时自动重取"的方式，否则在进行单据录入时，无法进行编号的修改。

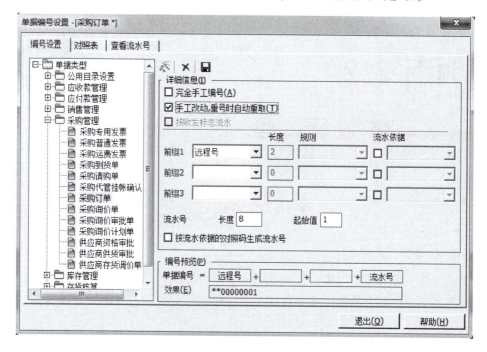

图 2.2.1　单据编号设置

【拓展延伸】

单据的编号可以根据业务需要随时设置。实际工作中，常用单据可提前设置好，也可以根据需要于发生业务时进行设置。

任务2　设置单据格式

【任务描述】

1. 增加销售专用发票表体项目"退补标志"，并将表体项目"数量"设置为非必输属性。
2. 设置销售订单、销售普通发票、发货单的表头项目"汇率"为可编辑。

【任务解析】

该任务要求进行单据格式设置。

【岗位说明】

本任务由账套主管根据所给信息完成单据表头及表体项目的设置。

【知识链接】

单据格式设置主要是根据系统预置的单据模板，定义本企业所需要的单据格式，通过单据格式设置可以实现预置模板的表头及表体项目的设置。

【操作指导】

一、设置表体格式

1. 在【基础设置】选项卡中，执行【单据设置】-【单据格式设置】命令，打开【单据格式设置】窗口。

2. 在左边【U8 单据目录分类】下单击【销售管理】-【专用发票】-【显示】-【销售专用发票显示模板】，打开【销售专用发票】模板。

29 设置单据格式

3. 单击上方工具栏中的【表体项目】，弹出【表体】窗口，选择"10 数量"，取消"必输"的勾选，如图 2.2.2 所示。

4. 勾选"40 退补标志"，如图 2.2.3 所示，关闭【表体】窗口后保存退出。

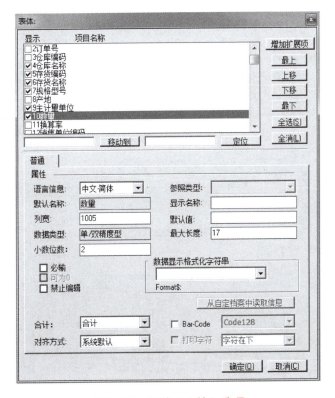

图 2.2.2 取消"必输"选项

二、设置表头格式

1. 在【U8 单据目录分类】下单击【销售管理】-【销售订单】-【显示】-【销售订单显示模板】，打开【销售订单】模板。

2. 单击上方工具栏中的【表头项目】，弹出【表头】窗口，选中"32 汇率"，取消下方"禁止编辑"的勾选，如图 2.2.4 所示。

3. 销售普通发票、发货单的表头项目"汇率"的设置同理，设置完毕后保存退出。

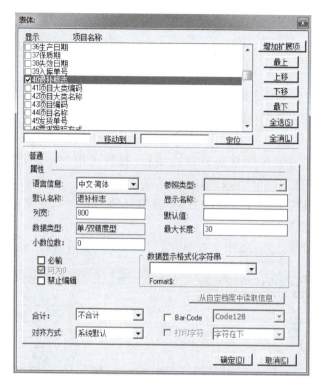

图 2.2.3　增加表体项目

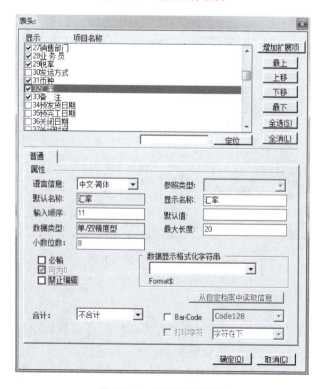

图 2.2.4　表头项目设置

【注意事项】

若打开【单据格式设置】后，窗口左边不显示【U8单据目录分类】，可单击工具栏的【模板夹】，使之呈现。

【拓展延伸】

对于销售专用发票中表头项目"销售类型"除了通过以上方法删除外，还可将必填项目改为选择性填写项目，具体操作如下：执行【销售管理】–【专用发票】–【显示】–【销售专用发票显示模板】，单击上方工具栏中的【表头项目】，在【项目名称】中选择"销售类型"，将"必输"项前面的"√"去掉。

党史学习——入城守则

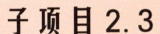

任务1　设置采购参数

【系统功能】

【采购管理】系统包括设置、供应商管理、采购业务、采购报表等内容，通过普通采购、受托代销采购等采购流程对不同的采购业务进行管理和控制，有助于降低企业的采购成本，提高采购效率。该系统的主要功能包括：

设置：录入期初单据并进行期初记账，设置【采购管理】系统的选项。

供应商管理：对供应商供应存货、供货价格、供货质量、到货情况进行管理和分析。

采购业务：采购业务日常操作的管理，系统提供了请购、采购订货、采购到货、采购入库、采购结算等业务，用户可以根据业务需要选用不同的业务单据和业务流程。

采购报表：可对采购的各种统计报表、账簿进行查询分析。

【任务描述】

日照瑞泽商贸公司【采购管理】系统参数如下，请进行相应设置。

1. 单据默认税率为13%。
2. 其他参数默认。

【任务解析】

该任务要求设置【采购管理】系统参数。

【岗位说明】

本任务由账套主管根据所给信息完成【采购管理】系统的参数设置。

【知识链接】

采购参数又称采购选项，是指在企业处理采购业务过程中所使用的各种控制参数，它将决定用户使用该系统的业务流程、业务模式、数据流向。在处理企业的采购业务前，需要根据企业管理的需要，进行参数设置，它包括：业务及权限控制、公共及参照控制、其他业务控制、预算控制4个选项卡。单据默认税率13%，该项目必填，默认值为17，可进行修改，改为13。用户填制采购单据时自动带入采购单据的表头税率则为13%，普通发票的表头税率默认为0。

【操作指导】

1. 以账套主管 zg01 身份登录到【企业应用平台】，【操作日期】为"2019-09-01"。

2. 在【业务工作】选项卡中，执行【供应链】-【采购管理】-【设置】-【采购选项】命令，打开【采购系统选项设置】窗口。

3. 单击【公共及参照控制】选项卡，将"单据默认税率"改为"13"，其他参数默认，如图2.3.1所示，单击【确定】按钮。

30 设置采购参数

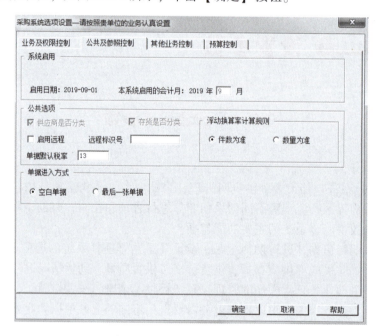

图2.3.1 采购系统选项设置

【注意事项】

对于存在受托代销业务的企业需要注意，只有建账时选择了企业类型为"商业"，方可启用受托代销业务。

【拓展延伸】

采购参数决定了该系统业务处理的规则。如果需要普通采购业务必须有订单，则需要勾选"普通业务必有订单"；如果存在超订单到货入库情况，需要勾选"允许超订单到货及入库"选项。

任务2　设置销售参数

【系统功能】

【销售管理】是用友U8供应链的重要组成部分，提供了报价、订货、发货、开票的完整销售流程，支持普通销售、委托代销、分期收款、直运、零售、销售调拨等多种类型的销售业务，并可对销售价格和信用进行实时监控，该系统的主要功能包括：

设置：可以设置销售选项、价格管理、信用审批人等，并可以录入销售期初单据。

销售业务：进行销售业务的日常操作，包括报价、订货、发货、开票等业务；具体包括普通销售、委托代销、分期收款、直运、零售日报、销售调拨等；可以进行现结业务、代垫费用、销售支出的业务处理；可以制订销售计划，对价格和信用进行实时监控。

销售报表：用户可以在报表中查询销售业务常用的一些统计报表，包括销售统计表、明细表、销售分析、综合分析等，也可以根据自己的需要自定义一些报表。

【任务描述】

日照瑞泽商贸公司【销售管理】系统参数如下，请进行相关设置。

1. 有委托代销业务。
2. 有零售日报业务。
3. 有直运销售业务。
4. 普通销售必有订单。
5. 报价不含税。
6. 取消销售生成出库单。
7. 新增退货单默认：参照发货。
8. 其他参数默认。

【任务解析】

该任务要求设置【销售管理】系统参数。

【岗位说明】

本任务由账套主管根据所给信息完成【销售管理】系统的参数设置。

【知识链接】

销售选项是指在企业销售业务处理过程中所使用的各种控制参数，参数的设置将决定销售业务流程、业务模式、数据流向。由于有些选项在日常业务开始后不能随意更改，因此应在初期设置时谨慎考虑。销售系统的参数包括：业务控制、其他控制、信用控制、可用量控制和价格管理5个选项卡。

1. 委托代销业务：企业将商品委托他人进行销售但商品所有权仍归本企业的销售方式，委托代销商品销售后，受托方与企业进行结算，并开具正式销售发票，形成销售收入，商品所有权转移。

2. 零售日报业务：企业将商品销售给零售客户的销售方式。本系统通过零售日报的方式接收用户的零售业务原始数据。零售日报不是原始的销售单据,是零售业务数据的日汇总。超市、商场经常发生零售日报业务。

3. 分期收款业务:货物提前发给客户,分期收回货款。该业务的特点是一次性发货,收入的确认与成本的结转根据款项的收回分期进行。

4. 直运销售业务:指产品无须入库即可完成购销业务。由供应商直接将商品发给企业的客户,结算时,由购销双方分别与企业结算。

5. 允许超定量发货:参照订单开发货单、销售发票时可超过订单的数量,即允许累计发货(开票)数>订单数量,但需要根据存货档案中的发货超额上限进行控制,即累计发货(开票)数<=订单数量×(1+存货档案的发货超额上限)。

6. 销售生成出库单:由【销售管理】系统生成出库单,【销售管理】系统的发货单、销售发票、零售日报、销售调拨单在审核或者复核时,自动生成销售出库单,并传到【库存管理】系统,【库存管理】系统不可修改出库数量,即一次发货一次全部出库。若取消销售生成出库单,销售出库单由库存管理系统参照销售发货单生成,参照时,可以修改本次出库数量,即可以实现一次发货多次出库。

7. 新增退货单默认:设置新增退货单时首先弹出销售订单、销售发货单的参照界面,还是不弹出界面,方便用户的操作。设置参数后,用户也可取消弹出界面,直接使用工具栏上的【订单】、【发货】按钮弹出参照界面。

【操作指导】

1. 在【业务工作】选项卡中,执行【供应链】-【销售管理】-【设置】-【销售选项】命令,打开【销售选项】窗口。

2. 根据所给任务信息,分别在【业务控制】和【其他控制】选项卡进行参数的勾选,其他参数默认,如图2.3.2和图2.3.3所示。

31 设置销售参数

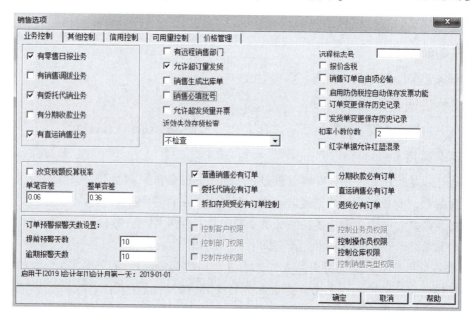

图 2.3.2 销售选项-业务控制

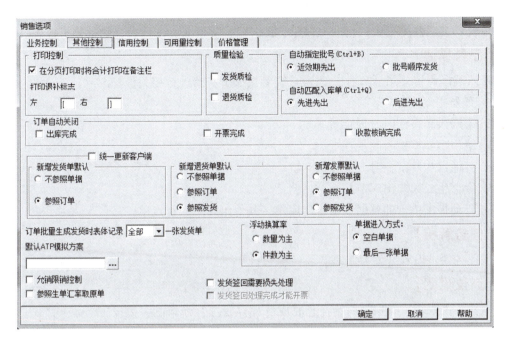

图 2.3.3　销售选项 – 其他控制

【注意事项】

对于有无委托代销业务，既可以在【销售管理】系统中设置，也可以在【库存管理】系统中设置。在其中一个系统设置，系统自动改变另一系统的选项设置。

【拓展延伸】

【销售管理】系统中的"销售生成出库单"与【库存管理】系统中的"库存生成销售出库单"为互斥选项，如果取消了【销售管理】系统的"销售生成出库单"勾选，则将在【库存管理】系统中自动勾选"库存生成销售出库单"选项。

任务 3　设置库存参数

【系统功能】

【库存管理】系统能够满足采购入库、销售出库、产成品入库、材料出库、其他出入库、盘点管理等业务需要，提供仓库货位管理、批次管理、可用量管理等全面的业务应用。【库存管理】系统可以单独使用，也可以与【采购管理】、【销售管理】、【存货核算】等系统集成使用，该系统的主要功能包括：

设置：进行系统选项、期初结存、期初不合格品的设置。

日常业务：进行出入库和库存管理的日常业务操作。

条形码管理：进行条形码规则设置、规则分配、条形码生成、条形码批量生单等业务操作。

对账：进行库存与存货数据核对，以及仓库与货位数据核对。

报表：查询各类报表，包括库存账、批次账、货位账、统计表、储备分析报表。

【任务描述】

日照瑞泽商贸公司【库存管理】系统参数如下，请进行相关设置。

1. 有委托代销业务。
2. 采购入库审核时改现存量。
3. 销售出库审核时改现存量。
4. 其他出入库审核时改现存量。
5. 库存生成销售出库单。
6. 自动带出单价的单据：销售出库单、其他出库单、盘点单。

【任务解析】

该任务要求设置【库存管理】系统参数。

【岗位说明】

本任务由账套主管根据所给信息完成【库存管理】系统的参数设置。

【知识链接】

【库存管理】系统选项指在企业业务处理过程中所使用的各种控制参数。系统参数的设置将决定用户使用系统的业务模式、业务流程、数据流向。在进行库存选项修改前，应确定系统相关功能没有使用，否则系统提示警告信息。

1. 采购入库审核时改现存量：采购入库单审核后更新现存量。
2. 库存生成销售出库单：销售出库单由【库存管理】系统参照单据生成，不可手工填制；在参照时，可以修改本次出库数量，即可以一次发货多次出库；生成销售出库单后不可修改出库存货、出库数量。

【操作指导】

1. 在【业务工作】选项卡中，执行【供应链】-【库存管理】-【初始设置】-【选项】命令，打开【库存选项设置】窗口。
2. 根据所给任务信息，分别在【通用设置】和【专用设置】选项卡下进行参数的勾选，其他参数默认，如图2.3.4和图2.3.5所示。

32 设置库存参数

【注意事项】

修改现存量时点的选择，会影响现存量、可用量、预计入库量和预计出库量。本业务勾选的均为审核时更改现存量，所以如果入库单忘记审核，可能会导致该存货后期发出库存不足的现象。

【拓展延伸】

"库存生成销售出库单"选项与【销售管理】系统中的"销售生成出库单"是互斥的，如果系统勾选了"销售生成出库单"，则自动取消该系统"库存生成销售出库单"选项的勾选。

图 2.3.4　库存选项设置 – 通用设置

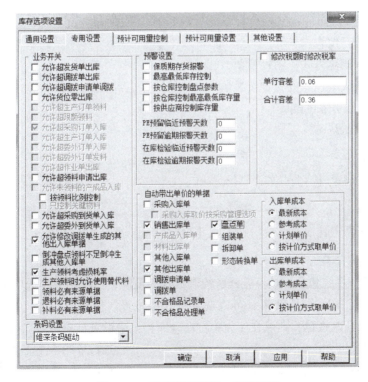

图 2.3.5　库存选项设置 – 专用设置

任务 4　设置存货核算参数

【系统功能】

存货核算是企业会计核算的一项重要内容,【存货核算】系统从资金角度管理存货的出入库业务,主要用于核算企业的入库成本、出库成本、结余成本,反映和监督存货资金的占用情况,促进企业提高资金的使用效果。该系统的主要功能包括:

设置:设置系统参数、存货科目、存货对应科目、税金科目等,录入期初数据。

业务核算:进行单据记账、发出商品记账、直运销售记账,计算差异率、平均单价,处理结算成本,进行产品成本的分配等业务。

财务核算:选择单据生成凭证,与【总账】系统针对存货科目和差异科目进行金额和数量的核对,将【存货核算】系统的发出商品科目与【总账】系统的发出商品科目进行对账。

账表:自动记录用户查询的账表,输出存货的总分类账;提供先进先出法、后进先出法、个别计价法核算的入库结余数量、金额,以便用户查账、对账;对某期间已记账单据的收发存数量金额进行统计汇总;选择不同的统计口径查询分期收款和委托代销商品的发货、结算及结存情况的汇总表等。

【任务描述】

日照瑞泽商贸公司【存货核算】系统参数如下,请进行相关设置。

1. 核算方式:按仓库核算。
2. 销售成本核算方式:销售发票。
3. 委托代销成本核算方式:按发出商品核算。
4. 暂估方式:单到回冲。
5. 其他参数默认。

【任务解析】

该任务要求设置【存货核算】系统参数。

【岗位说明】

本任务由账套主管根据所给信息完成【存货核算】系统的参数设置。

【知识链接】

【存货核算】系统包括:核算方式、控制方式、最高最低控制三个选项卡。

1. 核算方式:期初建账套时,可以选择按仓库核算、按部门核算、按存货核算三种类型。如果是按仓库核算,则以仓库为单位在仓库档案中设置计价方式,并且每个仓库单独核算出库成本。

2. 委托代销成本核算方式:可以选择按发出商品业务类型核算,或者按照普通销售方式核算。如果选择按发出商品业务类型核算,按发货单和发票记账。若按普通销售方式核算,则按系统选项中的销售成本核算方式中所选择的销售发票或销售出库单进行记账。

3. 暂估方式：当与【采购管理】系统集成使用时，可以进行暂估业务处理。暂估入库存货成本的回冲方式包括月初回冲、单到回冲、单到补差三种。月初回冲是指月初时系统自动生成红字回冲单，报销处理时，系统自动根据报销金额生成采购报销入库单；单到回冲是指报销处理时，系统自动生成红字回冲单，并生成采购报销入库单；单到补差是指报销处理时，系统自动生成一笔调整单，调整金额为实际金额与暂估金额的差额。

【操作指导】

1. 在【业务工作】选项卡中，执行【供应链】-【存货核算】-【初始设置】-【选项】-【选项录入】命令，打开【选项录入】窗口。

2. 根据所给信息进行参数的勾选，其他参数默认，如图 2.3.6 所示。

33 设置存货核算参数

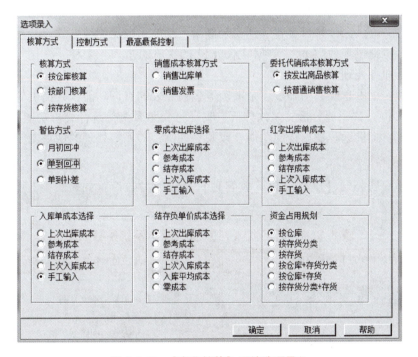

图 2.3.6　【存货核算】系统选项录入

【注意事项】

1. 与【采购管理】系统集成使用时，如果明细账中有暂估业务未报销或本期未进行期末处理，此时暂估方式将不允许修改。

2. 委托代销成本核算方式的设置：如果发货单全部生成销售发票或销售出库单，而且对应的销售发票或销售出库全部记账，则可修改选项。如果发货单对应的销售出库单或发票全部未记账也可修改选项。

【拓展延伸】

核算方式有三种选择：如果按仓库核算，则以仓库档案中设计的计价方式核算商品的出入库成本；若选择按部门核算，则以部门为单位核算其所属各仓库商品的出入库成本；若按存货核算，则首先需要在存货档案中设置好计价方式，并以此核算。核算方式选定，并进行了单据记账后，该选项则无法修改。

任务5　设置往来核算参数

【系统功能】

【应收（付）款管理】系统主要用于核算和管理客户（供应商）往来款项，通过销售（采购）发票、其他应收（付）单、收（付）款单等单据，对企业的往来款项进行综合管理，提供客户及供应商的往来款余额资料。两个系统功能模块非常相似，均包括参数设置、日常处理、单据与账表查询等功能。

设置：结合企业管理需要进行参数设置，为各类应收、应付款业务的日常处理及统计分析奠定基础，提供会计科目设置、期初余额录入功能，以保障数据的连续性和完整性。

日常处理：提供应收（付）单据、收（付）款单的录入、审核、核销、转账、汇兑损益、制单等业务处理。

账表管理：提供总账、明细账、余额表等多种账表的查询功能，并提供应收（付）账款分析、收（付）款账龄分析、欠款分析、收（付）款预测等统计分析功能。

其他处理：提供远程数据传递功能，以及对核销、转账等处理的恢复功能。

【任务描述】

日照瑞泽商贸公司【应收（付）款管理】系统的参数设置如表2.3.1所示，请进行相应的参数设置。

表2.3.1　【应收（付）款管理】系统参数信息

【应收款管理】系统参数	【应付款管理】系统参数
1. 单据审核日期依据：业务日期 2. 坏账处理方式：应收余额百分比法 3. 自动计算现金折扣 4. 受控科目制单方式：明细到单据 5. 核销生成凭证 6. 其他默认	1. 单据审核日期依据：业务日期 2. 自动计算现金折扣 3. 受控科目制单方式：明细到单据 4. 核销生成凭证 5. 其他参数默认

【任务解析】

该任务要求设置【应收款管理】系统和【应付款管理】系统的参数。

【岗位说明】

本任务由账套主管根据所给信息完成相关的参数设置。

【知识链接】

在使用【应收（付）款管理】系统进行日常业务处理前，需要根据企业管理的需要，对企业的相关参数进行设置。【应收（付）款管理】系统的参数包括：常规、凭证、权限与预警及核销设置 4 部分,部分参数在系统启用后,可根据业务需要进行更改。

1. 单据审核日期依据:系统提供两种确认单据审核日期的依据,即"单据日期"和"业务日期"。选择"业务日期"为单据审核日期依据,则在单据处理功能中进行单据审核时,自动将操作日期作为单据的审核日期。

2. 坏账处理方式:坏账处理方式有直接转销法和备抵法两大类,其中备抵法又包括应收余额百分比法、销售收入百分比法、账龄分析法。应收余额百分比法是以应收账款余额为基础,来估计可能发生的坏账损失的方法,是比较常用的方法。

3. 受控科目制单方式:系统提供了"明细到供应商(客户)""明细到单据"两种方式。当选择"明细到单据"时,对于一个供应商(客户)的多笔业务合并生成一张凭证时,系统会将每一笔业务形成一条分录,以便在【总账】系统中能查看到每个供应商(客户)的每笔业务的详细情况。

4. 自动计算现金折扣:系统提供了"自动计算现金折扣"和"不自动计算现金折扣"两种方式。勾选此项,当供应商提供了现金折扣的优惠政策或者为客户提供现金折扣时,系统会在【核销处理】中显示"可享受折扣"和"本次折扣",自动计算可享受的折扣。

5. 核销生成凭证:勾选此项,核销可以单独或者与收(付)款单合并生成会计凭证。

【操作指导】

一、设置【应收款管理】系统的参数

1. 在【业务工作】选项卡中,执行【财务会计】-【应收款管理】-【设置】-【选项】命令。

2. 打开【账套参数设置】窗口,单击【编辑】按钮,根据表 2.3.1 资料,分别在【常规】、【凭证】界面选择控制参数,如图 2.3.7、图 2.3.8 所示。

34 设置应收款参数

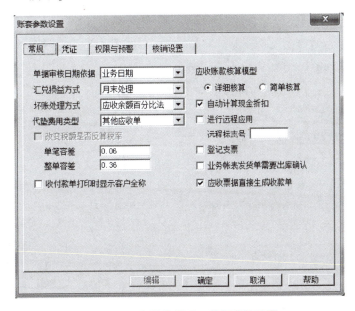

图 2.3.7 应收款管理-常规参数设置

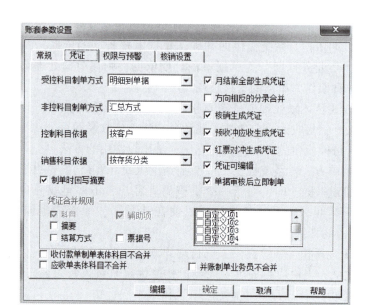

图 2.3.8 应收款管理 – 凭证参数设置

3. 全部设置完毕后，单击【确定】按钮进行保存并退出。

二、设置【应付款管理】系统参数

1. 执行【财务会计】–【应付款管理】–【设置】–【选项】命令。

2. 打开【账套参数设置】窗口，单击【编辑】按钮，根据表 2.3.1 资料，分别在【常规】、【凭证】界面选择控制参数，如图 2.3.9、图 2.3.10 所示。

35 设置应付款参数

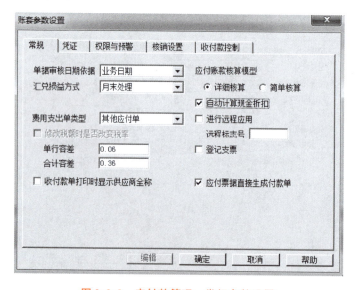

图 2.3.9 应付款管理 – 常规参数设置

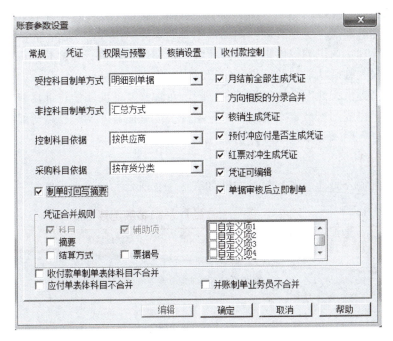

图 2.3.10　应付款管理－凭证参数设置

3. 全部设置完毕后，单击【确定】按钮进行保存并退出。

【注意事项】

1. 如果坏账处理方式默认为直接转销法，后续进行坏账准备的初始设置时，将不出现该项目。

2. 只有【受控科目制单方式】选择"明细到单据"，对于预收冲应收、红票对冲等业务才能生成凭证。

【拓展延伸】

系统默认"应收票据直接生成收款单"和"应付票据直接生成付款单"，故商业汇票在【应收款管理】或者【应付款管理】系统填制好后，需要审核的是"收款单"或者"付款单"；也可以取消该选项的勾选，当商业汇票填制完毕后，在票据的工具栏执行【收款】或【付款】命令，从而生成"收款单"或"付款单"。

任务6　设置总账参数

【系统功能】

【总账】系统又称账务处理系统，是会计信息系统的核心系统。该系统可完成凭证的填制、审核、记账、账务输出等账务处理工作。该系统与其他子系统间存在着大量的数据传递，其他子系统生成的凭证会自动传递到【总账】系统，并在该系统完成数据的进一步汇总加工工作。该系统的主要功能包括：

设置：录入【总账】系统期初余额，并进行试算平衡，设置【总账】系统参数。

凭证管理：进行凭证的填制、出纳签字、审核、查询、记账、汇总打印等工作。填制凭证是日常处理的起点，也是查询数据的最主要的来源。

货币资金管理：为出纳提供集成办公环境，查询现金、银行存款日记账，提供支票登记簿、资金日报表管理功能，并可进行银行对账工作。

账表查询：提供凭证、会计科目表、总账、明细账及辅助账的查询功能。

期末处理：完成月末自定义转账、对应结转、汇兑损益、期间损益等结转业务的定义与凭证生成，进行期末对账、结账，生成月末工作报告。

【任务描述】

日照瑞泽商贸公司【总账】系统参数如表2.3.2所示，请进行设置。

表2.3.2 【总账】系统参数信息

选项卡	参数设置
凭证	制单不序时控制 现金流量科目不必录现金流量项目
权限	出纳凭证需经出纳签字 不允许修改、作废他人填制凭证
其他	其他采用系统默认的参数

【任务解析】

该任务要求设置【总账】系统参数。

【岗位说明】

本任务由账套主管根据所给信息完成【总账】系统的参数设置。

【知识链接】

【总账】系统参数设置包括"凭证""账簿""凭证打印""预算控制""权限选项""会计日历""其他选项""自定义项核算"8个选项卡。系统在建立新的账套后由于具体情况需要，或后期业务变更，可以进行【总账】参数的设置或者修改。

1. 制单序时控制：此项和"系统编号"选项联用，制单时凭证编号必须按日期顺序排列，如果有特殊需要可以取消该选项的勾选。

2. 出纳凭证需经出纳签字：现金、银行科目凭证必须由出纳核对签字后才能记账，否则无法进行记账。

3. 外币核算：若企业有外币业务，应选择汇率方式。"固定汇率"是指制单时，每月只按一个固定的汇率折算本位币金额，发生外币业务时，凭证或者单据不可以手工修改汇率。而"浮动汇率"是指制单时，汇率不是固定不变的，可以手工修改汇率。

【操作指导】

1. 在【业务工作】选项卡，执行【总账】-【设置】-【选项】命令。

2. 打开【选项】窗口，单击【编辑】按钮，根据表2.3.2资料，在对应的选项卡界面选择控制参数，如图2.3.11、图2.3.12所示。

36 设置总账参数

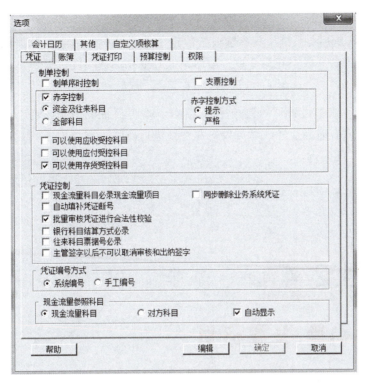

图 2.3.11 【总账】系统 – 凭证参数设置

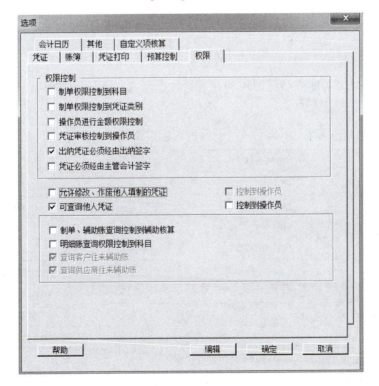

图 2.3.12 【总账】系统 – 权限参数设置

【注意事项】

【总账】系统是核心系统,其参数设置决定了该系统凭证填制、数据流向、输出打印格式等内容,设定后一般不随意变更,故尽量做好期初的选项设置规划。

【拓展延伸】

如果【总账】参数设置了"制单序时控制",业务凭证的填制或者生成应按照时间顺序进行;但是如果有遗漏业务或者需要对原凭证进行删除,重新生成新凭证,此时可取消"制单序时控制"的勾选。

子项目2.4 设置科目

古智启思——牧野之战

任务1 设置存货核算科目

【任务描述】

日照瑞泽商贸公司业务核算使用的存货科目、存货对方科目如表2.4.1、表2.4.2所示,请进行相关设置。

表2.4.1 存货科目设置信息

仓库	存货科目	发出商品科目	直运科目
01 冰箱库	1405 库存商品	1406 发出商品	1402 在途物资
02 彩电库	1405 库存商品	1406 发出商品	1402 在途物资
03 空调库	1405 库存商品	1406 发出商品	1402 在途物资
04 家用小电器库	1405 库存商品	1406 发出商品	1402 在途物资

表2.4.2 存货对方科目设置信息

收发类别	对方科目	暂估科目
101 采购入库	1402 在途物资	220202 暂估应付账款
102 采购退货	1402 在途物资	
104 盘盈入库	1901 待处理财产损溢	
201 销售出库	6401 主营业务成本	

续表

收发类别	对方科目	暂估科目
202 销售退货	6401 主营业务成本	
203 委托代销出库	6401 主营业务成本	
204 盘亏出库	1901 待处理财产损溢	

【任务解析】

该任务要求设置【存货核算】系统常用的会计科目。

【岗位说明】

该任务由账套主管根据所给信息完成【存货核算】系统会计科目及对方科目、暂估科目的设置。

【知识链接】

当启用了供应链系统后，存货收发变动的会计凭证通过【存货核算】系统予以生成，通过【存货核算】系统科目的预先设置，可减少该系统制单的工作量，保证该系统生成会计凭证的完整、高效。

【操作指导】

一、设置存货科目

1. 在【业务工作】选项卡中，执行【供应链】-【存货核算】-【初始设置】-【科目设置】-【存货科目】命令。

2. 打开【存货科目】窗口，单击【增加】，【仓库编码】录入"01 冰箱库"，【存货科目编码】录入"1405 库存商品"，【分期收款发出商品科目编码】录入"1406 发出商品"，【委托代销发出商品科目编码】录入"1406 发出商品"，【直运科目编码】录入"1402 在途物资"。

37 设置存货科目

3. 单击【增加】按钮，根据表 2.4.1 信息继续录入其他仓库的会计科目。全部录入完毕后，单击【保存】按钮，如图 2.4.1 所示。

图 2.4.1 【存货核算】系统会计科目设置

二、设置存货对方科目

1. 执行【供应链】-【存货核算】-【初始设置】-【科目设置】-【对方科目】命令。

2. 打开【对方科目】窗口，单击【增加】按钮，【收发类别编码】选择或录入"101 采购入库"，【对方科目编码】录入"1402 在途物资"，【暂估科目编码】录入"220202 暂估应付账款"。

38 设置存货对方科目

3. 单击【增加】按钮，根据表 2.4.2 继续录入其他存货对方科目，全部录入完毕后，单击【保存】按钮，如图 2.4.2 所示。

收发类别编码	收发类别名称	存货分类编码	项目名称	对方科目编码	对方科目名称	暂估科目编码	暂估科目名称
101	采购入库			1402	在途物资	220202	暂估应付账款
102	采购退货			1402	在途物资		
104	盘盈入库			1901	待处理财产损益		
201	销售出库			6401	主营业务成本		
202	销售退货			6401	主营业务成本		
203	委托代销出库			6401	主营业务成本		
204	盘亏出库			1901	待处理财产损益		

图 2.4.2 【存货核算】系统对方科目设置

【注意事项】

1. 存货科目可根据企业的具体业务灵活设置。

2. 设置对方科目时，应输入科目表中已设置的末级科目，但不能输入其他系统的控制科目；也可参照科目表输入，但是其他系统的控制科目参照时不会显示。

3. 设置科目后，在生成凭证时，系统能够根据各个业务类型将科目自动带出；如果未设置科目，则在生成凭证后，科目就需要手工输入。

【拓展延伸】

当企业有直运销售业务、委托代销业务、分期收款发出商品业务时，则期初需要设置直运科目、委托代销发出商品科目和分期收款发出商品科目。

任务 2　设置往来管理系统科目

【任务描述】

日照瑞泽商贸公司往来管理系统使用的科目如表 2.4.3 和表 2.4.4 所示，请进行相关设置。

表2.4.3　应收/应付系统科目设置信息

科目类别	【应收款管理】系统设置	【应付款管理】系统设置
基本科目设置	应收科目　112201 预收科目　220301 银行承兑科目　112101 商业承兑科目　112102 销售收入科目　6001 销售退回科目　6001 税金科目　22210102 现金折扣科目　660303 销售定金科目　220303	应付科目　220201 预付科目　1123 采购科目　1402 税金科目　22210101 银行承兑科目　220101 商业承兑科目　220102 现金折扣科目　660303
控制科目设置	日照信克宝德进出口公司控制科目： 应收科目　112202　预收科目：220302 其他所有客户的控制科目： 应收科目　112201　预收科目　220301	
结算方式科目设置	现金结算　人民币　1001 其他结算方式　人民币　100201　账号：37002200369852147852	

表2.4.4　坏账准备初始设置信息

计提比例	坏账准备期初余额	坏账准备的科目	对方科目
5%	1 864.5	1231"坏账准备"	6702"信用减值损失"

【任务解析】

该任务要求设置【应收款管理】系统、【应付款管理】系统的基本科目、控制科目、结算科目，并对坏账准备进行初始设置。

【岗位说明】

该任务由账套主管根据所给信息完成两个系统会计科目的设置。

【知识链接】

【应收款管理】系统与【销售管理】系统集成使用时，销售发票会自动传递到【应收款管理】系统，并在该系统完成审核和制单工作；同理，【应付款管理】系统与【采购管理】系统集成使用时，采购发票自动传递到【应付款管理】系统，在该系统完成审核制单。此外两系统还处理货款的收付、转账等业务，业务类型较固定，生成的凭证类型也较固定。因此为了简化凭证生成操作，可以预先做好常用科目设置，发生业务时，系统将依据制单规则在生成凭证时自动带入相关科目。

【操作指导】

一、设置【应收款管理】系统科目

（一）基本科目设置

1. 在【业务工作】选项卡中，执行【财务会计】-【应收款管理】-【设置】-

【初始设置】命令。

2. 进入【应收款管理】系统【初始设置】界面，单击【设置科目】下的【基本科目设置】，单击【增加】按钮，选择【基础科目种类】"应收科目"，录入或参照选择【科目】为"112201"，按回车键，显示【币种】为"人民币"。

39 设置应收款基本科目

3. 根据表 2.4.3 资料，逐行增加预收科目、银行承兑等会计科目，如图 2.4.3 所示。

图 2.4.3 【应收款管理】系统基本科目设置

（二）控制科目设置

1. 在【应收款管理】系统【初始设置】界面，单击选中【设置科目】下的【控制科目设置】，在"001 日照凌云"的【应收科目】录入"112201"，【预收科目】录入"220301"。

40 设置应收款控制科目

2. 根据表 2.4.3 所给信息资料，完成其他客户控制科目的录入，其中"007 信克宝德"的【应收科目】为"112202"，【预收科目】为"220302"，如图 2.4.4 所示。

图 2.4.4 【应收款管理】系统控制科目设置

（三）结算科目设置

在【应收款管理】系统【初始设置】界面，单击选中【设置科目】下的【结算方式科目设置】，根据资料信息，录入结算方式、币种及对应的会计科目，如图2.4.5所示。

41 设置应收款结算科目

图2.4.5 【应收款管理】系统结算科目设置

（四）坏账准备初始设置

1. 在【应收款管理】系统【初始设置】界面，单击选中【坏账准备设置】，根据企业所给的坏账相关信息资料，录入坏账的计提比例、期初余额等信息，如图2.4.6所示。

2. 单击【确定】按钮，系统提示"储存完毕"。

42 设置坏账准备

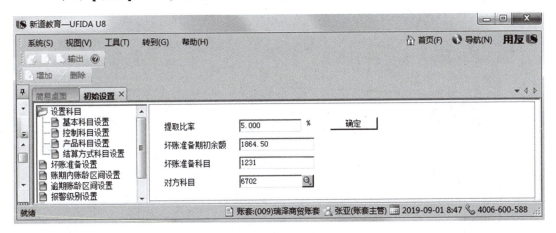

图2.4.6 【应收款管理】系统坏账准备初始设置

二、设置【应付款管理】系统科目

(一) 基本科目设置

1. 执行【财务会计】-【应付款管理】-【设置】-【初始设置】命令,进入【初始设置】界面,单击选中【设置科目】下的【基本科目设置】,单击【增加】按钮,选择【基础科目种类】为"应付科目",录入"220201",按回车键,显示【币种】为"人民币"。

43 设置应付款基本科目

2. 根据表2.4.3所给信息资料,逐行增加预付科目、采购科目、商业承兑科目、银行承兑等会计科目,如图2.4.7所示。

图2.4.7 【应付款管理】系统基本科目设置

(二) 结算科目设置

在【应付款管理】系统【初始设置】界面,单击选中【设置科目】下的【结算方式科目设置】,根据资料信息,录入结算方式、币种及对应的会计科目,如图2.4.8所示。

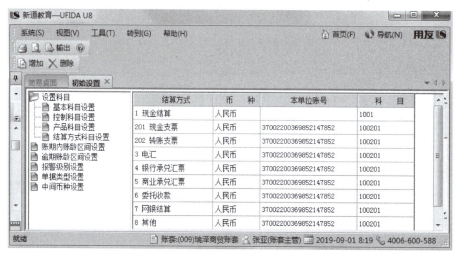

图2.4.8 【应付款管理】系统结算科目设置

【注意事项】

1. 应收科目"1122 应收账款"、预收科目"2203 预收账款"及商业承兑科目、银行承兑科目"1121 应收票据",其科目的辅助核算属性应为"客户往来",并且其受控系统为应收系统,否则在【基本科目设置】时不能被选中。

2. 如果坏账准备没有期初余额,也应在"期初余额"处录入零。

【拓展延伸】

此处坏账准备的期初余额应与【总账】系统中所录入的坏账准备期初余额相同,但是系统没有坏账准备的自动对账功能,所以只能通过人工加以核对。

四个自信——文明传承

子项目 2.5 录入期初余额

任务 1 录入采购期初余额

【任务描述】

日照瑞泽商贸公司 2019 年 9 月初未完成的采购业务如下:2019 年 8 月 15 日,采购部王强从青岛海尔购入海尔 572E1 冰箱 5 台,不含税单价 3 200.00 元/台,已验收入库,但采购发票尚未收到,货款未付。

【任务解析】

该任务要求录入【采购管理】系统的期初余额,属于货到单未到业务,由于上月企业未能同时取得采购发票和入库单,无法进行采购结算,因此采购尚未完成。

【岗位说明】

本任务由账套主管根据所给信息录入【采购管理】系统的期初入库单,并执行采购期初记账。

【知识链接】

【采购管理】系统的期初业务是指没有完成采购结算的业务,即企业只取得入库单,尚未取得采购发票,或者取得采购发票,尚未取得入库单的业务,为了保证采购业务的完整性,需要在【采购管理】系统录入期初余额,并执行期初记账工作。

【业务流程】

录入期初入库单——执行采购期初记账。

【操作指导】

一、录入期初入库单

1. 以账套主管 zg01 身份登录到【企业应用平台】,【操作日期】为 "2019 – 09 – 01"。

2. 在【业务工作】选项卡中,执行【供应链】–【采购管理】–【采购入库】–【采购入库单】命令,打开【期初采购入库单】窗口。

44 录入采购期初余额

3. 单击【增加】按钮,【入库日期】修改为 "2019 – 08 – 15",【仓库】选择 "冰箱库",【供货单位】选择 "001 青岛海尔集团有限公司",【部门】选择 "采购部",【业务员】选择 "王强",【采购类型】选择 "正常采购"。

4. 单击表体第一行,【存货编码】录入或选择 "001 海尔 572E1",【数量】输入 "5",【本币单价】输入 "3 200",单击【保存】按钮,如图 2.5.1 所示。

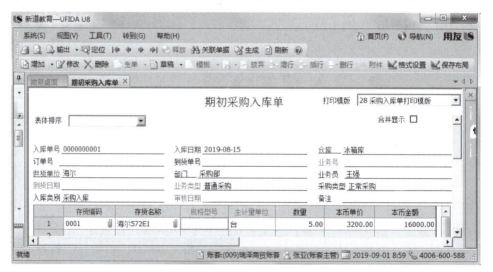

图 2.5.1 【采购管理】系统期初入库单

二、采购系统期初记账

1. 执行【供应链】–【采购管理】–【设置】–【采购期初记账】命令。

2. 弹出【期初记账】窗口,单击【记账】按钮,如图 2.5.2 所示,系统提示 "期初记账完毕"。

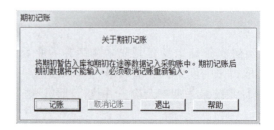

图 2.5.2 【采购管理】系统期初记账

【注意事项】

1. 【采购管理】系统期初余额录入和期初记账有先后顺序。如果存在期初余额，必须先录入期初余额，而后才能记账。即使该系统没有期初余额，也必须执行期初记账。

2. 如果【采购管理】系统记账后需要修改期初余额信息，必须先取消期初记账，方可修改或删除期初余额信息。

【拓展延伸】

1. 【采购管理】系统执行期初记账前，该系统的发票是【期初发票】，只有执行记账后，才是正常的发票状态。

2. 【采购管理】系统的【采购入库】只能录入期初入库单，执行完期初记账后，采购入库单需要在【库存管理】系统中录入。

3. 【采购管理】系统的期初余额有两种形式，期初货到单未到以及期初单到货未到，第一种情况录入期初入库单，第二种情况录入期初采购发票。

任务 2　录入库存期初余额

【任务描述】

日照瑞泽商贸公司 2019 年 9 月初的存货如表 2.5.1 所示，请根据表格信息录入【库存管理】系统的期初余额。

表 2.5.1　存货期初数据

所属仓库	存货编码	存货名称	计量单位组	计量单位	数量	单价/元	金额/元
冰箱库	0001	海尔 572E1	01	台	20	3 200	64 000
	0002	海尔 642V2	01	台	16	3 700	59 200
	0003	海尔 258P4	01	台	10	1 800	18 000
彩电库	0005	TCL155A	01	台	20	3 750	75 000
	0006	TCL032F	01	台	16	2 700	43 200
	0007	TCL646A	01	台	10	2 250	22 500
空调库	0008	美的 35GW1.5P	01	台	12	2 600	31 200
	0009	美的 26GW1P	01	台	6	1 900	11 400
	0010	美的 72LW3P	01	台	10	7 700	77 000
家用小电器库	0011	九阳豆浆机 D08	01	件	20	500	10 000
	0012	九阳电磁炉 C22	01	件	12	260	3 120
	0013	苏泊尔电饭煲 B40	01	台	5	1 600	8 000
合计					157		422 620

【任务解析】

该任务要求分仓库录入【库存管理】系统中各存货的期初余额，并完成存货的审核。

【岗位说明】

本任务由账套主管根据所给信息录入【库存管理】系统的期初余额。

【知识链接】

【库存管理】系统期初数据只有在启用【库存管理】的第一年或重新初始化的年度需要录入,其他年度均无须录入。对于不进行批次、保质期管理的存货,只需录入各存货期初结存的数量;而进行批次管理、保质期管理、出库跟踪入库管理的存货,需录入各存货期初结存的详细数据,包括批号、生产日期、失效日期、入库单号等。

【操作指导】

1. 在【业务工作】选项卡中,执行【供应链】-【库存管理】-【初始设置】-【期初结存】命令,打开【库存期初】窗口。

2. 选择【仓库】为"(01)冰箱库",单击【修改】按钮,点击表体第一行,选择【存货编码】为"0001 海尔572E1",【数量】录入"20",【单价】录入"3 200"。

45 录入库存期初余额

3. 根据表2.5.1信息继续录入冰箱库的其他存货,全部录入完毕后,单击【保存】按钮和【批审】按钮,如图2.5.3所示。

图2.5.3 【库存管理】-冰箱库期初余额

4. 选择【仓库】为"(02)彩电库",根据表2.5.1录入彩电库的存货信息,录入完毕后,单击【保存】、【批审】按钮,如图2.5.4所示。

5. 选择【仓库】为"(03)空调库",根据表2.5.1录入空调库的存货信息,录入完毕后,单击【保存】、【批审】按钮,如图2.5.5所示。

6. 选择【仓库】为"(04)家用小电器库",根据表2.5.1录入家用小电器库的存货信息,录入完毕后,单击【保存】、【批审】按钮,如图2.5.6所示。

图 2.5.4 【库存管理】－彩电库期初余额

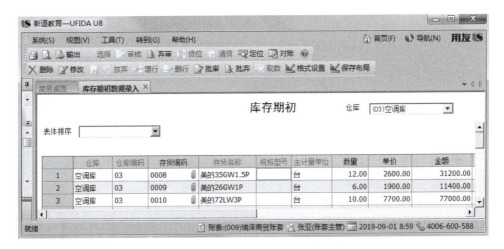

图 2.5.5 【库存管理】－空调库期初余额

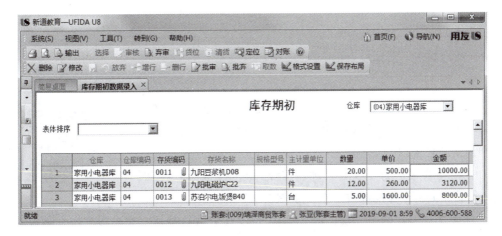

图 2.5.6 【库存管理】－家用小电器库期初余额

【注意事项】

1. 【库存管理】系统的期初数据需要根据仓库分别录入。

2. 【库存管理】系统期初余额录入完毕后,必须进行审核工作,且该系统期初数据的审核必须分仓库进行,【审核】只能对选中条目执行审核,而【批审】可以对当前仓库的所有存货期初进行审核。

【拓展延伸】

【库存管理】系统和【存货核算】系统可以相互取数。如果先在【存货核算】系统录入了期初数据,则【库存管理】系统的期初余额,可通过选择仓库、执行【修改】、【取数】命令,将【存货核算】系统的期初数据引入本系统。

任务3 录入存货核算期初余额

【任务描述】

根据【库存管理】系统期初数据录入【存货核算】系统的期初余额。

【任务解析】

【库存管理】系统与【存货核算】系统间相互关联,本任务要求将【库存管理】系统的期初余额引入【存货核算】系统。

【岗位说明】

本任务由账套主管根据要求完成【存货核算】系统期初余额的引入。

【知识链接】

【存货核算】系统期初余额用于录入本系统启用前各存货的期初结存情况。若【库存管理】和【存货核算】的期初数据分别录入处理,则两个系统可分别先后启用。同时用友系统提供了两个系统相互取数和对账的功能,可以通过其中一个系统的期初数据,实现另一个系统期初数据的引入。

【业务流程】

分仓库取数——对账——记账。

【操作指导】

1. 在【业务工作】选项卡中,执行【供应链】-【存货核算】-【初始设置】-【期初数据】-【期初余额】命令,打开【期初余额】窗口。

2. 选择【仓库】为"(01)冰箱库",单击【取数】按钮,完成冰箱仓库期初余额的取数工作,如图2.5.7所示。

46 录入存货核算期初余额

3. 选择【仓库】为"(02)彩电库",单击【取数】按钮,完成彩电仓库期初余额的取数工作,如图2.5.8所示。

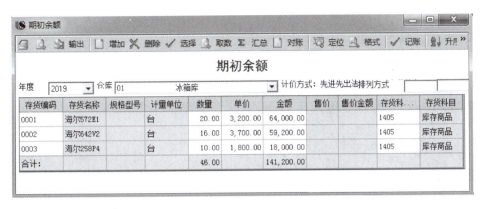

存货编码	存货名称	规格型号	计量单位	数量	单价	金额	售价	售价金额	存货科...	存货科目
0001	海尔572E1		台	20.00	3,200.00	64,000.00			1405	库存商品
0002	海尔642V2		台	16.00	3,700.00	59,200.00			1405	库存商品
0003	海尔258P4		台	10.00	1,800.00	18,000.00			1405	库存商品
合计:				46.00		141,200.00				

图 2.5.7 【存货核算】–冰箱库期初余额

存货编码	存货名称	规格型号	计量单位	数量	单价	金额	售价	售价金额	存货科...	存货科目
0005	TCL155A		台	20.00	3,750.00	75,000.00			1405	库存商品
0006	TCL032F		台	16.00	2,700.00	43,200.00			1405	库存商品
0007	TCL646A		台	10.00	2,250.00	22,500.00			1405	库存商品
合计:				46.00		140,700.00				

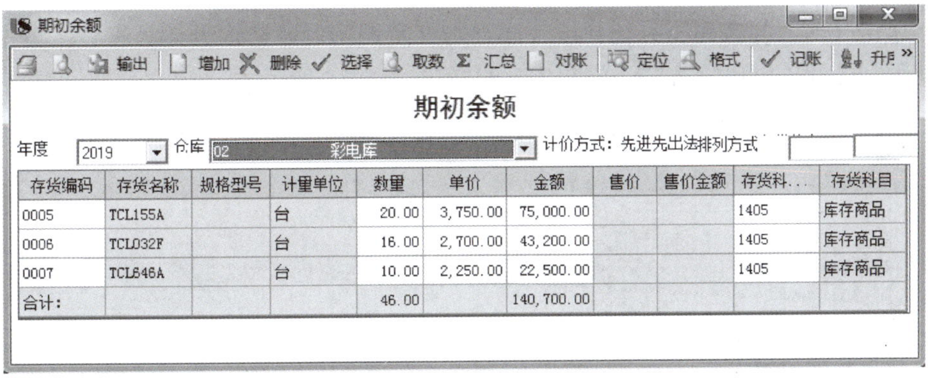

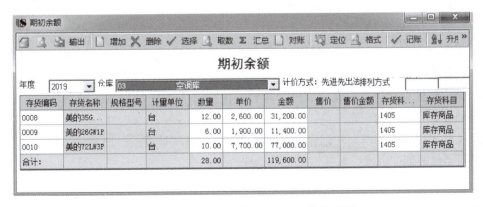

图 2.5.8 【存货核算】–彩电库期初余额

4. 选择【仓库】为“（03）空调库”，单击【取数】按钮，完成空调仓库期初余额的取数工作，如图 2.5.9 所示。

存货编码	存货名称	规格型号	计量单位	数量	单价	金额	售价	售价金额	存货科...	存货科目
0008	美的35G...		台	12.00	2,600.00	31,200.00			1405	库存商品
0009	美的26GW1P		台	6.00	1,900.00	11,400.00			1405	库存商品
0010	美的72LW3P		台	10.00	7,700.00	77,000.00			1405	库存商品
合计:				28.00		119,600.00				

图 2.5.9 【存货核算】–空调库期初余额

5. 选择【仓库】为“（04）家用小电器库”，单击【取数】按钮，完成该仓库期初余额的取数工作，如图 2.5.10 所示。

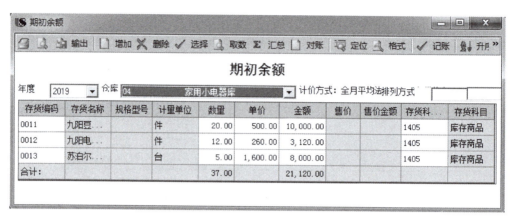

图 2.5.10 【存货核算】-家用小电器库期初余额

6. 单击【对账】按钮，系统弹出【库存与存货期初对账查询条件】窗口，单击【确定】按钮，提示"对账成功！"，如图 2.5.11 和图 2.5.12 所示。

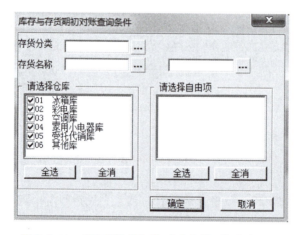

图 2.5.11 【存货核算】与【库存管理】期初对账

图 2.5.12 对账成功

7. 单击【记账】按钮，系统提示"期初记账成功"。

【注意事项】

1. 供应链的期初记账有先后顺序，需要先执行【采购管理】系统期初记账，才能执行【存货核算】系统的记账。

2. 【存货核算】系统期初记账前可修改计价方式及核算方式，期初记账后就不能修改了。如果要修改期初数据，需要恢复期初记账。

【拓展延伸】

对于一般的业务，都不需要输入期初差异，所以在输入【存货核算】系统期初余额后，立即执行期初记账。但是如果采用计划成本法核算，需要输入期初差异，则应先保存期初余额并退出，再进入到差异录入界面，输入完差异后，再执行【存货核算】系统的期初记账。

任务4　录入应收系统期初余额

【任务描述】

2019年9月初，日照瑞泽商贸公司应收账款、应收票据、预收账款的期初资料如表2.5.2、表2.5.3及表2.5.4所示，请录入相应的期初余额。

表2.5.2　应收账款期初余额

日期	客户简称	业务信息	方向	金额/元
2019-8-22	杭州佳美	销售部李超销售TCL032F彩电10台，不含税单价3 300元/台，开具专用发票，票号1789456321	借	37 290.00

表2.5.3　应收票据期初余额

日期	客户简称	业务信息	方向	金额/元
2019-8-18	广州和润	取得广州和润签发的银行承兑汇票，票号456789签发日和收到日为"2019-8-18"，到期日"2019-11-18"，承兑银行：中国工商银行	借	10 000.00

表2.5.4　预收账款期初余额

日期	客户简称	业务信息	方向	金额/元
2019-8-27	北京华联	收到北京华联以转账支票方式预付的货款，支票号码为369258	贷	5 000.00

【任务解析】

该任务要求在【应收款管理】系统中录入该系统受控科目的期初余额。

【岗位说明】

本任务由账套主管根据所给信息完成"应收账款""应收票据""预收账款"期初余额的录入工作。

【知识链接】

为了保证数据的连续性和完整性，企业首次启用【应收款管理】系统时，对于在系统启用前已经存在的应收款、预收款及应收票据，应作为企业的期初数据录入到系统中。而当企业启用了该系统后进入到次年时，系统会自动将上年度未完成的单据转为本年度的期初数据，并可在该年度的第一个会计期间内，对期初余额进行调整。

【操作指导】

一、录入应收账款期初余额

1. 以账套主管zg01身份登录到【企业应用平台】，【操作日期】为"2019-09-01"。
2. 在【业务工作】选项卡中，执行【应收款管理】-【设置】-【期初余额】命令，弹出【期初余额－查询】窗口，单击【确定】按钮，进入【期初余额明细表】界面。

3. 单击【增加】按钮，选择【单据名称】为"销售发票"，【单据类型】为"销售专用发票"，【方向】为"正向"，单击【确定】按钮。

47 录入应收款期初余额

4. 打开【销售专用发票】窗口，单击【增加】按钮，根据表2.5.2所给信息，录入日照瑞泽商贸公司应收账款的期初余额，单击【保存】按钮，如图2.5.13所示。

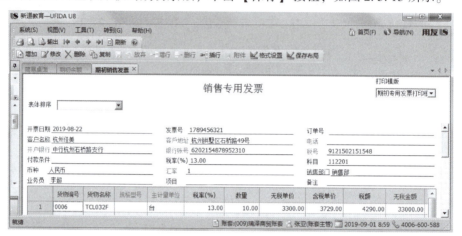

图 2.5.13　应收账款期初余额

二、录入应收票据期初余额

1. 关闭【销售专用发票】窗口，回到【期初余额明细表】界面。
2. 单击【增加】按钮，选择【单据名称】为"应收票据"，【单据类型】为"银行承兑汇票"，单击【确定】按钮。
3. 打开【期初票据】窗口，单击【增加】按钮，根据表2.5.3所给信息，录入日照瑞泽商贸公司应收票据的期初余额，单击【保存】按钮，如图2.5.14所示。

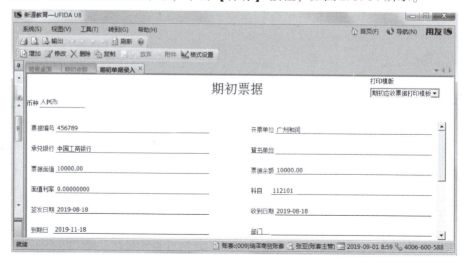

图 2.5.14　应收票据期初余额

三、录入预收账款期初余额

1. 关闭【期初票据】窗口，回到【期初余额明细表】。

2. 单击【增加】按钮，选择【单据名称】为"预收款"，【单据类型】为"收款单"，单击【确定】按钮。

3. 打开【收款单】窗口，单击【增加】按钮，根据表2.5.4所给信息，录入日照瑞泽商贸公司预收账款的期初余额，单击【保存】按钮，如图2.5.15所示。

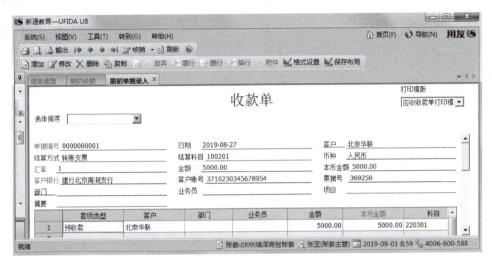

图2.5.15　预收账款期初余额

4. 关闭【收款单】窗口，回到【期初余额明细表】，单击【刷新】按钮，显示【应收款管理】系统期初余额的所有条目，如图2.5.16所示。

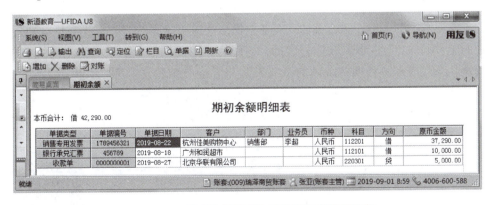

图2.5.16　【应收款管理】系统期初余额明细表

【注意事项】

1. 单据中的科目信息应正确录入，否则在【总账】系统期初余额录入时将无法实现数据的引入。

2.【应收款管理】系统和【总账】系统启用的时间应一致，否则无法进行取数和对账。

【拓展延伸】

当同时启用【总账】和【应收款管理】系统时，对于应收账款、预收账款和应收票据的期初余额，在【应收款管理】系统中录入，并在【总账】系统利用引入功能从【应收款管理】系统中取数，提高了数据录入的效率及准确性。

任务 5 录入应付系统期初余额

【任务描述】

日照瑞泽商贸公司 2019 年 9 月初应付账款的期初资料如表 2.5.5 所示，请录入期初余额。

表 2.5.5 应付账款期初余额

日期	供应商	业务信息	方向	金额/元
2019－8－26	美的	采购部王强从美的公司购入 35GW1.5P 空调 6 台，单价 2 600 元/台，取得增值税专用发票，票号 5012314	贷	17 628.00

【任务解析】

该任务要求在【应付款管理】系统中录入该系统受控科目的期初余额。

【岗位说明】

由账套主管根据所给信息录入应付账款的期初余额。

【知识链接】

为了保证数据的连续性和完整性，企业首次启用应付款系统时，对于在系统启用前已经存在的应付账款、预付账款及应付票据，应作为企业的期初数据录入到本系统中。【应付款管理】系统受控科目期初余额的录入方法与【应收款管理】系统期初余额录入原理相同。

【操作指导】

1. 在【业务工作】选项卡中，执行【应付款管理】－【设置】－【期初余额】命令，系统弹出【期初余额－查询】窗口，单击【确定】按钮进入【期初余额明细表】界面。

2. 单击【增加】按钮，打开【单据类别】对话框，选择【单据名称】为"采购发票"，【单据类型】为"采购专用发票"，【方向】为"正向"，单击【确定】按钮。

48 录入应付款期初余额

3. 打开【采购专用发票】窗口，单击【增加】按钮，根据表 2.5.5 所给信息，录入日照瑞泽商贸公司应付账款期初余额，单击【保存】按钮，如图 2.5.17 所示。

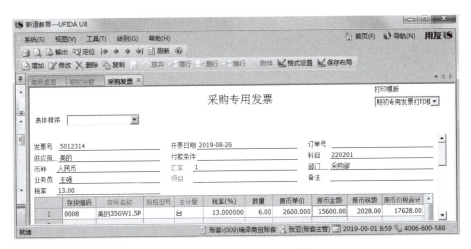

图 2.5.17　应付账款期初余额

4. 关闭【采购专用发票】窗口，回到【期初余额明细表】界面，单击【刷新】按钮，显示【应付款管理】系统期初余额的所有条目，如图 2.5.18 所示。

图 2.5.18　【应付款管理】系统期初余额明细表

【注意事项】

"应付账款"表头会计科目和"预付账款"表体会计科目必须正确录入，否则在【总账】系统期初余额录入时将无法实现数据的引入。

【拓展延伸】

若【应付款管理】系统中采购发票无法进行人工编号或者格式不满足管理需要，可以通过【基础设置】-【单据设置】完成单据格式及编号的设置。

任务 6　录入总账系统期初余额

【任务描述】

2019 年 9 月初，日照瑞泽商贸公司【总账】系统期初余额如表 2.5.6、表 2.5.7 所示，请录入该系统期初余额。

表2.5.6 【总账】系统期初余额

单位：元

科目编码	科目名称	币别	方向	年初余额	借方累计	贷方累计	期初余额
1001	库存现金		借	4 600.20	25 900.45	22 500.65	8 000.00
1002	银行存款		借	494 995.60	124 650.00	83 220.00	536 425.60
100201	建行存款		借	426 395.60	124 650.00	83 220.00	467 825.60
100202	中行存款		借	68 600.00			68 600.00
		美元	借	10 000.00			10 000.00
1121	应收票据		借	3 000.00	15 000.00	8 000.00	10 000.00
112101	银行承兑汇票		借	3 000.00	15 000.00	8 000.00	10 000.00
1122	应收账款		借	11 300.00	48 590.00	22 600.00	37 290.00
112201	人民币		借	11 300.00	48 590.00	22 600.00	37 290.00
1231	坏账准备		贷	565.00		1 299.50	1 864.50
1405	库存商品		借	398 920.00	56 000.00	32 300.00	422 620.00
1601	固定资产		借	983 000.00			983 000.00
1602	累计折旧		贷	162 350.00		13 250.00	175 600.00
2202	应付账款		贷	16 164.00	22 036.00	39 500.00	33 628.00
220201	一般应付账款		贷	16 164.00	22 036.00	23 500.00	17 628.00
220202	暂估应付账款		贷			16 000.00	16 000.00
2203	预收账款		贷		3 000.00	8 000.00	5 000.00
220301	人民币		贷		3 000.00	8 000.00	5 000.00
4001	实收资本		贷	1 015 600.00			1 015 600.00
4104	利润分配		贷	701 136.80		64 506.30	765 643.10
410401	未分配利润		贷	701 136.80		64 506.30	765 643.10

表2.5.7 应付账款-暂估应付款期初余额

日期	供应商简称	业务信息	方向	金额/元
2019-08-15	海尔	摘要：购入海尔冰箱	贷	16 000.00

【任务解析】

该任务要求录入【总账】系统期初余额，并进行试算平衡。

【岗位说明】

由账套主管根据所给信息完成【总账】系统期初余额录入工作。

【知识链接】

【总账】系统期初余额录入界面有三种颜色显示的会计科目：白色、浅灰色和浅黄色，分别代表着三种不同的录入方式。白色显示的会计科目可直接输入金额；浅灰色显示的会计科目，其金额由所属的下级科目金额汇总而来；浅黄色显示的会计科目为具有辅助核算的会计科目，需要进入相应的辅助核算输入界面才能录入金额。

【操作指导】

1. 在【业务工作】选项卡中，执行【财务会计】-【总账】-【设置】-【期初余额】命令，系统弹出【期初余额】窗口。

2. 根据所给信息，录入或引入科目的"累计借方""累计贷方""期初余额"，系统自动计算生成"年初余额"，如图 2.5.19 所示。

49 录入总账期初余额

科目名称	方向	币别/计量	年初余额	累计借方	累计贷方	期初余额
库存现金	借		4,600.20	25,900.45	22,500.65	8,000.00
银行存款	借		494,995.60	124,650.00	83,220.00	536,425.60
建行存款	借		426,395.60	124,650.00	83,220.00	467,825.60
中行存款	借		68,600.00			68,600.00
	借	美元	10,000.00			10,000.00
存放中央银行款项	借					
存放同业	借					
其他货币资金	借					
结算备付金	借					
存出保证金	借					
交易性金融资产	借					
买入返售金融资产	借					
应收票据	借		3,000.00	15,000.00	8,000.00	10,000.00
银行承兑汇票	借		3,000.00	15,000.00	8,000.00	10,000.00
商业承兑汇票	借					
应收账款	借		11,300.00	48,590.00	22,600.00	37,290.00
人民币	借		11,300.00	48,590.00	22,600.00	37,290.00

图 2.5.19　期初余额

3. 其中往来系统受控科目双击打开后在【期初往来明细】界面引入数据，再退回到【辅助期初余额】界面，手工录入"累计借方金额"和"累计贷方金额"，以"112101 银行承兑汇票"的期初余额为例，如图 2.5.20 所示。

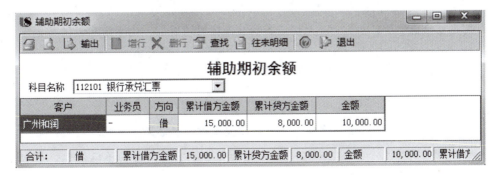

图 2.5.20　辅助期初余额

4. 所有会计科目的"累计借方""累计贷方"和"期初余额"全部录入完成后，单击【试算】按钮，生成【期初试算平衡表】，如图 2.5.21 所示。

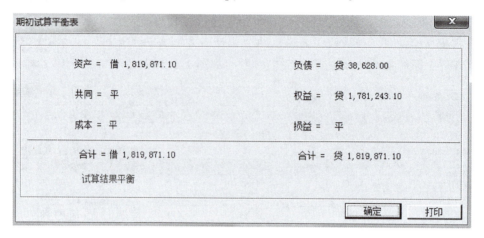

图 2.5.21　【期初试算平衡表】窗口

【注意事项】

1. 【应付账款－暂估应付账款】不受控于【应付款管理】系统，因此期初余额不能通过数据的引入功能实现，而是在【总账】系统中通过"增行"方式手工直接录入，再单击【汇总】按钮进行汇总即可。

2. 应收账款、预收账款、应收票据、应付账款、应付票据、预付账款这些受控于【应收款管理】系统和【应付款管理】系统的科目，由于已经在相应系统录入期初余额，因此可以进入【期初往来明细】窗口，直接通过数据的"引入"功能，将"期初余额"引入到【总账】系统，然后再手工填写"累计借方"和"累计贷方"，由系统自动生成"年初余额"。

【拓展延伸】

当企业年初建账时，【总账】系统期初余额录入只有"期初余额"一个栏目，但是当企业年中建账时，【总账】系统期初余额录入包括"年初余额""累计借方""累计贷方"和"期初余额" 4 个栏目，其中"累计借方"是指从年初到本月月初该科目的累计借方发生额，"累计贷方"是指从年初到本月月初该科目的累计贷方发生额，"期初余额"即建账当月的月初余额，"年初余额"无须录入，其他项目填好后，由系统自动计算得出。

 财务新世界

自动化和人工智能如何重塑财务职能

几十年来，离岸、外包与集中化一直是提升财务职能生产力的不二法门。尽管如此，财务部门仍然给人留下了种种不好的印象。其一，管理被动。财务总是更多在分析过去的业绩，却无法很好地指导业务经营，不能及时反映业务的动态变化和潜在风险；其二，业务流程自动化程度低。多数业务依赖人工，导致经营效率低，成本控制不佳；其三，跨界信息交互困难。跨界数据积累和使用难以兼容，数据采集范畴缺乏系统性规划。

为解决上述问题，精通技术的CFO们开始思考如何借助人工智能和自动化这些新兴技术大幅提升效率，推高业绩。据麦肯锡评估，多项财务工作在引入自动化和智能化之后能产生显著的经济效益。在当今时代，成本更低、效果更好、实施更快的技术必将重塑财务职能。纵观全球各个领域，自动化对公司和财务职能的影响愈演愈烈，几成颠覆之势。因此，CFO必须认真思考新趋势下的新问题。比如，理清哪些财务活动适用于自动化，相关流程与组织形式应做何种改变。此外，还需妥善应对过程中的冲击，不要给饱受转型压力的财务职能雪上加霜。

简单财务活动的自动化程度可达50%

根据麦肯锡全球研究院（McKinsey Global Institute）对自动化的研究，42%的财务活动通过采用成熟的技术可实现全自动化，还有19%可实现近全自动化。其实，包括RPA（机器人流程自动化）在内的多种基础任务自动化技术已出现许久。经过最近十年的不断迭代，今天的技术更好、更快、成本更低。十年前，不少自动化平台和供应商刚刚成立，疲于应付IT安全审核。而今，这些企业的基础设施、安全措施以及治理实力已足以支持其部署自动化项目。与第一代技术相比，今天的任务自动化工具更易于部署，更便于使用。过去，经理不得不苦等不堪重负的IT部门腾出时间配置机器人助理。今天，财务人员只要经过培训就可以制定多数RPA工作流程。一些工作可运用RPA和相关任务自动化技术。据麦肯锡评估，从成本/收益角度看，此类工作自动化程度达到50%较为合理。

高级自动化技术大幅提高效益

除了基础任务自动化，还需要高级认知自动化技术，如机器学习算法和自然语言工具等。虽然这些技术问世不久，但企业不必坐等其完全成熟了再行动。ERP系统推动结构化数据不断发展，加上获取计算能力的成本日益下降，每天都有新的机会涌现。例如，某科技企业开发了一套算法，用于监测内外部数据以审计开支报告。这一算法对开支报告与差旅、个人数据进行交叉核查——各职位、层级的差旅需求不同——来识别潜在的费用虚报行为。该企业也为核查员工休假时间开发了一套算法，比对填报的休假天数与打卡和计算机使用数据，以核实员工是否准确填报了休假时间。类似的案例仅仅只是探索认知自动化技术可能性的起点，远非终点。

自动化技术应嵌入业务流程之中

要对业务发挥指导作用，技术必须嵌入业务流程之中，关键是业务流程的数据化和标签化。举个例子，快递员出勤时都要带着靶枪，从客户手上接过快件时扫一下，快件上车时扫一下，上飞机时又扫一下。这样，快递公司就能对快件进行追踪，了解物流运输的位置，一旦出状况或延误，就可及时干预。从财务的角度来讲，知道货物经了谁的手，上过哪一辆车、哪一架飞机，就能精准分摊成本。比如知道哪些货件上了A车，A车的成本就可以被分摊到那些件上，不多也不少。以上就是一个流程数据化和标签化的用例，原本不产生任何数据的流程，用靶枪打标签就能实现点点追踪，并在此过程中产生大量数据，可以指导成本分析和定价等财务工作。为此，企业管理者必须重新制定一套全新的流程。以某全球性金融企业为例，先是从头到尾捋清了整个总账流程，然后围绕整套技术重新设计

了财务活动与组织架构。经理们运用机器人流程自动化这类任务自动化技术来编制会计分录，还使用机器学习等认知自动化技术来确保不同会计记录之间账目相符。虽然该企业尚未采用自然语言工具来生成财务评价报告，但经理们不仅证明了这些技术是切实可行的，还设计了流程确保后期的持续运用。通过部署自动化，该企业有望在接下来的两年中降本35%。

财务自动化转型应遵循三大原则

与任何转型一样，自动化必将改变组织结构，导致职位变动与裁员，如此一来，财务转型的成功关键在于CFO的领导力与远见。基于麦肯锡经验，财务自动化转型应遵循以下三大原则：第一，从较简单的交易岗入手。这些职位的员工流动率本来就高，很多情况下，根本不用解雇大批员工，只要有人离职后不再招募新人即可。而且，要实现这些职位的自动化往往无须重大的组织结构调整。采用全自动化或半自动化解决方案，一个现有20人的团队可以轻松缩减至10人。先自动化较为基础的任务，能让其他员工专注于成就感更高的任务。并且，前期自动化成果能提供资金和能力，让财务部门自给自足，独立承担起后续自动化的投入。第二，提升人力资源与员工安置能力，紧密配合CFO及财务部门工作。更复杂的自动化任务，如财务管理与税务职能等，往往意味着裁员，因为这些职位的流动率本来就比交易岗要低。很多公司并不能在内部找到新的岗位妥善安置冗余员工。这样一来，人工成本并没有相应下降，反倒新增了自动化的成本。所以说，制定周全的员工安置方案尤为重要。企业在部署自动化之前就应与相关员工沟通安置方案。该方案包括两个方面：①设计新的组织结构及岗位，并承诺尽己所能安置员工；②确保财务和其他职能始终有职位开放，进一步减少员工所受到的影响。第三，调整招聘与留用战略，获得所需财务人才。尽管前沿技术让一些员工望而却步，但学习使用新工具的意愿和能力十分重要。企业领导者会发现建设一支精通数字化与自动化的财务团队的意义重大。就算一两年内不考虑自动化，CFO也应未雨绸缪，及早招募相关人才。

放眼未来，自动化与人工智能势必重塑财务职能。CFO只要谋定全局，适时而动，在合适的环节果断拥抱自动化，化冲击为冲劲，定能提高企业财务生产力，带动业绩增长，让企业在人机耦合的新世界稳操胜券。

（文章来源：http：//www.sohu.com/a/222731812_651625）

项目小结

财务软件初始设置		
子项目	任务列表	学习内容
设置基础档案	1. 建立部门和人员档案	部门档案的建立方法
		人员类别、人员档案的建立方法
	2. 建立客商档案	建立客户档案的作用及方法
		建立供应商档案的作用及方法

续表

财务软件初始设置		
子项目	任务列表	学习内容
设置基础档案	3. 建立财务档案	外币的设置
		会计科目的增减、修改、指定
		凭证类别的设置
	4. 设置收付结算信息	设置收付结算方式
		设置收付结算条件
		设置企业的开户银行
	5. 建立存货档案	设置存货计量单位
		设置存货的分类
		建立存货档案
	6. 建立业务档案	建立仓库档案
		设置收发类别
		设置采购销售类型
		设置费用项目
设置单据	1. 设置单据编号	设置单据编号的意义
		设置单据编号的方法
	2. 设置单据格式	设置单据格式的意义
		设置单据格式的方法
设置参数	1. 设置采购参数	采购管理常用参数的含义
		设置采购管理系统常规参数的方法
	2. 设置销售参数	销售管理常用参数的含义
		设置销售管理系统常规参数的方法
	3. 设置库存参数	库存管理常用参数的含义
		设置库存管理系统常规参数的方法
	4. 设置存货核算参数	存货核算系统常用参数的含义
		设置存货核算系统常规参数的方法
	5. 设置往来核算参数	往来核算系统参数的意义及设置方法
	6. 设置总账参数	总账系统参数的意义及设置方法
设置科目	1. 设置存货核算科目	设置存货科目
		设置存货对方科目
	2. 设置往来管理系统科目	设置基本会计科目
		设置控制会计科目
		设置结算方式科目

续表

子项目	任务列表	学习内容
财务软件初始设置		
录入期初余额	1. 录入采购期初余额	录入采购系统期初余额
		采购系统期初记账
	2. 录入库存期初余额	录入库存管理系统期初余额并审核
	3. 录入存货核算期初余额	录入存货核算系统期初余额并记账
	4. 录入应收系统期初余额	录入应收账款
		录入应收票据
		录入预收账款
	5. 录入应付系统期初余额	录入应付账款
	6. 录入总账系统期初余额	直接录入总账系统期初余额
		录入辅助核算项目期初数据
		总账系统期初试算平衡

项目三

采购业务

 职业能力目标

目标类型	目标要求	对应子项目
能力目标	能解读采购业务的原始凭证	子项目3.1
	能完成货单同到采购业务	子项目3.1
	能完成取得采购发票的同时进行付款的业务	子项目3.1
	能完成运费的分摊采购业务	子项目3.1
	能完成付款核销业务	子项目3.1
	能处理预付款业务并完成预付冲应付业务	子项目3.1
	能完成本月货单不同到业务的处理	子项目3.1
	能完成采购过程中出现合理、非合理损耗处理	子项目3.2
	能完成享受现金折扣条件的采购业务	子项目3.2
	能完成商业汇票的背书转让采购业务	子项目3.2
	能完成赠送同种商品的采购业务	子项目3.2
	能完成退货及拒收业务	子项目3.2

续表

目标类型	目标要求	对应子项目
知识目标	理解采购业务涉及原始凭证的含义	子项目3.1
	掌握基本采购业务的流程	子项目3.1
	理解结算的含义及作用	子项目3.1
	掌握采购、库存管理、存货核算及应付款系统关系	子项目3.1
	区分商业汇票背书转让与签发汇票的区别	子项目3.1
	掌握合理损耗与非合理损耗的处理差异	子项目3.2
	掌握特殊采购涉及参数的设置及对业务的影响	子项目3.2
	理解退货与拒收的差异及处理流程	子项目3.2
素质目标	培养学生及时处理业务、高效的工作作风	子项目3.1～3.2
	培养学生加强部门合作的意识	
	培养学生控制采购成本、降低采购风险的工作态度	
	培养学生严格遵守内控流程，提高采购效率的工作意识	

典型工作任务

项目	子项目	典型工作任务
采购业务	普通采购业务	赊购
		现付采购
		付款核销
		运费分摊
		预付款采购
		本月货到单未到
		暂估业务
		单到货未到
	特殊采购业务	合理损耗
		非合理损耗
		现金折扣
		商业汇票背书
		买赠同种商品
		采购退货
		采购拒收

项目背景资料

企业启用财务软件后，采购部相继与海尔、美的等供应商签订了系列采购合同，进行商品的采购活动。本月的采购业务包括赊购、现付、采购负担运费等常规采购业务，也包括合理损耗、非合理损耗、因商品质量问题发生的采购退货及拒收等非常规采购业务。业务部门及财务部门的相关人员根据业务职责，完成单据的录入审核及会计凭证的生成处理。

管理增效——控制成本

子项目 3.1 普通采购业务

任务 1 赊 购

【任务描述】

2019 年 9 月 1 日，采购部王强与青岛海尔签订采购合同，购入海尔 642V2 冰箱 5 台，海尔 331W6 冰箱 6 台，货物当天到达，取得海尔公司开具的增值税专用发票，货款未付。

【任务解析】

该业务是基本采购业务，即收到货物和采购发票，货款暂未支付。

【原始凭证】

采购合同、入库单、采购发票，如图 3.1.1 ~ 图 3.1.3 所示。

【岗位说明】

1. 采购员 cg01 在【采购管理】系统中录入并审核采购订单、到货单。
2. 库管员 ck01 在【库存管理】系统中录入或参照生成并审核入库单。
3. 采购员 cg01 在【采购管理】系统参照生成采购发票，并完成采购结算。
4. 会计 kj02 在【应付款管理】系统对采购发票进行审核，并生成采购凭证；在【存货核算】-【业务核算】系统对入库单进行正常单据记账，并在【存货核算】-【财务核算】中生成存货入库凭证。

购 销 合 同

合同编号：CG001

卖方：青岛海尔集团有限公司
买方：日照瑞泽商贸有限责任公司

  为保护买卖双方的合法权益，买卖双方根据《中华人民共和国合同法》的有关规定，经友好协商，一致同意签订本合同并共同遵守。

一、货物的名称、数量及金额

货物名称	计量单位	数量	单价（不含税）	金额（不含税）	税率	税额
海尔冰箱642V2	台	5	3,750.00	18,750.00	13%	2,437.50
海尔冰箱331W6	台	6	2,500.00	15,000.00		1,950.00
合 计				￥33,750.00		￥4,387.50

二、合同总金额：人民币叁万捌仟壹佰叁拾柒元伍角整（￥38,137.50）。
三、结算方式：电汇。付款时间：2019年10月6日。
四、发货时间：卖方于签订合同当日发出全部商品。
五、发运方式：买方自提。

卖 方：青岛海尔集团有限公司 买 方：日照瑞泽商贸有限责任公司
授权代表：陈华燕   授权代表：王强
日 期：2019年9月1日   日 期：2019年9月1日

图 3.1.1 采购合同

入 库 单

2019年09月01日

交货单位	青岛海尔集团有限公司			验收仓库		冰箱库	
编号	商品名称及规格	单位	数量		价格		
			交库	实收	单价	金额	
0002	海尔冰箱642V2	台	5	5			
0004	海尔冰箱331W6	台	6	6			
	合计		11	11			

部门经理：略 会计：略 仓库：略 经办人：略

图 3.1.2 入库单

图 3.1.3 采购发票

【业务流程】

该业务的流程如图 3.1.4 所示。

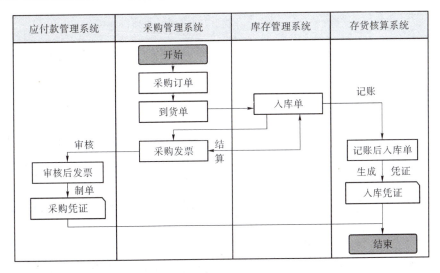

图 3.1.4 赊购流程

【知识链接】

赊购是最常见的采购业务类型。购销双方签订合同,购买方取得专用发票,货物验收入库,款项暂赊欠。信息化下只要将相关的原始凭证录入系统,完成单据的审核和传递,便可自动生成采购凭证及产品入库凭证。需要注意的是,当货、单同到时,只有进行采购结算,才能确定采购货物的成本。

【操作指导】

第一步：录入、审核采购订单

1. 以采购员 cg01 身份登录到【企业应用平台】，【操作日期】为"2019-09-01"。

2. 在【业务工作】选项卡中，执行【供应链】-【采购管理】-【采购订货】-【采购订单】命令，打开【采购订单】窗口。

50 赊购业务

3. 单击【增加】按钮，根据合同内容录入【订单编号】、【供应商】、【业务员】等表头项目，以及【存货编码】、【数量】、【原币单价】等表体项目，依次单击【保存】、【审核】按钮，如图 3.1.5 所示。

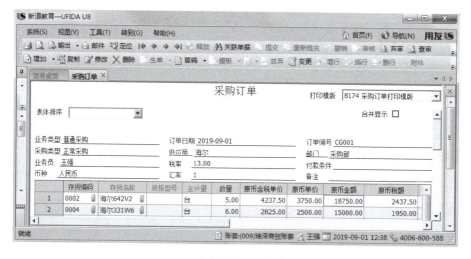

图 3.1.5 采购订单

第二步：参照生成并审核到货单

1. 执行【采购管理】-【采购到货】-【到货单】命令或通过快捷命令，打开【到货单】窗口。

2. 单击【增加】按钮，再单击【生单】右侧倒三角下拉菜单中的"采购订单"，弹出【查询条件选择-采购订单列表过滤】窗口，单击【确定】按钮，打开【拷贝并执行】窗口。

3. 单击【全选】按钮，如图 3.1.6 所示，再单击【确定】按钮。

4. 系统参照采购订单生成到货单，依次单击【保存】按钮和【审核】按钮，如图 3.1.7 所示。

第三步：参照生成并审核采购入库单

1. 更换库管员 ck01 身份登录到【企业应用平台】，在【业务工作】选项卡中，执行【供应链】-【库存管理】-【入库业务】-【采购入库单】命令，打开【采购入库单】窗口。

2. 单击【生单】右侧倒三角下拉菜单中的"采购到货单（蓝字）"，弹出【查询条件选择-采购到货单列表】窗口，单击【确定】按钮，打开【到货单生单列表】窗口。

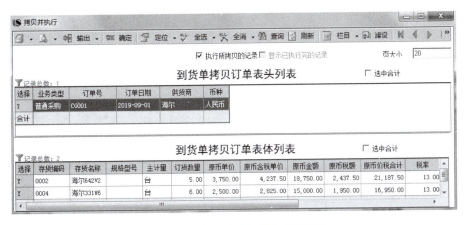

图 3.1.6 参照采购订单生成到货单

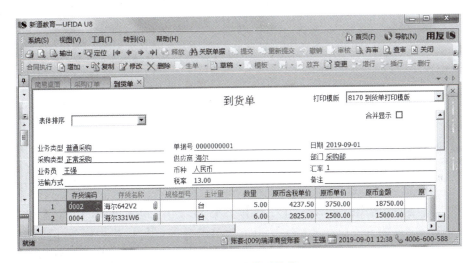

图 3.1.7 采购到货单

3. 单击【全选】按钮，如图 3.1.8 所示，再单击【确定】按钮。

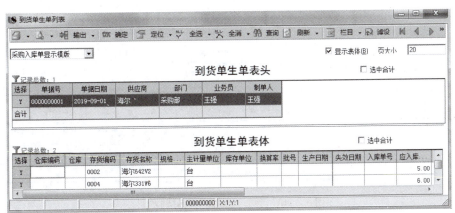

图 3.1.8 参照到货单生成入库单

4. 系统参照生成采购入库单，选择【仓库】为"冰箱库"，单击【保存】、【审核】按钮，如图3.1.9所示。

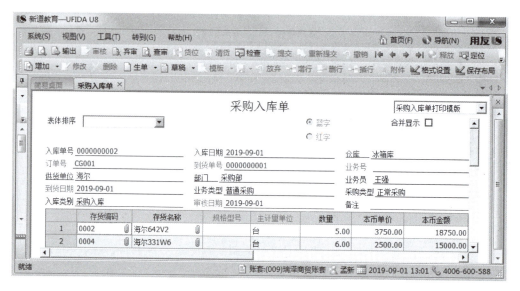

图 3.1.9　采购入库单

第四步：参照生成采购发票

1. 更换采购员 cg01 身份登录到【企业应用平台】，在【业务工作】选项卡中，执行【供应链】-【采购管理】-【采购发票】-【专用采购发票】命令，打开【专用发票】窗口。

2. 单击【增加】按钮，再单击【生单】右侧倒三角下拉菜单中的"入库单"，弹出【查询条件选择 – 采购入库单列表过滤】窗口，单击【确定】按钮，打开【拷贝并执行】窗口，双击选中第二条采购入库单记录，如图3.1.10所示，单击【确定】按钮。

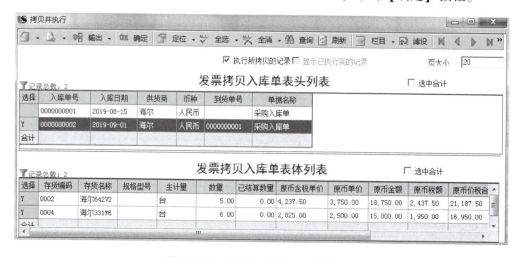

图 3.1.10　参照入库单生成采购发票

3. 打开【专用发票】窗口，更改【发票号】为"20190101"，单击【保存】按钮，如图3.1.11所示。

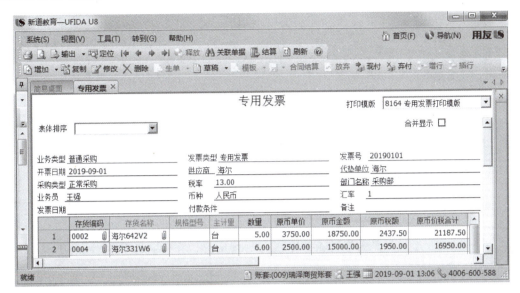

图 3.1.11　采购发票

第五步：进行采购结算

1. 执行【采购管理】-【采购结算】-【手工结算】命令，打开【结算】窗口。

2. 单击【选单】按钮，打开【结算选单】窗口，单击【查询】按钮，打开【查询条件选择-采购手工结算】窗口，单击【确定】按钮。

3. 打开【结算选发票列表】，双击选中2019-09-01青岛海尔的发票和入库单，如图3.1.12所示，单击【确定】按钮。

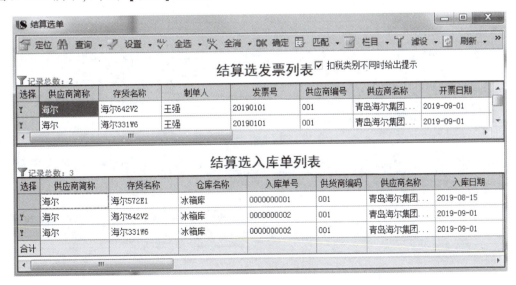

图 3.1.12　结算选单

4. 打开【手工结算】窗口，如图 3.1.13 所示，单击【结算】按钮，系统提示"完成结算"，单击【确定】按钮。

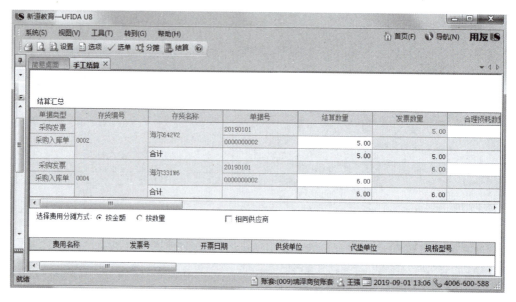

图 3.1.13　手工结算

第六步：审核发票并制单

1. 更换会计 kj02 身份登录到【企业应用平台】，在【业务工作】选项卡中，执行【财务会计】-【应付款管理】-【应付单据处理】-【应付单据审核】命令，打开【应付单查询条件】窗口，单击【确定】按钮。

2. 打开【应付单据列表】窗口，双击选中单据，单击【审核】按钮，系统提示单据审核成功，如图 3.1.14 所示，单击【确定】按钮，关闭【单据处理】窗口。

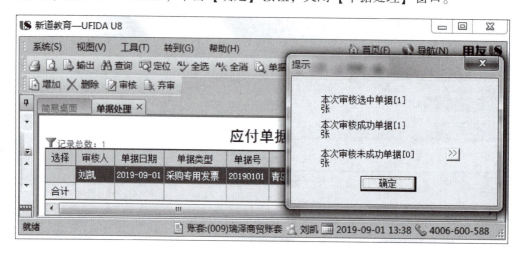

图 3.1.14　审核发票

3. 执行【应付款管理】-【制单处理】命令，打开【制单查询】窗口，勾选"发票制单"复选框,单击【确定】按钮。

4. 打开【采购发票制单】窗口,单击【全选】按钮,如图 3.1.15 所示。

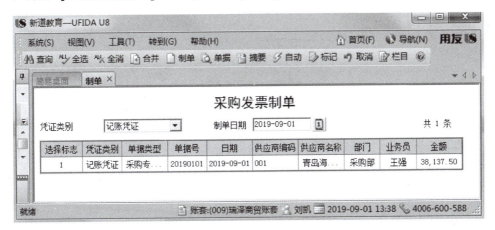

图 3.1.15 【采购发票制单】窗口

5. 单击【制单】按钮,生成存货采购凭证,单击【保存】按钮,如图 3.1.16 所示。

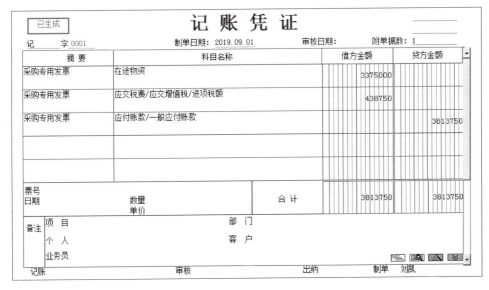

图 3.1.16 存货采购凭证

第七步:记账并生成凭证

1. 执行【供应链】-【存货核算】-【业务核算】-【正常单据记账】命令,打开【查询条件选择】窗口,单击【确定】按钮。

2. 打开【正常单据记账列表】窗口,单击【全选】按钮,再单击【记账】按钮,系统提示"记账成功",如图 3.1.17 所示,单击【确定】按钮,关闭该窗口。

3. 执行【存货核算】-【财务核算】-【生成凭证】命令,打开【生成凭证】窗口,单击【选择】按钮,弹出【查询条件】窗口,单击【确定】按钮。

图 3.1.17　正常单据记账列表

4. 打开【未生成凭证单据一览表】，如图 3.1.18 所示，单击【全选】按钮和【确定】按钮。

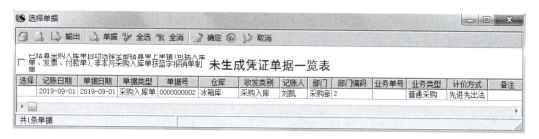

图 3.1.18　未生成凭证单据一览表

5. 打开【生成凭证】窗口，如图 3.1.19 所示。

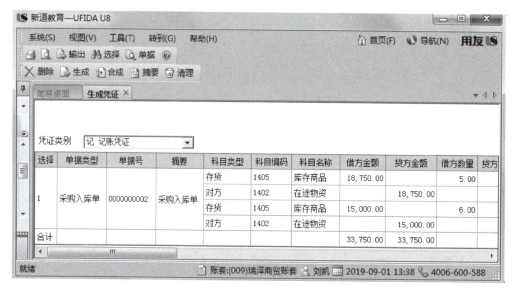

图 3.1.19　生成凭证

6. 单击【生成】按钮，生成存货入库凭证，单击【保存】按钮，如图 3.1.20 所示。

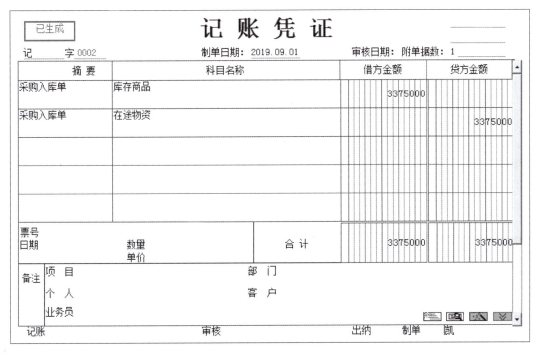

图 3.1.20　存货入库凭证

【注意事项】

1. 如果采购订单及采购发票的编号无法修改，则需要通过【基础设置】-【单据设置】-【单据编号设置】进行编号的修改。

2. 采购订单、采购到货单、入库单等单据不能处于关闭状态，必须是打开状态，并且需要经过审核，才能传递到下一流程进行业务处理。

【拓展延伸】

1. 结算包括手工结算和自动结算两种形式，手工结算更加精准灵活。当同一企业的发票和入库单数量存在多笔时，或者入库单数量与发票数量不一致，系统无法自动进行结算，此时应使用手工结算方式。

2. 采购结算可以确定入库存货的单价，无论采购入库单上是否有单价，执行采购结算后，其单价都会自动填写进采购入库单。

3. 当企业同时取得入库单和采购发票时，需要进行采购结算处理，当发现结算出现错误，可以打开结算单列表，通过删除结算单的方式取消结算。

4. 2019 年 3 月 21 日，财政部、国家税务总局、海关总署联合发布《关于深化增值税改革有关政策的公告》（即增值税改革细则），公告称自 2019 年 4 月 1 日起，增值税一般纳税人发生增值税应税销售行为或者进口货物，原适用 16% 税率的，税率调整为 13%；原适用 10% 税率的，税率调整为 9%。

任务 2　现付采购

【任务描述】

2019 年 9 月 2 日,采购部王强与 TCL 公司签订采购合同,购入 TCL155A 电视 10 台,9 月 4 日取得 TCL 公司开具的增值税专用发票,款项当日通过网银支付。

【任务解析】

该业务属于货物和采购发票同时到达,货款立即支付。相比于赊购业务,该任务除执行采购发票的现付外,其他流程与赊购完全一致。

【原始凭证】

采购合同、采购发票、网银支付回单、入库单,如图 3.1.21 ~ 图 3.1.24 所示。

购 销 合 同

合同编号：CG002

卖方：TCL 集团股份公司
买方：日照瑞泽商贸有限责任公司

　　为保护买卖双方的合法权益,买卖双方根据《中华人民共和国合同法》的有关规定,经友好协商,一致同意签订本合同并共同遵守。

一、货物的名称、数量及金额

货物名称	计量单位	数量	单价（不含税）	金额（不含税）	税率	税额
TCL 电视 155A	台	10	3,700.00	37,000.00	13%	4,810.00
合　　计				¥37,000.00		¥4,810.00

二、合同总金额：人民币肆万壹仟捌佰壹拾元整（¥41,810.00）。
三、结算方式：网银支付。付款时间：2019 年 9 月 4 日。
四、发货时间：2019 年 9 月 4 日。
五、发运方式：买方自提。

卖　　方：TCL 集团股份公司　　　　买　　方：日照瑞泽商贸有限责任公司
授权代表：蔡晓琳　　　　　　　　　授权代表：王强
日　　期：2019 年 9 月 2 日　　　　日　　期：2019 年 9 月 2 日

图 3.1.21　采购合同

【岗位说明】

1. 2 日,采购员 cg01 在【采购管理】系统中录入采购订单;4 日,参照生成到货单。
2. 库管员 ck01 在【库存管理】系统中参照生成入库单。

3. 采购员cg01在【采购管理】系统参照生成采购发票，执行现付处理，并进行采购结算。

4. 会计kj02在【应付款管理】系统对采购发票进行审核，并生成采购凭证；在【存货核算】系统对入库单进行正常单据记账，并生成存货入库凭证。

图 3.1.22 采购发票

图 3.1.23 电子汇划付款凭单

入库单

2019 年 09 月 04 日

交货单位	TCL 集团股份公司		验收仓库		彩电库	
编号	商品名称及规格	单位	数量		价格	
			交库	实收	单价	金额
0005	TCL 电视 155A	台	10	10		
	合计		10	10		
部门经理：略		会计：略		仓库：略		经办人：略

图 3.1.24 入库单

【业务流程】

该业务的流程如图 3.1.25 所示。

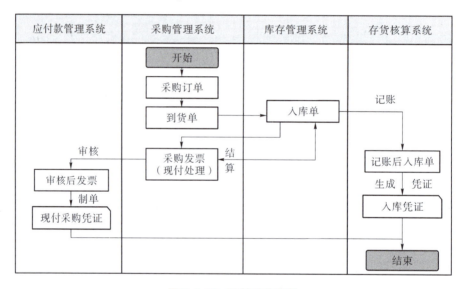

图 3.1.25 现付采购流程

【知识链接】

企业在进行物资采购时，有时候取得采购发票、货物验收入库的同时，支付了货款，此时财务软件提供了"现付"功能，在采购发票上执行"现付"，并在【应付款管理】系统审核发票，则系统生成货币资金采购商品物资的会计凭证。

【操作指导】

第一步：录入、审核采购订单

1. 以采购员 cg01 身份登录到【企业应用平台】，【操作日期】为"2019 – 09 – 02"。

2. 在【业务工作】选项卡中，执行【供应链】－【采购管理】－

51 现付采购

【采购订货】-【采购订单】命令，打开【采购订单】窗口。

3. 单击【增加】按钮，根据合同内容录入表头及表体项目，其中将表体的【计划到货日期】更改为"2019-09-04"，单击【保存】、【审核】按钮，如图3.1.26所示。

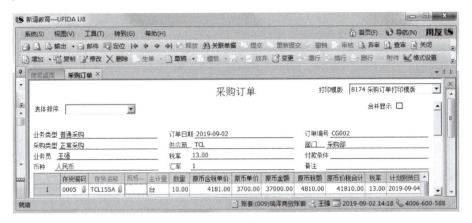

图 3.1.26　采购订单

第二步：参照生成并审核到货单

1. 以采购员 cg01 身份登录到【企业应用平台】，【操作日期】为"2019-09-04"。

2. 执行【供应链】-【采购管理】-【采购到货】-【到货单】命令，打开【到货单】窗口，单击【增加】按钮，再单击【生单】右侧倒三角下拉菜单中的"采购订单"，弹出【查询条件选择-采购订单列表过滤】窗口，单击【确定】按钮，打开【拷贝并执行】窗口。

3. 勾选中单据后，单击【确定】按钮，参照编号"CG002"的采购订单生成到货单，单击【保存】、【审核】按钮，如图3.1.27所示。

图 3.1.27　到货单

第三步：参照生成并审核采购入库单

1. 更换库管员 ck01 身份登录到【企业应用平台】，【操作日期】为"2019-09-04"。

2. 在【业务工作】选项卡中,执行【供应链】-【库存管理】-【入库业务】-【采购入库单】命令,打开【采购入库单】窗口。

3. 利用【生单】功能参照"采购到货单(蓝字)"生成采购入库单,选择【仓库】为"彩电库",单击【保存】、【审核】按钮,如图 3.1.28 所示。

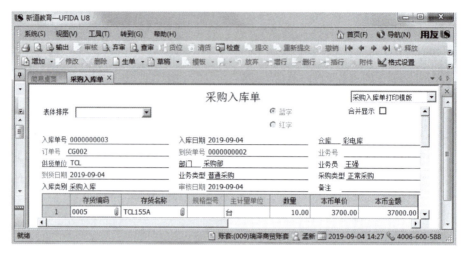

图 3.1.28　采购入库单

第四步：参照生成采购发票并现付

1. 更换采购员 cg01 身份登录到【企业应用平台】,【操作日期】为"2019-09-04"。

2. 在【业务工作】选项卡中,执行【供应链】-【采购管理】-【采购发票】-【专用采购发票】命令,打开【专用发票】窗口。

3. 单击【增加】按钮,利用【生单】功能参照入库单生成专用发票,更改【发票号】为"20190111",单击【保存】按钮。

4. 单击【现付】按钮,打开【采购现付】窗口,选择【结算方式】为"网银结算",录入【原币金额】为"41810.00",【票据号】为"10224678",如图 3.1.29 所示。

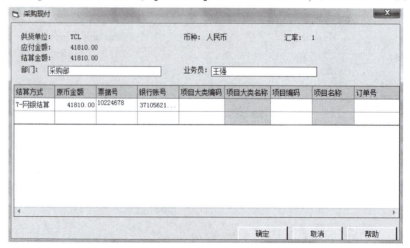

图 3.1.29　采购现付

5. 单击【确定】按钮，发票显示"已现付"，如图 3.1.30 所示。

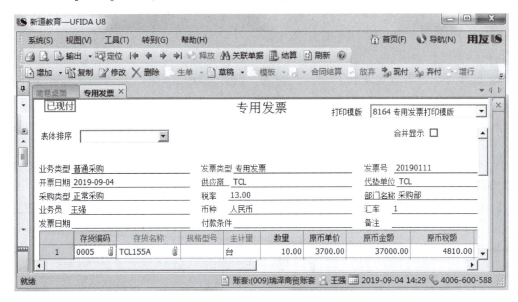

图 3.1.30　采购发票

第五步：进行采购结算

1. 执行【采购管理】-【采购结算】-【手工结算】命令，打开【结算】窗口。
2. 单击【选单】按钮，打开【结算选单】窗口，单击【查询】按钮，打开【查询条件选择-采购手工结算】窗口，单击【确定】按钮。
3. 打开【结算选发票列表】，双击选中 TCL 集团公司的发票和入库单，单击【确定】按钮，打开【手工结算】窗口，如图 3.1.31 所示，单击【结算】按钮，完成结算。

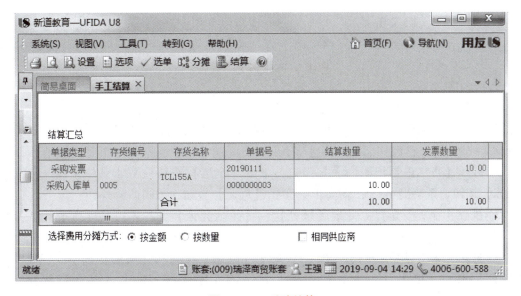

图 3.1.31　采购结算

第六步：审核发票并制单

1. 更换会计 kj02 登录到【企业应用平台】，【操作日期】为"2019-09-04"。在【业务工作】选项卡中，执行【财务会计】-【应付款管理】-【应付单据处理】-【应付单据审核】命令。

2. 打开【应付单查询条件】窗口，勾选"包含已现结发票"复选框，单击【确定】按钮。

3. 打开【应付单据列表】窗口，双击选中单据，单击【审核】按钮，系统提示单据审核成功，单击【确定】按钮，关闭【单据处理】窗口。

4. 执行【应付款管理】-【制单处理】命令，打开【制单查询】窗口，勾选"现结制单"复选框，单击【确定】按钮。

5. 打开【现结制单】窗口，单击【全选】按钮，再单击【制单】按钮，生成物资采购凭证，如图 3.1.32 所示。

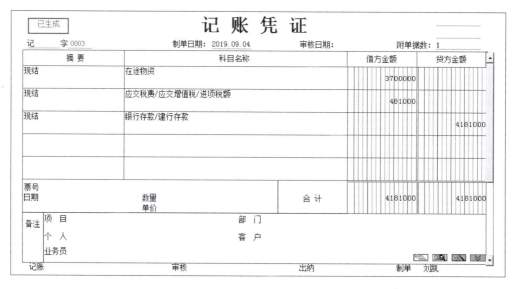

图 3.1.32 现结采购凭证

第七步：记账并生成凭证

1. 执行【供应链】-【存货核算】-【业务核算】-【正常单据记账】命令，打开【查询条件选择】窗口，单击【确定】按钮。

2. 打开【正常单据记账列表】窗口，单击【全选】按钮或双击选中单据，再单击【记账】按钮，系统提示"记账成功"，单击【确定】按钮，关闭该窗口。

3. 执行【存货核算】-【财务核算】-【生成凭证】命令，打开【生成凭证】窗口，单击【选择】按钮，弹出【查询条件】窗口，单击【确定】按钮。

4. 打开【未生成凭证单据一览表】，单击【全选】按钮和【确定】按钮，打开【生成凭证】窗口，单击【生成】按钮，生成存货入库凭证，单击【保存】按钮，如图 3.1.33 所示。

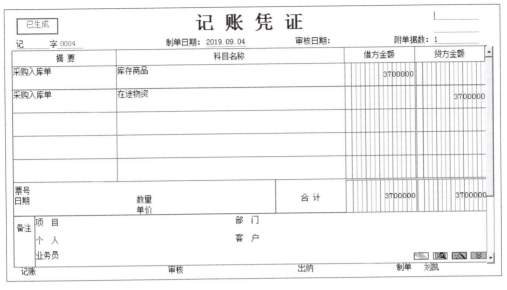

图 3.1.33　存货入库凭证

【注意事项】

1. 企业购买存货物资取得发票的同时支付了货款，属于现付业务，应在发票上进行现付处理。

2. 在【应付款管理】系统进行发票审核时，应勾选"包含已现结发票"复选框，否则没有可审核的发票。

3. 在【应付款管理】系统制单时，应勾选"现结制单"复选框。

【拓展延伸】

在供应链系统启用的前提下，采购发票在【采购管理】系统填制或参照生成，在【应付款管理】系统完成审核、制单工作。当取得采购发票的同时支付了货款，可以在发票上执行"现付"，则该业务在【应付款管理】系统生成的采购凭证的贷方为"库存现金"或"银行存款"。若企业只启用了往来核算系统，则采购发票的填制、审核、制单均在【应付款管理】系统完成，即使取得发票的同时支付了货款，也需要分为采购和付款核销两笔业务进行处理。

任务 3　付款核销

【任务描述】

2019 年 9 月 4 日，财务部支付前欠美的集团公司的货款。

【任务解析】

该业务是偿还前欠货款业务，需要进行付款核销。

【原始凭证】

电汇回单，如图 3.1.34 所示。

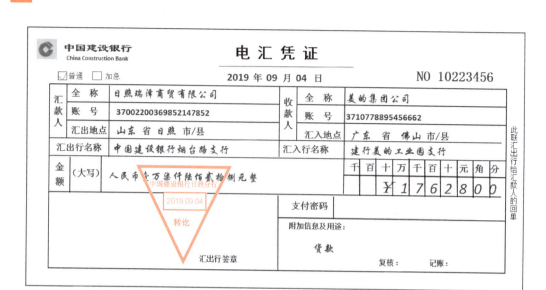

图 3.1.34　电汇回单

【岗位说明】

1. 出纳 cn01 在【应付款管理】系统中录入付款单。
2. 会计 kj02 在【应付款管理】系统中审核付款单，进行付款核销，并生成凭证。

【业务流程】

该业务的流程如图 3.1.35 所示。

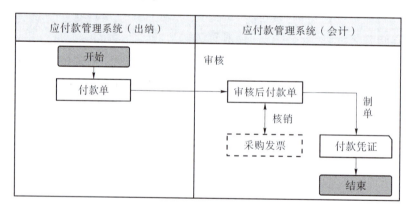

图 3.1.35　付款核销流程

【知识链接】

为了监督应付款及时核销，加强往来款项的管理，付款单需要与发票、应付单进行核销勾对。【应付款管理】系统提供手工核销和自动核销两种方式，其中手工核销是指由用户手工确定付款单及与其对应的应付单据，根据查询条件选择需要核销的单据，然后进行手工核销，该方法加强了往来款项核销的灵活性，适用于任何条件下的核销处理。

【操作指导】

第一步：录入付款单

1. 以出纳 cn01 身份登录到【企业应用平台】，【操作日期】为"2019-09-04"。

2. 在【业务工作】选项卡中，执行【财务会计】-【应付款管理】-【付款单处理】-【付款单录入】命令，打开【付款单】窗口。

3. 单击【增加】按钮，根据电汇回单录入付款单表头项目，单击表体第一条，内容自动生成，单击【保存】按钮，如图3.1.36所示。

52 付款核销

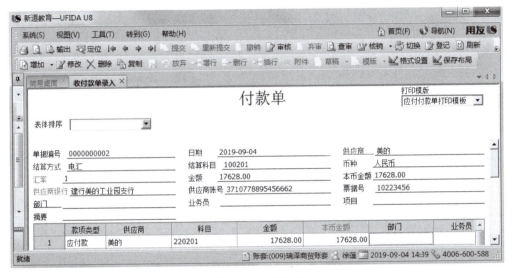

图3.1.36　付款单

第二步：审核付款单

1. 更换会计 kj02 身份登录到【企业应用平台】，在【业务工作】选项卡中，执行【财务会计】-【应付款管理】-【付款单据处理】-【付款单据审核】命令，打开【付款单查询条件】窗口，单击【确定】按钮。

2. 打开【收付款单列表】窗口，双击选中单据，单击【审核】按钮，系统提示单据审核成功，关闭【收付款单列表】窗口。

第三步：核销付款单

1. 执行【应付款管理】-【核销处理】-【手工核销】命令，打开【核销条件】窗口，选择【供应商】为"美的集团公司"，单击【确定】按钮。

2. 打开【单据核销】窗口，在下行采购专用发票的【本次结算】处录入"17 628.00"，如图3.1.37所示，单击【保存】按钮，关闭【单据核销】窗口。

第四步：付款单制单

1. 执行【应付款管理】-【制单处理】命令，打开【制单查询】窗口，勾选"收付款单制单"复选框和"核销制单"复选框，单击【确定】按钮。

2. 打开【应付制单】窗口，依次单击【合并】按钮和【制单】按钮，生成凭证，单击【保存】按钮，如图3.1.38所示。

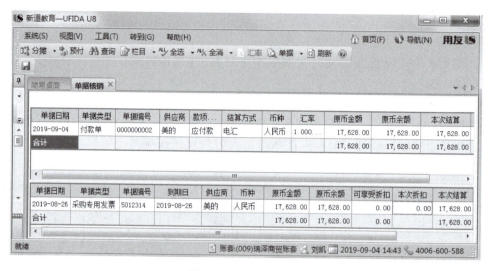

图 3.1.37 单据核销

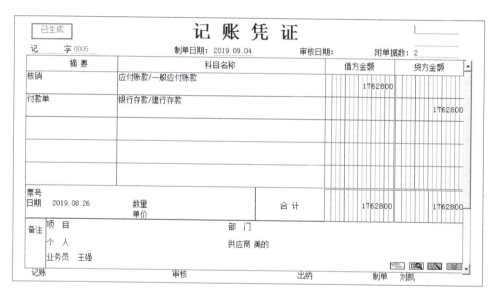

图 3.1.38 付款核销凭证

【注意事项】

1. 核销是指付款单和所对应的应付单进行冲销，付款核销后，该笔往来业务已经结清，以便更加精确、有效地管理企业的应付账款。

2. 核销方式包括手工核销和自动核销两种，手工核销更精准、灵活。

3. 除现金折扣外，核销不产生数据，可以通过【应付款管理】系统中的【选项】设置核销是否生成凭证，一般来说核销可以和付款单进行合并制单。

【拓展延伸】

1. 付款单表体中的款项类型包括"应付款""预付款""其他费用"三种，企业应根据付款业务的性质选择相应的款项类型。

2. 可通过【切换】按钮实现"蓝字付款单"与"红字付款单"的转换，当发生采购退款业务时，需要供应商将货款退还给企业，则打开一张空白的付款单，单击【切换】按钮，填制"红字付款单"。

3. 如果核销错误或者需要对付款单进行修改或删除，可以首先删除所生成的凭证，然后通过【其他处理】-【取消操作】，取消核销的操作。

任务4 运费分摊

【任务描述】

2019 年 9 月 5 日，采购部王强与美的公司签订采购合同，购入美的 26GW1P 空调和美的 72LW3P 空调各 10 台，合同约定运费由买方负担，按照产品数量负担，由卖方发货时暂时垫付，当日货物到达并验收入库。

【任务解析】

该业务是采购过程中买方负担运费，需要在发票和入库单结算前，将运费分摊到采购成本中，提高单位采购成本，其他操作与普通采购业务流程一致。

【原始凭证】

采购合同、采购专用发票、运费专用发票、入库单，如图 3.1.39～图 3.1.42 所示。

购销合同

合同编号：CG003

卖方：美的集团公司
买方：日照瑞泽商贸有限责任公司

为保护买卖双方的合法权益，买卖双方根据《中华人民共和国合同法》的有关规定，经友好协商，一致同意签订本合同并共同遵守。

一、货物的名称、数量及金额

货物名称	计量单位	数量	单价（不含税）	金额（不含税）	税率	税额
美的空调 26GW1P	台	10	2,000.00	20,000.00	13%	2,600.00
美的空调 72LW3P	台	10	7,900.00	79,000.00		10,270.00
合计	台			¥99,000.00		¥12,870.00

二、合同总金额：人民币壹拾壹万壹仟捌佰柒拾元整（¥111,870.00）。
三、结算方式：电汇，付款时间：2019 年 10 月 8 日。
四、发货时间：卖方签订合同当日发出全部商品。
五、发运方式：卖方通过运输公司发货，运费由买方负担。

卖　方：美的集团公司　　　　买　方：日照瑞泽商贸有限责任公司
授权代表：孙丽　　　　　　　　授权代表：王强
日　　期：2019 年 9 月 5 日　　日　　期：2019 年 9 月 5 日

图 3.1.39　采购合同

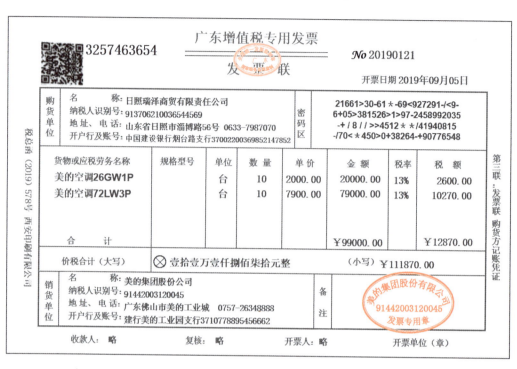

图 3.1.40　采购发票

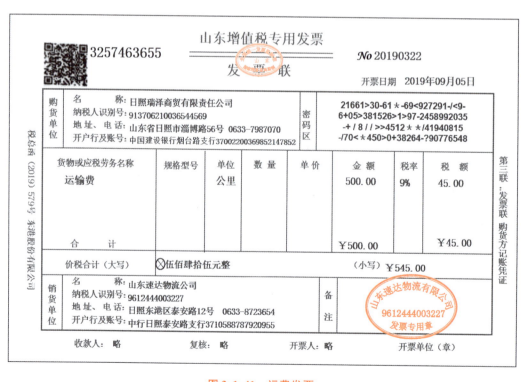

图 3.1.41　运费发票

入 库 单						
2019 年 09 月 05 日						
交货单位	美的集团公司			验收仓库	空调库	
编号	商品名称及规格	单位	数量		价格	
			交库	实收	单价	金额
0009	美的 26GW1P	台	10	10		
0010	美的 72LW3P	台	10	10		
	合计		20	20		

部门经理：略　　　会计：略　　　仓库：略　　　经办人：略

图 3.1.42　入库单

【岗位说明】

1. 采购员 cg01 在【采购管理】系统中录入并审核采购订单、到货单。

2. 库管员 ck01 在【库存管理】系统中录入或参照生成并审核入库单。

3. 采购员 cg01 在【采购管理】系统参照生成采购发票，录入运费发票，并进行运费分摊，完成采购结算。

4. 会计 kj02 在【应付款管理】系统对采购发票、运费发票进行审核，生成采购凭证；在【存货核算】系统对入库单进行记账，并生成存货入库凭证。

【业务流程】

该业务的流程如图 3.1.43 所示。

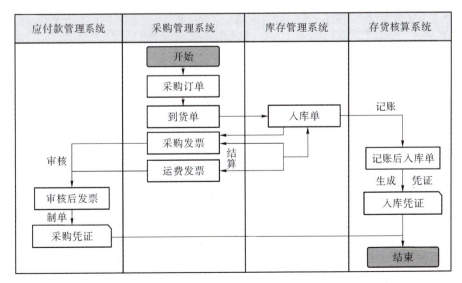

图 3.1.43　采购运费分摊流程

【知识链接】

企业取得运费专用发票后，增值税可以进行抵扣。在进行采购发票与入库单的结算处理时，运费部分通过【分摊】功能可以分摊到所采购的物资成本中。系统提供了"按金额"和"按数量"两种运费分摊方式，企业可根据业务需要进行选择。通过运费的分摊，将运费计入了采购物资的成本。

【操作指导】

第一步：录入、审核采购订单

1. 以采购员 cg01 身份登录到【企业应用平台】，【操作日期】为"2019－09－05"。

2. 在【业务工作】选项卡中，执行【供应链】－【采购管理】－【采购订货】－【采购订单】命令，打开【采购订单】窗口。

53 运费分摊

3. 单击【增加】按钮，根据合同内容录入采购订单的表头和表体项目，并完成对采购订单的审核，如图 3.1.44 所示。

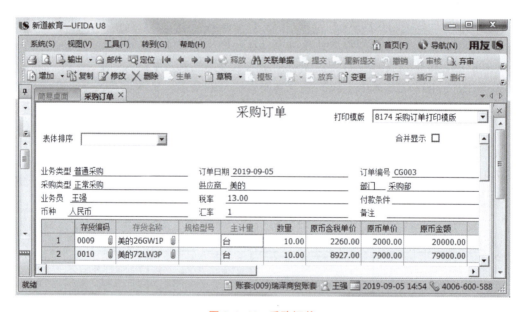

图 3.1.44　采购订单

第二步：参照生成并审核到货单

1. 执行【供应链】－【采购管理】－【采购到货】－【到货单】命令或通过快捷命令，打开【到货单】窗口。

2. 利用【生单】功能参照采购订单生成到货单，并进行审核，如图 3.1.45 所示。

第三步：参照生成并审核采购入库单

1. 更换库管员 ck01 身份登录到【企业应用平台】，【操作日期】为"2019－09－05"。

2. 在【业务工作】选项卡中，执行【供应链】－【库存管理】－【入库业务】－【采购入库单】命令，打开【采购入库单】窗口。

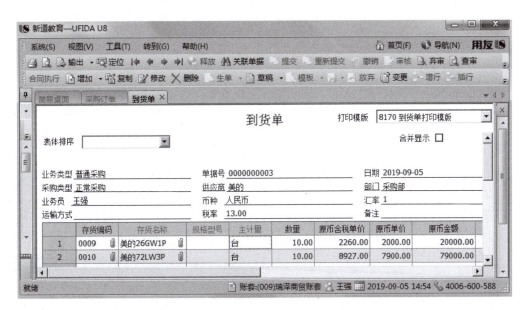

图 3.1.45 到货单

3. 利用【生单】功能参照"采购到货单（蓝字）"生成采购入库单，选择【仓库】为"空调库"，对单据进行保存和审核，如图 3.1.46 所示。

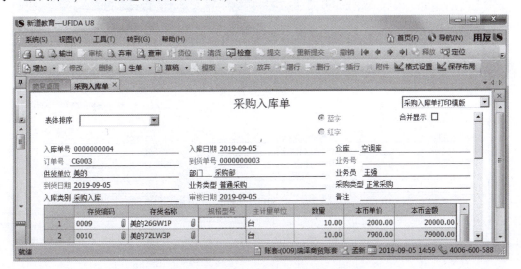

图 3.1.46 采购入库单

第四步：参照生成采购发票、录入运费发票

1. 更换采购员 cg01 身份登录到【企业应用平台】，【操作日期】为"2019-09-05"。

2. 在【业务工作】选项卡中，执行【供应链】-【采购管理】-【采购发票】-【专用采购发票】命令，打开【专用发票】窗口。

3. 利用【生单】功能参照入库单生成专用发票，更改【发票号】为"20190121"，单击【保存】按钮，如图 3.1.47 所示。

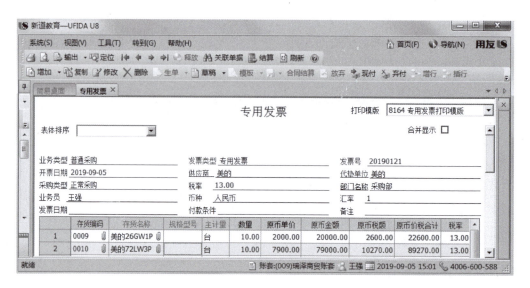

图 3.1.47 采购发票

4. 单击【增加】按钮，更改【发票号】为"20190322"，表头【税率】改为"9"，并根据运费发票内容录入其他表头和表体项目，单击【保存】按钮，如图 3.1.48 所示。

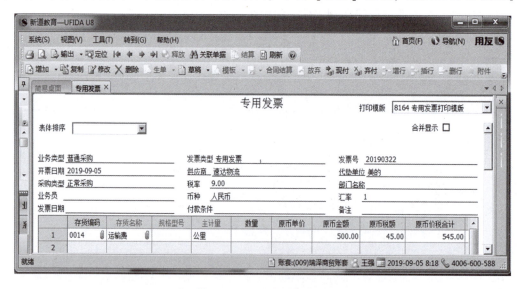

图 3.1.48 采购运费发票

第五步：进行采购结算

1. 执行【采购管理】-【采购结算】-【手工结算】命令，打开【结算】窗口。

2. 单击【选单】按钮，打开【结算选单】窗口，单击【查询】按钮，打开【查询条件选择-采购手工结算】窗口，单击【确定】按钮。

3. 打开【结算选发票列表】，双击选中 2019-09-05 美的公司的采购发票、运费发票和入库单，如图 3.1.49 所示，单击【确定】按钮。

图 3.1.49 结算选单

4. 打开【手工结算】窗口，【选择费用分摊方式】为"按数量"，单击【分摊】按钮，系统提示"选择按数量分摊，是否开始计算？"，如图 3.1.50 所示。

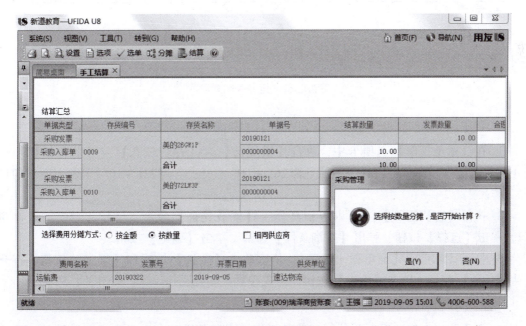

图 3.1.50 运费按数量分摊

5. 单击【是】按钮，系统提示"费用分摊（按数量）完毕，请检查"，单击【确定】按钮。

6. 单击【结算】按钮，系统完成结算，单击【确定】按钮。

第六步：审核发票并制单

1. 更换会计 kj02 登录到【企业应用平台】，【操作日期】为"2019-09-05"。

2. 在【业务工作】选项卡中，执行【财务会计】-【应付款管理】-【应付单据处理】-【应付单据审核】命令，完成采购发票和运费发票的审核。

3. 执行【应付款管理】-【制单处理】命令，打开【制单查询】窗口，勾选"发票制单"复选框，单击【确定】按钮。

4. 打开【采购发票制单】窗口，依次单击【合并】、【制单】按钮，生成运费采购凭证，单击【保存】按钮，如图3.1.51所示。

图3.1.51 运费采购凭证

第七步：记账并生成凭证

1. 在【业务工作】选项卡中，执行【供应链】-【存货核算】-【业务核算】-【正常单据记账】命令，完成"美的空调26GW1P""美的空调72LW3P"采购入库单的记账工作。

2. 执行【存货核算】-【财务核算】-【生成凭证】命令，打开【生成凭证】窗口，单击【选择】按钮，弹出【查询条件】窗口，单击【确定】按钮。

3. 打开【未生成凭证单据一览表】，依次单击【全选】按钮和【确定】按钮，打开【生成凭证】窗口，单击【生成】按钮，生成存货入库凭证并保存，如图3.1.52所示。

【注意事项】

1. 企业购买存货取得发票的同时还负担运费或其他费用，在进行采购结算前，需要进行费用分摊，费用分摊包括"按金额分摊"和"按数量分摊"两种。

2. 在【应付款管理】系统生成凭证时，可以进行合并制单，也可以根据采购发票和运费发票分别制单。

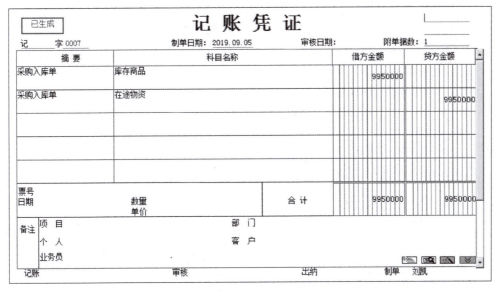

图 3.1.52 存货入库凭证

【拓展延伸】

将采购取得的运费分摊至采购存货中，存货的总成本、单位成本会发生变化，可通过费用结算单查看分摊后的存货成本。

任务 5　预付款采购

【任务描述】

2019 年 9 月 6 日，采购部王强与青岛海尔签订采购合同，购入海尔 572E1 冰箱 10 台，海尔 642V2 冰箱 20 台，财务部当日预先支付货款 10 000.00 元。9 月 9 日取得采购发票，并将该批货物验收入库。

【任务解析】

该业务是预付货款采购，应进行货款预付，后期采购实现后再进行预付冲应付的转账处理。

【原始凭证】

采购合同、电汇回单、采购发票、入库单，如图 3.1.53～图 3.1.56 所示。

【业务流程】

该业务的流程如图 3.1.57 所示。

【岗位说明】

1. 6 日，采购员 cg01 在【采购管理】系统中录入采购订单。

2. 出纳 cn01 在【应付款管理】系统中录入预付款单。

3. 会计 kj02 在【应付款管理】系统中审核付款单，并生成预付款凭证。

购销合同

合同编号：CG004

卖方：青岛海尔集团有限公司
买方：日照瑞泽商贸有限责任公司

　　为保护买卖双方的合法权益，买卖双方根据《中华人民共和国合同法》的有关规定，经友好协商，一致同意签订本合同并共同遵守。

一、货物的名称、数量及金额

货物名称	计量单位	数量	单价（不含税）	金额（不含税）	税率	税额
海尔冰箱572E1	台	10	3,200.00	32,000.00	13%	4,160.00
海尔冰箱642V2	台	20	3,700.00	74,000.00		9,620.00
合　　计				￥106,000.00		￥13,780.00

二、合同总金额：人民币壹拾壹万玖仟柒佰捌拾元整（￥119,780.00）。

三、结算方式：电汇。付款时间：2019年9月6日支付10000.00元，余款于2019年10月10日结清。

四、交货时间：2019年9月9日。

五、发运方式：买方自提。

卖　　方：青岛海尔集团有限公司　　　　买　　方：日照瑞泽商贸有限责任公司
授权代表：陈华东　　　　　　　　　　　　授权代表：王强
日　　期：2019年9月6日　　　　　　　　日　　期：2019年9月6日

图 3.1.53　采购合同

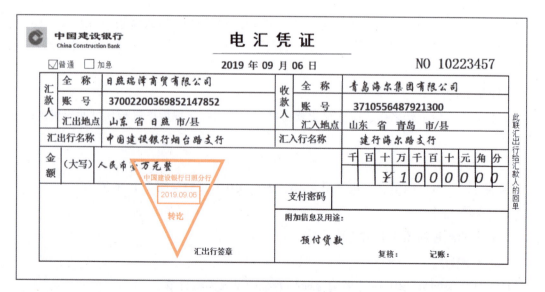

图 3.1.54　电汇凭证回单

图 3.1.55 采购发票

交货单位	青岛海尔集团有限公司		验收仓库		冰箱库	
编号	商品名称及规格	单位	数量		价格	
			交库	实收	单价	金额
0001	海尔 572E1	台	10	10		
0002	海尔 642V2	台	20	20		
	合计		30	30		

入库单
2019年09月09日

部门经理：略　　会计：略　　仓库：略　　经办人：略

图 3.1.56 入库单

4. 9日，采购员 cg01 在【采购管理】系统中参照生成到货单并进行审核。

5. 库管员 ck01 在【库存管理】系统中录入或参照生成入库单。

6. 采购员 cg01 在【采购管理】系统参照生成采购发票，进行采购结算。

7. 会计 kj02 在【应付款管理】系统对采购发票进行审核，生成采购凭证，并进行预付冲应付的处理；在【存货核算】系统对入库单进行记账，并生成存货入库凭证。

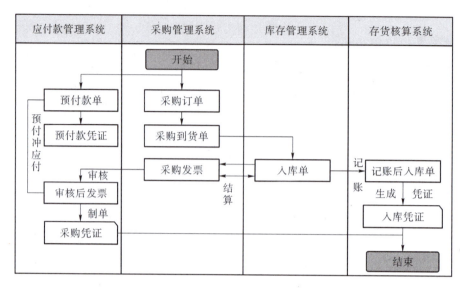

图 3.1.57　预付款采购流程

【知识链接】

预付款采购会涉及预付冲应付，它是转账的一种类型，针对同一供应商，既有预付账款，也有应付账款，用预付账款来冲减其应付账款，进而处理供应商的预付款和该供应商应付货款的转账核销业务。当企业签订采购合同并按约定预付货款后，需要在【应付款管理】系统填制预付款单，后期当企业取得采购发票，确认了应付账款后，需要将前期的预付账款与该应付账款进行转账处理。

【操作指导】

第一步：录入采购订单

1. 以采购员 cg01 身份登录到【企业应用平台】，【操作日期】为"2019-09-06"。

2. 在【业务工作】选项卡中，执行【供应链】-【采购管理】-【采购订货】-【采购订单】命令，打开【采购订单】窗口。

3. 单击【增加】按钮，根据合同内容录入表头、表体项目，将表体的【计划到货日期】更改为"2019-09-09"。

4. 单击【保存】、【审核】按钮，完成对采购订单的审核，如图 3.1.58 所示。

54 预付款采购

第二步：录入预付款单

1. 以出纳 cn01 身份登录到【企业应用平台】，【操作日期】为"2019-09-06"。

2. 在【业务工作】选项卡中，执行【财务会计】-【应付款管理】-【付款单处理】-【付款单录入】命令，打开【付款单】窗口。

3. 单击【增加】按钮，根据电汇回单录入表头、表体项目，并将表体的【款项类型】更改为"预付款"，单击【保存】按钮，如图 3.1.59 所示。

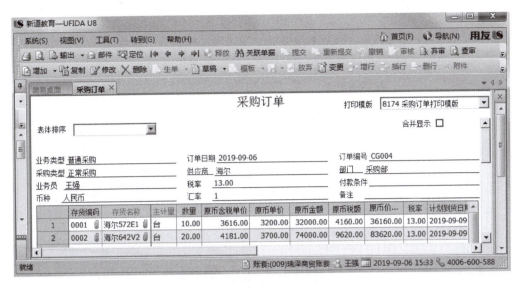

图 3.1.58 采购订单

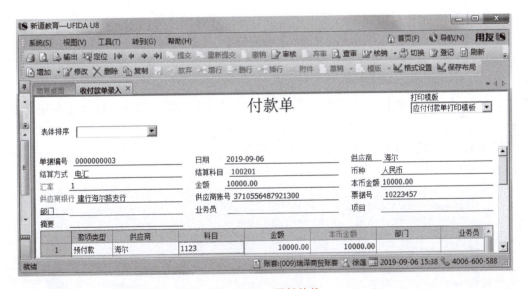

图 3.1.59 预付款单

第三步：审核预付款单并制单

1. 更换会计 kj02 身份登录到【企业应用平台】，【操作日期】为"2019-09-06"。

2. 在【业务工作】选项卡中，执行【财务会计】-【应付款管理】-【付款单据处理】-【付款单据审核】命令，完成对预付款单的审核。

3. 执行【应付款管理】-【制单处理】命令，打开【制单查询】窗口，勾选"收付款单制单"复选框，单击【确定】按钮。

4. 打开【收付款单制单】窗口，单击【全选】按钮，再单击【制单】按钮，生成凭证，单击【保存】按钮，如图 3.1.60 所示。

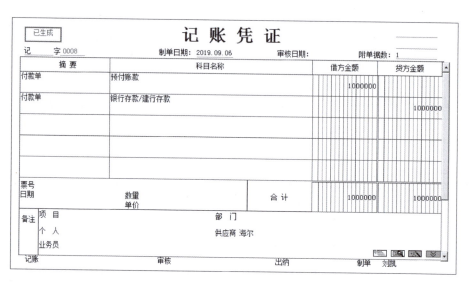

图 3.1.60 预付款凭证

第四步：参照生成并审核到货单、采购发票

1. 以采购员 cg01 身份登录到【企业应用平台】，【操作日期】为"2019-09-09"。

2. 在【业务工作】选项卡中，执行【供应链】-【采购管理】-【采购到货】-【到货单】命令，打开【到货单】窗口，单击【增加】按钮，利用【生单】功能参照采购订单生成到货单，并进行审核。

3. 执行【采购管理】-【采购发票】-【专用采购发票】命令，打开【专用发票】窗口。

4. 单击【增加】按钮，利用【生单】功能参照采购订单生成专用发票，更改【发票号】为"20190131"，单击【保存】按钮，如图 3.1.61 所示。

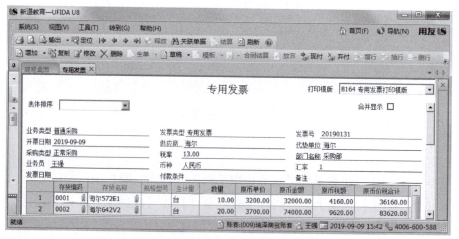

图 3.1.61 采购发票

第五步：参照生成并审核采购入库单

1. 更换库管员 ck01 身份登录到【企业应用平台】，操作日期为"2019-09-09"。

2. 在【业务工作】选项卡中，执行【供应链】-【库存管理】-【入库业务】-【采购入库单】命令，打开【采购入库单】窗口。

3. 利用【生单】功能参照"采购到货单（蓝字）"生成采购入库单，选择【仓库】为"冰箱库"，对单据进行保存和审核，如图3.1.62所示。

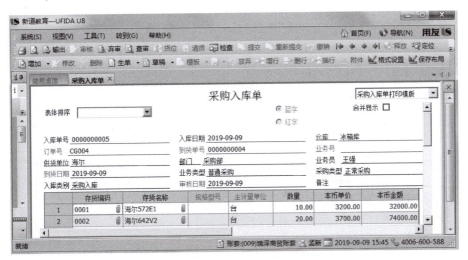

图 3.1.62　采购入库单

第六步：进行采购结算

1. 更换采购员 cg01 身份登录到【企业应用平台】，【操作日期】为"2019-09-09"。

2. 在【业务工作】选项卡中，执行【供应链】-【采购管理】-【采购结算】-【手工结算】命令，完成2019-09-09青岛海尔公司的发票、入库单的结算，如图3.1.63所示。

图 3.1.63　采购结算

第七步：审核发票并制单

1. 更换会计 kj02 登录到【企业应用平台】，【操作日期】为"2019-09-09"。

2. 在【业务工作】选项卡中，执行【财务会计】-【应付款管理】-【应付单据处理】-【应付单据审核】命令，完成青岛海尔采购发票的审核。

3. 执行【应付款管理】-【制单处理】命令，生成采购凭证，如图 3.1.64 所示。

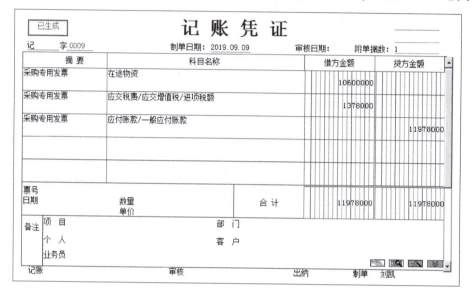

图 3.1.64　采购凭证

第八步：预付冲应付

1. 执行【应付款管理】-【转账】-【预付冲应付】命令，打开【预付冲应付】窗口。

2. 在【预付款】选项卡下，选择【供应商】为"001 青岛海尔集团公司"，单击右下侧的【过滤】按钮，输入【转账金额】为"10 000.00"，如图 3.1.65 所示。

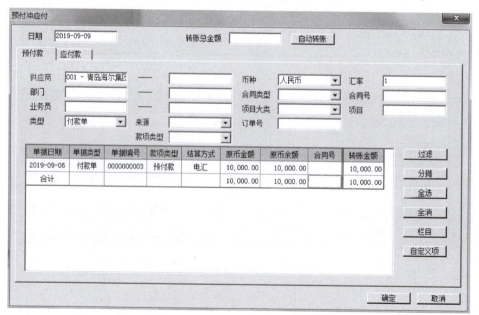

图 3.1.65　预付冲应付-录入预付款转账金额

3. 单击【应付款】选项卡，单击【过滤】按钮，在 2019 - 09 - 09 采购专用发票的【转账金额】处输入 "10 000.00"，如图 3.1.66 所示，单击【确定】按钮。

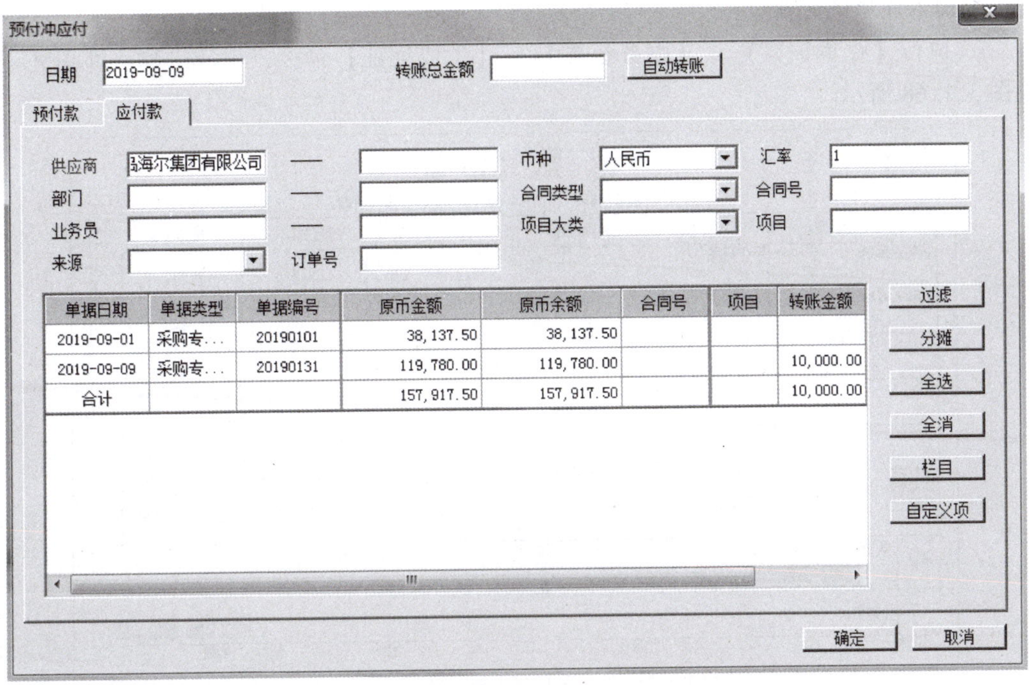

图 3.1.66　预付冲应付 – 录入应付款转账金额

4. 系统提示 "是否立即制单"，单击【是】按钮，生成预付账款借方红字 10 000 与应付账款借方蓝字 10 000 的冲账凭证，单击【保存】按钮，如图 3.1.67 所示。

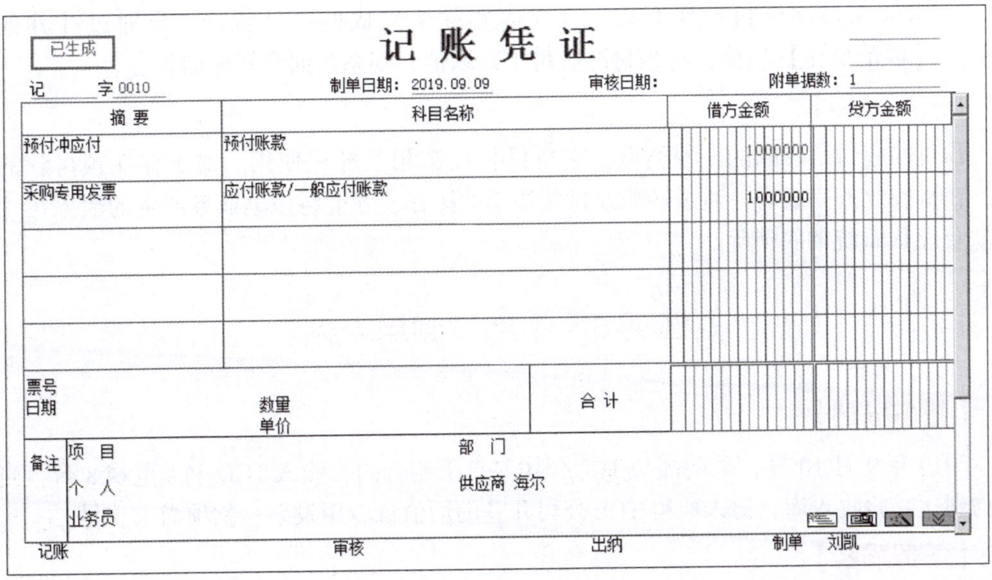

图 3.1.67　预付冲应付凭证

第九步：记账并生成凭证

1. 执行【供应链】－【存货核算】－【业务核算】－【正常单据记账】命令，完成海尔公司入库单的记账。

2. 执行【存货核算】－【财务核算】－【生成凭证】命令，生成采购入库单凭证，如图 3.1.68 所示。

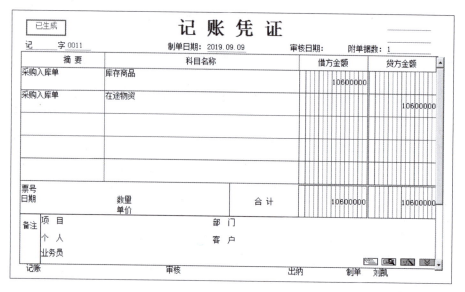

图 3.1.68　存货入库凭证

【注意事项】

1. 在企业预付货款，填写付款单时，应将表体的款项类型更改为"预付款"。

2. 如果预付冲应付操作有误，首先应删除所生成的会计凭证，再通过【其他处理】－【取消操作】功能，将预付冲应付予以取消，则系统回到转账前状态。

【拓展延伸】

预付冲应付是转账的一种类型，它与付款核销相互补充使用。对于存在预付款的业务，在采购业务完成后，通过转账及付款核销的操作，才能将该笔业务产生的债务在【应付款管理】系统彻底消除。

任务6　本月货到单未到

【任务描述】

2019 年 9 月 10 日，采购部与 TCL 公司签订采购合同，购入 TCL646A 电视 8 台，当日货物到达并验收入库，但未取得 TCL 公司开具的增值税专用发票，款项尚未支付。

【任务解析】

该业务属于当月采购货到单未到业务，若月底仍未取得采购发票，则无法进行采购结算，月末需要进行暂估成本录入，进行记账并生成暂估采购凭证。

【原始凭证】

采购合同、采购入库单，如图3.1.69、图3.1.70所示。

购销合同

合同编号：CG005

卖方：TCL集团股份公司
买方：日照瑞泽商贸有限责任公司

为保护买卖双方的合法权益，买卖双方根据《中华人民共和国合同法》的有关规定，经友好协商，一致同意签订本合同并共同遵守。

一、货物的名称、数量及金额

货物名称	计量单位	数量	单价（不含税）	金额（不含税）	税率	税额
TCL电视646A	台	8	2,300.00	18,400.00	13%	2,392.00
合　　　计				￥18,400.00		￥2,392.00

二、合同总金额：人民币贰万零柒佰玖拾贰元整（￥20,792.00）。
三、结算方式：电汇支付。付款时间：2019年10月12日。
四、发货时间：合同签订当日。
五、发运方式：买方自提。

卖　方：TCL集团股份公司　　　　买　方：日照瑞泽商贸有限责任公司
授权代表：蔡晓琳　　　　　　　　授权代表：王强
日　　期：2019年9月10日　　　　日　　期：2019年9月10日

图3.1.69　采购合同

入库单

2019年09月10日

交货单位	TCL集团股份公司		验收仓库		彩电库	
编号	商品名称及规格	单位	数量		价格	
			交库	实收	单价	金额
0007	TCL电视646A	台	8	8		
合计			8	8		

部门经理：略　　会计：略　　仓库：略　　经办人：略

图3.1.70　入库单

【岗位说明】

1. 10日，采购员cg01在【采购管理】系统中录入审核采购订单、到货单。
2. 10日，库管员ck01在【库存管理】系统中录入或参照生成并审核入库单。
3. 31日，若企业仍未收到采购发票，则会计kj02在【存货核算】系统对入库单进行暂估成本录入、正常单据记账，并生成存货暂估入库凭证。

【业务流程】

该业务的流程如图3.1.71所示。

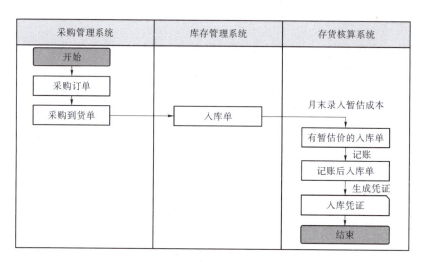

图 3.1.71　本月货到单未到业务流程

【知识链接】

当本月商品已到发票未到时，企业不能进行结算，因此无法确认入库商品的成本，企业在【库存管理】系统参照生成入库单后，需要等发票。若月底前发票到达，则本业务变成货单同到业务，根据普通采购业务流程处理即可；若月底采购发票仍然未到，则需要录入暂估成本并记账，生成暂估采购凭证。

【操作指导】

第一步：录入、审核采购订单

1. 以采购员 cg01 身份登录到【企业应用平台】，【操作日期】为"2019-09-10"。

2. 在【业务工作】选项卡中，执行【供应链】-【采购管理】-【采购订货】-【采购订单】命令，打开【采购订单】窗口。

3. 单击【增加】按钮，根据合同内容录入采购订单并进行审核，如图 3.1.72 所示。

55 本月货到单未到

图 3.1.72　采购订单

第二步：参照生成并审核到货单

1. 执行【采购管理】-【采购到货】-【到货单】命令或通过快捷命令，打开【到货单】窗口。

2. 单击【增加】按钮，利用【生单】功能参照采购订单生成到货单，并进行审核。

第三步：参照生成并审核采购入库单

1. 更换库管员 ck01 身份登录到【企业应用平台】，【操作日期】为"2019-09-10"。

2. 在【业务工作】选项卡中，执行【供应链】-【库存管理】-【入库业务】-【采购入库单】命令，打开【采购入库单】窗口。

3. 利用【生单】功能参照"采购到货单（蓝字）"生成采购入库单，选择【仓库】为"彩电库"，单击【保存】、【审核】按钮，如图 3.1.73 所示。

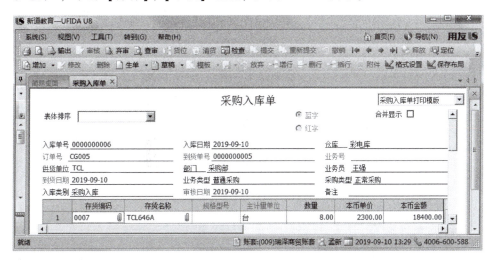

图 3.1.73　采购入库单

【注意事项】

因为本月货物验收入库，但是发票未到，因此无须进行采购结算。

【拓展延伸】

若月底采购发票仍未收到，月底的时候需要对入库单进行暂估成本录入，然后才能执行正常单据记账，生成采购暂估凭证，待次月再将暂估凭证予以冲回，具体冲回方式取决于【存货核算】系统暂估方式参数的勾选。

任务7　暂估业务

【任务描述】

2019 年 9 月 11 日，财务部收到上月从青岛海尔购入的海尔 572E1 冰箱的专用发票。

【任务解析】

该业务属于上月采购货到单未到业务，即上月货物已经验收入库，发票未到，无法进行结算,因此上月进行了暂估成本录入。由于系统设置的【暂估方式】为"单到回冲",因此本月需根据原始凭证在系统录入采购发票并进行结算,进行结算成本处理,将上月的暂估凭证冲抵,生成红字的暂估冲抵凭证和蓝字的本月入库凭证。

【原始凭证】

采购专用发票,如图3.1.74所示。

图3.1.74 专用发票

【岗位说明】

1. 采购员cg01在【采购管理】系统中参照期初采购入库单生成并审核采购发票,并进行采购结算。

2. 会计kj02在【应付款管理】系统对采购发票进行审核,生成采购凭证;在【存货核算】系统对入库单进行结算成本处理,并生成凭证。

【业务流程】

该业务的流程如图3.1.75所示。

【知识链接】

上月货到发票未到,本月发票收到的业务又称为采购暂估业务,根据【存货核算】系统暂估方式参数设置的不同,本月业务处理流程有所差异。本业务中,由于参数设置为"单到回冲",所以本月收到发票后,与上月的入库单进行结算,发票在【应付款管理】进行审核制单,入库单在【存货核算】系统进行结算成本处理,生成红字冲销凭证,将上月的暂估凭证予以冲抵,同时生成本月的蓝字采购入库凭证。

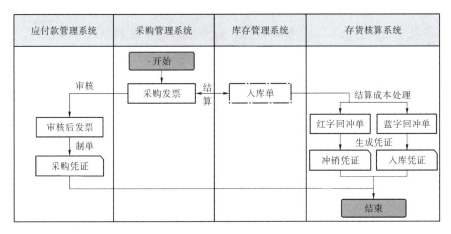

图 3.1.75　暂估业务流程

【操作指导】

第一步：参照生成并审核采购发票、进行结算

1. 以采购员 cg01 身份登录到【企业应用平台】，【操作日期】为"2019-09-11"。

2. 在【业务工作】选项卡中，执行【供应链】-【采购管理】-【采购发票】-【专用采购发票】命令，打开【专用发票】窗口。

56 暂估业务

3. 单击【增加】按钮，利用【生单】功能参照 2019-8-15 的海尔公司入库单生成专用发票，更改【发票号】为"20190141"，更改【原币单价】为"3 300"，单击【保存】按钮和【结算】按钮，如图 3.1.76 所示。

图 3.1.76　采购发票

第二步：审核采购发票并制单

1. 更换会计 kj02 登录到【企业应用平台】，【操作日期】为"2019-09-11"。

2. 在【业务工作】选项卡中，执行【财务会计】-【应付款管理】-【应付单据处理】-【应付单据审核】命令，完成青岛海尔采购发票的审核。

3. 执行【应付款管理】-【制单处理】命令，勾选"发票制单"复选框，参照生成采购凭证，单击【保存】按钮，如图3.1.77所示。

图 3.1.77　采购凭证

第三步：结算成本处理

1. 执行【供应链】-【存货核算】-【业务核算】-【结算成本处理】命令，打开【暂估处理查询】窗口，勾选"01冰箱库"，如图3.1.78所示，单击【确定】按钮。

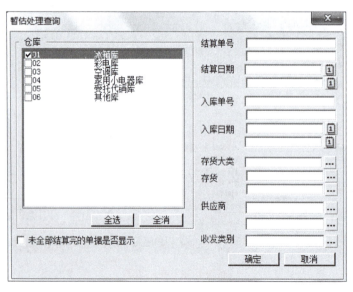

图 3.1.78　暂估处理查询

2. 打开【结算成本处理】窗口，单击【全选】按钮或双击选中单据，如图3.1.79所示，单击【暂估】按钮，系统提示"暂估处理完成"，关闭【结算成本处理】窗口。

图 3.1.79　结算成本处理

第四步：生成凭证

1. 执行【存货核算】-【财务核算】-【生成凭证】命令，打开【生成凭证】窗口，单击【选择】按钮，弹出【查询条件】窗口，单击【确定】按钮。

2. 打开【未生成凭证单据一览表】窗口，单击【全选】按钮，如图 3.1.80 所示。

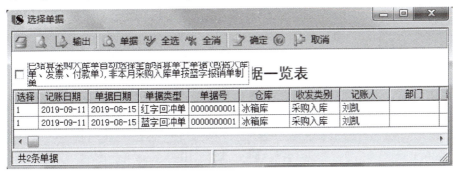

图 3.1.80　未生成凭证单据一览表

3. 单击【确定】按钮，打开【生成凭证】窗口，如图 3.1.81 所示。

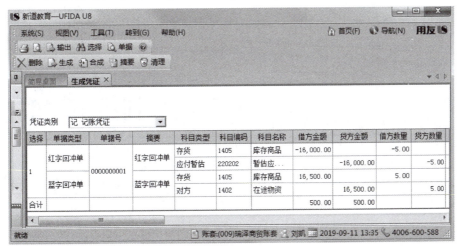

图 3.1.81　生成凭证

4. 单击【生成】按钮，系统生成红字回冲单凭证，借贷金额均为红字，单击【保存】按钮，如图 3.1.82 所示。

记 账 凭 证

已生成

记 字 0013　　制单日期：2019.09.11　　审核日期：　　附单据数：1

摘 要	科目名称	借方金额	贷方金额
红字回冲单	库存商品	1600000	
红字回冲单	应付账款/暂估应付账款		1600000
票号 日期　数量 单价	合 计	1600000	1600000

备注　项 目　部 门　个 人　客 户　业务员

记账　审核　出纳　制单 刘凯

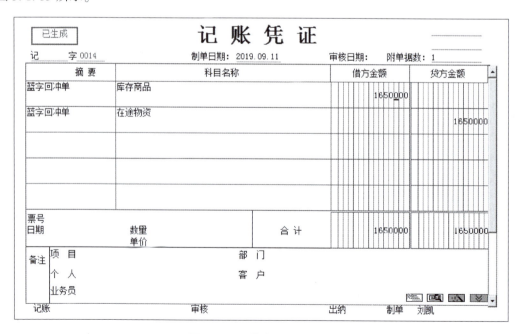

图 3.1.82　红字回冲单凭证

5. 单击【下一张】按钮，翻看生成的蓝字回冲单凭证，单击【保存】按钮，如图 3.1.83 所示。

记 账 凭 证

已生成

记 字 0014　　制单日期：2019.09.11　　审核日期：　　附单据数：1

摘 要	科目名称	借方金额	贷方金额
蓝字回冲单	库存商品	1650000	
蓝字回冲单	在途物资		1650000
票号 日期　数量 单价	合 计	1650000	1650000

备注　项 目　部 门　个 人　客 户　业务员

记账　审核　出纳　制单 刘凯

图 3.1.83　蓝字回冲单凭证

【注意事项】

"单到回冲"方式下,由于货物已经在前期入库,因此只需要参照期初入库单生成采购发票即可,无须再填制入库单,并且应注意采购发票一定要与月初的入库单进行采购结算。

【拓展延伸】

1. 【存货核算】系统暂估方式包括"月初回冲""单到回冲""单到补差"三种。

2. "月初回冲"方式下,月初【存货核算】系统自动生成"红字回冲单",冲销上月的暂估入库业务,待收到采购发票后,对入库单和采购发票进行结算,再通过【存货核算】系统的【结算成本处理】功能,生成"蓝字回冲单"。

3. "单到回冲"方式下,月初暂不处理,待收到采购发票后进行采购结算,并在【存货核算】系统进行结算成本处理,系统自动生成"红字回冲单"和"蓝字回冲单",其中"红字回冲单"用来冲销上月的暂估入库业务,"蓝字回冲单"是按发票金额的入库业务。

4. "单到补差"方式下,月初暂不处理,待收到采购发票后进行采购结算,并在【存货核算】系统进行结算成本处理,若采购发票金额与暂估金额不一致,则系统自动生成调整单,对所估价格进行调整。若两者金额一致,则不做处理。

任务 8 　 单到货未到业务

【任务描述】

2019 年 9 月 12 日,采购部王强与苏泊尔签订采购合同,购入苏泊尔 B40 电饭煲 20 台,双方约定 2019 年 10 月 3 日发货,当日财务部取得苏泊尔公司开具的增值税专用发票。

【任务解析】

该业务是单到货未到业务,即取得采购发票,但是货物尚未到达,因此无须进行采购结算,直接审核发票制单即可。

【原始凭证】

采购合同、采购发票,如图 3.1.84、图 3.1.85 所示。

【岗位说明】

1. 采购员 cg01 在【采购管理】系统中录入或参照生成采购订单、采购发票。
2. 会计 kj02 在【应付款管理】系统对采购发票进行审核,并生成采购凭证。

【业务流程】

该业务的流程如图 3.1.86 所示。

【知识链接】

对于本月收到发票但是货物尚未验收入库的业务,根据订单参照生成发票,并在【应付款管理】系统对发票进行审核制单。由于没有入库单,因此无须生成到货单和入库单,并且本月无法进行采购结算,待次月货物验收入库,再进行结算处理,并在【存货核算】系统生成货物入库的凭证。

购 销 合 同

合同编号：CG006

卖方：苏泊尔集团有限公司

买方：日照瑞泽商贸有限责任公司

为保护买卖双方的合法权益，买卖双方根据《中华人民共和国合同法》的有关规定，经友好协商，一致同意签订本合同并共同遵守。

一、货物的名称、数量及金额

货物名称	计量单位	数量	单价（不含税）	金额（不含税）	税率	税额
苏泊尔电饭煲 B40	台	20	1,700.00	34,000.00	13%	4,420.00
合 计				¥34,000.00		¥4,420.00

二、合同总金额：人民币叁万捌仟肆佰贰拾元整（¥38,420.00）。

三、结算方式：电汇。付款时间：2019 年 10 月 20 日。

四、发货时间：2019 年 10 月 3 日。

五、发运方式：买方自提。

卖　方：苏泊尔集团有限公司　　　　　买　方：日照瑞泽商贸有限责任公司

授权代表：孙宏　　　　　　　　　　　授权代表：王强

日　　期：2019 年 9 月 12 日　　　　日　　期：2019 年 9 月 12 日

图 3.1.84　采购合同

图 3.1.85　采购发票

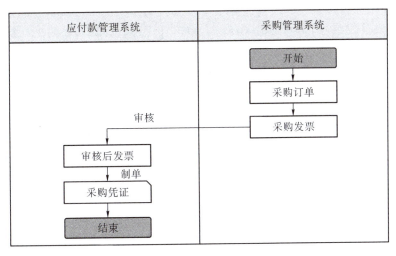

图 3.1.86 本月单到货未到业务流程

【操作指导】

第一步：录入、审核采购订单

1. 以采购员 cg01 身份登录到【企业应用平台】，【操作日期】为"2019-09-12"。

2. 在【业务工作】选项卡中，执行【供应链】-【采购管理】-【采购订货】-【采购订单】命令，打开【采购订单】窗口。

3. 单击【增加】按钮，根据合同录入采购订单并进行审核，如图 3.1.87 所示。

57 单到货未到业务

图 3.1.87 采购订单

第二步：参照生成采购发票

1. 执行【供应链】-【采购管理】-【采购发票】-【专用采购发票】命令或通过快捷命令，打开【专用发票】窗口。

2. 单击【增加】按钮，利用【生单】功能参照订单号为"CG006"的采购订单生成采购发票，更改【发票号】为"20190151"，单击【保存】按钮，如图3.1.88所示。

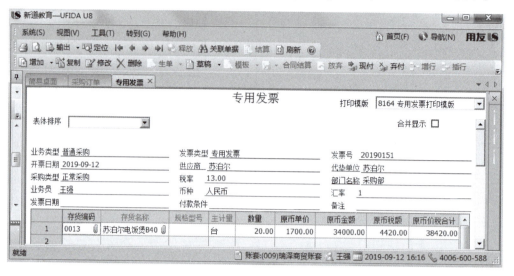

图 3.1.88　采购发票

第三步：审核采购发票并制单

1. 更换会计 kj02 身份登录到【企业应用平台】，【操作时间】为"2019-09-12"。

2. 在【业务工作】选项卡，执行【财务会计】-【应付款管理】-【应付单据处理】-【应付单据审核】命令，打开【应付单查询条件】窗口，勾选"未完全报销"复选框，单击【确定】按钮。

3. 打开【应付单据列表】窗口，双击打开采购发票，单击【审核】按钮，系统提示"是否立即制单"，如图3.1.89所示。

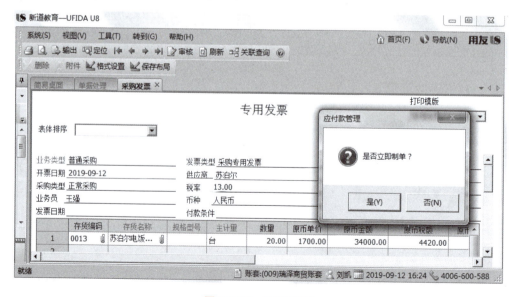

图 3.1.89　审核发票

4. 单击【是】按钮,生成存货采购凭证,单击【保存】按钮,如图 3.1.90 所示。

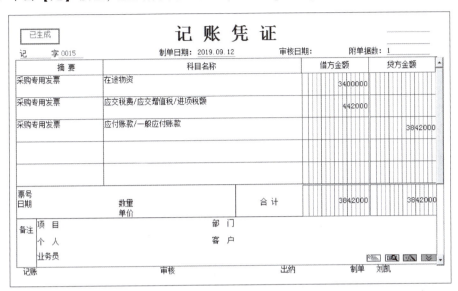

图 3.1.90　存货采购凭证

【注意事项】

由于企业本月只取得了采购发票,商品尚未验收入库,因此无法进行采购结算处理,在【应付款管理】系统对采购发票进行审核时,打开【应付单查询条件】窗口,需要勾选"未完全报销"复选框,否则无法过滤出该发票。

【拓展延伸】

手工业务下,对于单到货未到业务一般先不做账务处理,待货物到达后再做账务处理。但是在软件下,为了能够随时掌握在途货物的情况,应将发票输入到【采购管理】系统中,待货物到达后再执行采购结算。

传统美德——勤俭节约

子项目 3.2　特殊采购业务

任务 1　合理损耗

【任务描述】

2019 年 9 月 13 日,采购部王强与九阳集团签订采购合同,购入九阳 D08 豆浆机 20

件，九阳C22电磁炉50件，货物当天到达，入库时发现C22电磁炉短缺1件，经确认为合理损耗。当日取得九阳集团公司开具的增值税专用发票，货款未付。

【任务解析】

该业务是货物和采购发票同时到达，入库数量少于发票数量，短缺数量为合理损耗。该业务与货单同到采购业务流程基本一致，但是需在进行采购结算时将短缺量作为合理损耗加以确认。

【岗位说明】

1. 采购员cg01在【采购管理】系统中录入或参照生成并审核采购订单、到货单。

2. 库管员ck01在【库存管理】系统中参照到货单生成并审核入库单。

3. 采购员cg01在【采购管理】系统参照采购订单生成采购发票，进行采购结算，确认合理损耗数量。

4. 会计kj02在【应付款管理】系统对采购发票进行审核，并生成采购凭证；在【存货核算】系统对入库单进行正常单据记账，并生成存货入库凭证。

【原始凭证】

采购合同、采购发票、入库单，如图3.2.1～图3.2.3所示。

购 销 合 同

合同编号：CG007

卖方：九阳股份有限公司
买方：日照瑞泽商贸有限责任公司

　　为保护买卖双方的合法权益，买卖双方根据《中华人民共和国合同法》的有关规定，经友好协商，一致同意签订本合同并共同遵守。

一、货物的名称、数量及金额

货物名称	计量单位	数量	单价（不含税）	金额（不含税）	税率	税额
九阳豆浆机D08	件	20	510.00	10,200.00	13%	1,326.00
九阳电磁炉C22	件	50	250.00	12,500.00		1,625.00
合　　　计				¥22,700.00		¥2,951.00

二、合同总金额：人民币贰万伍仟陆佰伍拾壹元整（¥25,651.00）。

三、结算方式：电汇。付款时间：2019年10月20日。

四、交货时间：2019年9月13日。

五、发运方式：买方自提。

卖　方：九阳股份有限公司　　　　　　买　方：日照瑞泽商贸有限责任公司
授权代表：迟娜　　　　　　　　　　　授权代表：王强
日　　期：2019年9月13日　　　　　　日　　期：2019年9月13日

图3.2.1　采购合同

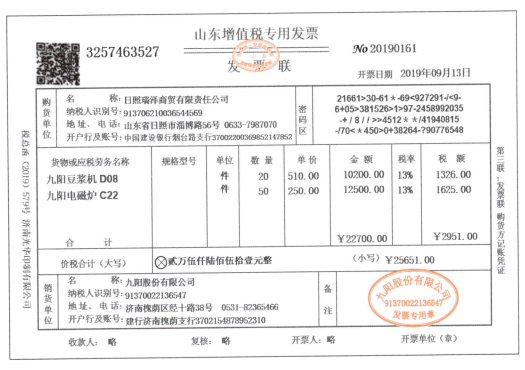

图 3.2.2 采购发票

入库单

2019 年 09 月 13 日

交货单位	九阳股份有限公司		验收仓库	家用小电器库	
编号	商品名称及规格	单位	数量	价格	
			交库	实收	单价	金额
0011	九阳豆浆机 D08	件	20	20		
0012	九阳电磁炉 C22	件	49	49		
	合计		69	69		

部门经理：略　　会计：略　　仓库：略　　经办人：略

图 3.2.3 入库单

【业务流程】

该业务的流程如图 3.2.4 所示。

【知识链接】

当由于合理损耗造成企业入库数量小于发票数量时，应在采购发票和入库单进行结算的时候，确认合理损耗的数量，通过提高入库商品单价的方式，企业自行负担合理损耗的成本。

ERP供应链管理系统

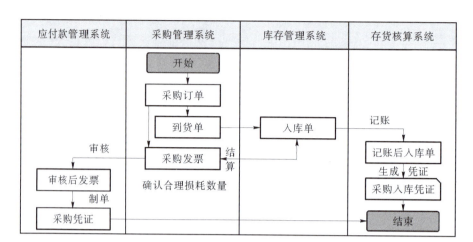

图 3.2.4　采购合理损耗流程

【操作指导】

第一步：录入、审核采购订单

1. 以采购员 cg01 身份登录到【企业应用平台】，【操作日期】为 "2019 - 09 - 13"。

2. 在【业务工作】选项卡中，执行【供应链】-【采购管理】-【采购订货】-【采购订单】命令，打开【采购订单】窗口。

58 合理损耗采购

3. 单击【增加】按钮，根据合同录入采购订单，保存并审核，如图 3.2.5 所示。

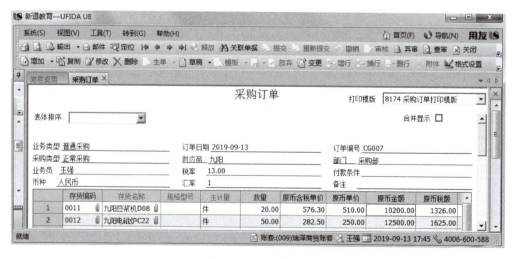

图 3.2.5　采购订单

第二步：参照生成并审核采购到货单

1. 执行【采购管理】-【采购到货】-【到货单】命令或通过快捷命令打开【到货单】窗口。

2. 单击【增加】按钮，利用【生单】功能参照采购订单生成到货单，保存并审核。

第三步：参照生成并审核采购入库单

1. 更换库管员 ck01 身份登录到【企业应用平台】，【操作日期】为"2019－09－13"。
2. 在【业务工作】选项卡中，执行【供应链】－【库存管理】－【入库业务】－【采购入库单】命令，打开【采购入库单】窗口。
3. 利用【生单】功能，参照"采购到货单（蓝字）"生成采购入库单，选择【仓库】为"家用小电器库"，更改九阳电磁炉 C22 的【数量】为"49"，保存并审核，如图 3.2.6 所示。

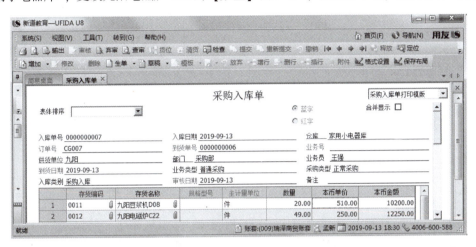

图 3.2.6　采购入库单

第四步：参照生成采购发票

1. 更换采购员 cg01 身份登录到【企业应用平台】，【操作日期】为"2019－09－13"。
2. 在【业务工作】选项卡中，执行【供应链】－【采购管理】－【采购发票】－【专用采购发票】命令，打开【专用发票】窗口。
3. 单击【增加】按钮，利用【生单】功能参照采购订单生成采购发票，更改【发票号】为"20190161"，单击【保存】按钮，如图 3.2.7 所示。

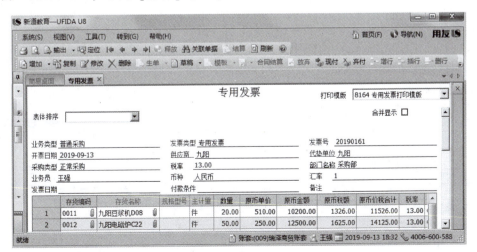

图 3.2.7　采购发票

第五步：进行采购结算

1. 执行【采购管理】-【采购结算】-【手工结算】命令，打开【结算】窗口。

2. 单击【选单】按钮，打开【结算选单】窗口，单击【查询】按钮，打开【查询条件选择-采购手工结算】窗口，单击【确定】按钮。

3. 打开【结算选发票列表】，双击选中九阳豆浆机、九阳电磁炉的发票和入库单，单击【确定】按钮，打开【手工结算】窗口，在第四行【合理损耗数量】录入"1"，如图3.2.8所示，单击【结算】按钮，系统提示"完成结算"，单击【确定】按钮。

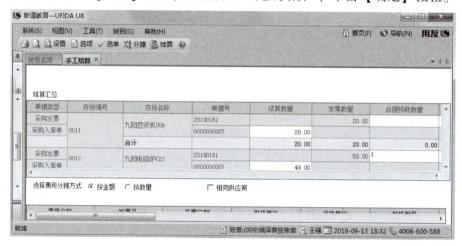

图 3.2.8　手工结算

第六步：审核采购发票并制单

1. 更换会计 kj02 身份登录到【企业应用平台】，【操作日期】为"2019-09-13"。

2. 在【业务工作】选项卡中，执行【财务会计】-【应付款管理】-【应付单据处理】-【应付单据审核】命令，完成对九阳公司发票的审核。

3. 执行【应付款管理】-【制单处理】命令，根据采购发票生成凭证并保存，如图3.2.9所示。

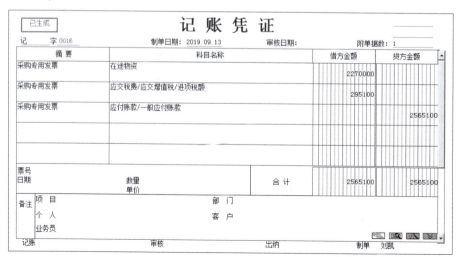

图 3.2.9　存货采购凭证

第七步：记账并生成凭证

1. 执行【供应链】-【存货核算】-【业务核算】-【正常单据记账】命令，完成 2019-09-13 九阳豆浆机 D08 和九阳电磁炉 C22 采购入库单的记账。

2. 执行【存货核算】-【财务核算】-【生成凭证】命令，根据采购入库单生成存货入库凭证，如图 3.2.10 所示。

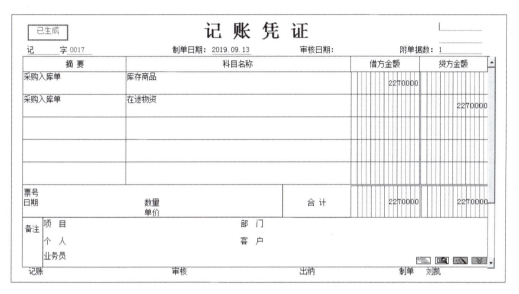

图 3.2.10　存货入库凭证

【注意事项】

1. 存在合理损耗的情形下，在进行采购结算的时候，应确认合理损耗的数量，使采购发票与入库单数量相等，方可进行结算。

2. 合理损耗业务的操作流程与普通赊购一致，采购发票在【应付款管理】系统完成审核制单。

【拓展延伸】

有些存货，因为性质特殊，运输途中会产生一定的损耗，这种损耗如果控制在合理范围内，则属于合理损耗。合理损耗的损失由企业自行负担，其进项税无须转出，因此采购存货的总成本不变，由于入库数量减少，因此采购单位成本上升。

任务 2　非合理损耗

【任务描述】

2019 年 9 月 14 日，采购部王强与美的集团签订采购合同，购入美的 35GW1.5P 空调 20 件。货物当天到达，发现空调有 3 件毁损，经查是采购部王强个人责任，由其负责赔偿。当日取得美的公司开具的增值税专用发票，货款未付。

【任务解析】

该业务是货物和采购发票同时到达,入库数量少于发票数量,短缺数量为非正常原因造成。在结算的时候,需要确认非合理损耗的数量及金额信息。

【原始凭证】

采购合同、入库单、采购发票,如图 3.2.11 ~ 图 3.2.13 所示。

购 销 合 同

合同编号:CG008

卖方:美的集团公司

买方:日照瑞泽商贸有限责任公司

　　为保护买卖双方的合法权益,买卖双方根据《中华人民共和国合同法》的有关规定,经友好协商,一致同意签订本合同并共同遵守。

一、货物的名称、数量及金额

货物名称	计量单位	数量	单价 (不含税)	金 额 (不含税)	税率	税额
美的空调 35GW1.5P	台	20	2,700.00	54,000.00	13%	7,020.00
合　　　计				¥54,000.00		¥7,020.00

二、合同总金额:人民币陆万壹仟零贰拾元整(¥61,020.00)。

三、结算方式:电汇;付款时间:2019 年 10 月 14 日。

四、发货时间:卖方于签订合同当日发出全部商品。

五、发运方式:买方自提。

卖　　方:美的集团公司　　　　　　　　买　　方:日照瑞泽商贸有限责任公司

授权代表:孙丽　　　　　　　　　　　　授权代表:王强

日　　期:2019 年 9 月 14 日　　　　　　日　　期:2019 年 9 月 14 日

图 3.2.11　采购合同

入 库 单

2019 年 09 月 14 日

交货单位	美的集团公司		验收仓库		空调库	
编号	商品名称及规格	单位	数量		价格	
			交库	实收	单价	金额
0008	美的 35GW1.5P	台	17	17		
	合计		17	17		

部门经理:略　　　会计:略　　　仓库:略　　　经办人:略

图 3.2.12　入库单

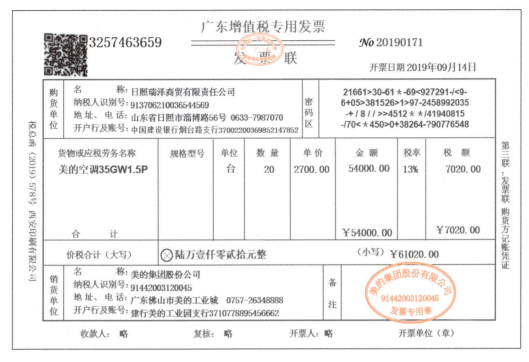

图 3.2.13 采购发票

【岗位说明】

1. 采购员 cg01 在【采购管理】系统中录入或参照生成并审核采购订单、到货单。

2. 库管员 ck01 在【库存管理】系统中参照到货单生成并审核入库单。

3. 采购员 cg01 在【采购管理】系统参照采购订单生成采购发票,进行采购结算,确认非合理损耗数量和金额。

4. 会计 kj02 在【应付款管理】系统对采购发票进行审核;在【存货核算】系统对入库单进行记账,并生成采购、存货入库凭证。

5. 会计 kj02 在【总账】系统填制非合理损耗处理凭证。

【业务流程】

该业务的流程如图 3.2.14 所示。

【知识链接】

当货物和采购发票同时到达,入库数量少于发票数量,且短缺数量为非合理损耗时,对采购发票和入库单进行结算,需要确认非合理损耗数量和金额。业务处理流程上,既可以与普通采购一致,采购凭证和入库凭证分别在【应付款管理】系统和【存货核算】系统生成,也可以将采购发票在【应付款管理】系统进行审核,但不制单,而是直接通过【存货核算】系统完成制单处理。该笔经济业务按照第二种方式进行处理。

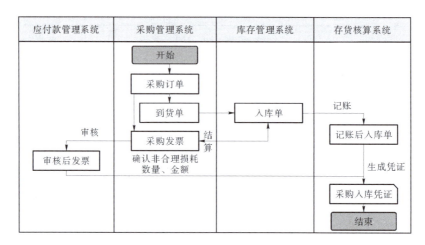

图 3.2.14 采购非合理损耗业务流程

【操作指导】

第一步：录入、审核采购订单

1. 以采购员 cg01 身份登录到【企业应用平台】，【操作日期】为"2019-09-14"。

2. 在【业务工作】选项卡中，执行【供应链】-【采购管理】-【采购订货】-【采购订单】命令，打开【采购订单】窗口。

59 非合理损耗

3. 单击【增加】按钮，根据合同录入采购订单，保存并审核，如图 3.2.15 所示。

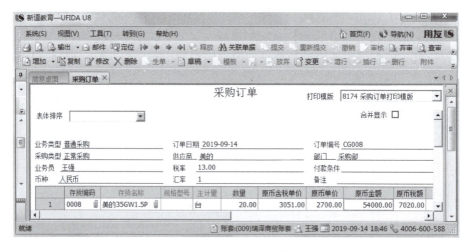

图 3.2.15 采购订单

第二步：参照生成并审核到货单

1. 执行【采购管理】-【采购到货】-【到货单】命令或通过快捷命令打开【到货单】窗口。

2. 单击【增加】按钮，利用【生单】功能参照采购订单生成到货单，保存并审核。

第三步：参照生成并审核采购入库单

1. 更换库管员 ck01 身份登录到【企业应用平台】，【操作日期】为 "2019-09-14"。
2. 在【业务工作】选项卡中，执行【供应链】-【库存管理】-【入库业务】-【采购入库单】命令，打开【采购入库单】窗口。
3. 利用【生单】功能，参照"采购到货单（蓝字）"生成采购入库单，选择【仓库】为"空调库"，更改 35GW1.5P 空调的【数量】为 "17"，保存并审核，如图 3.2.16 所示。

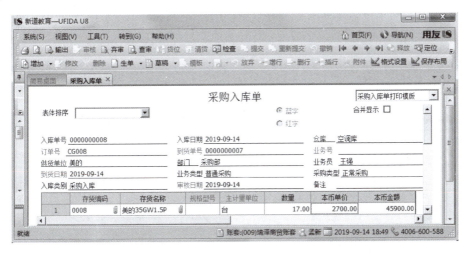

图 3.2.16　采购入库单

第四步：参照生成采购发票

1. 更换采购员 cg01 身份登录到【企业应用平台】，【操作日期】为 "2019-09-14"。
2. 在【业务工作】选项卡中，执行【供应链】-【采购管理】-【采购发票】-【专用采购发票】命令，打开【专用发票】窗口。
3. 单击【增加】按钮，利用【生单】功能参照采购订单生成采购发票，更改【发票号】为 "20190171"，单击【保存】按钮，如图 3.2.17 所示。

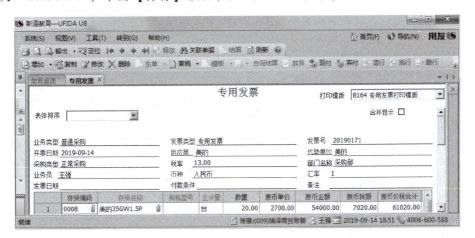

图 3.2.17　采购发票

第五步：进行采购结算

1. 执行【采购管理】-【采购结算】-【手工结算】命令，打开【结算】窗口。

2. 单击【选单】按钮，打开【结算选单】窗口，单击【查询】按钮，打开【查询条件选择-采购手工结算】窗口，单击【确定】按钮。

3. 打开【结算选发票列表】，双击选中2019-09-14美的35GW1.5P空调的采购发票和入库单，单击【确定】按钮。

4. 打开【手工结算】窗口，录入【非合理损耗数量】为"3"，【非合理损耗金额】为"8 100.00"，系统自动生成【进项税转出金额】"1 053.00"，如图3.2.18所示，单击【结算】按钮，系统提示"完成结算"，单击【确定】按钮。

图3.2.18 手工结算

第六步：审核采购发票

1. 更换会计kj02身份登录到【企业应用平台】，【操作日期】为"2019-09-14"。

2. 在【业务工作】选项卡中，执行【财务会计】-【应付款管理】-【应付单据处理】-【应付单据审核】命令，完成对美的公司发票的审核。

第七步：记账并生成凭证

1. 在【业务工作】选项卡中，执行【供应链】-【存货核算】-【业务核算】-【正常单据记账】命令，完成"美的35GW1.5P空调"入库单的记账。

2. 执行【存货核算】-【财务核算】-【生成凭证】命令，打开【生成凭证】窗口，单击【选择】按钮，弹出【查询条件】窗口，单击【确定】按钮。

3. 打开【未生成凭证单据一览表】，勾选"已结算采购入库单自动选择全部结算单上单据（包括入库单、发票、付款单），非本月采购入库单按蓝字报销单制单"复选框，单击【全选】按钮，如图3.2.19所示，单击【确定】按钮。

4. 打开【生成凭证】窗口，补充完整【进项税额转出】为"22210104"，【损耗】为"1901"，如图3.2.20所示。

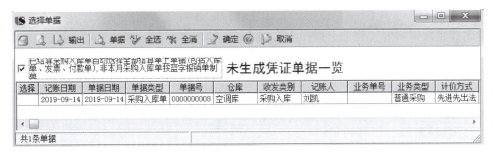

图 3.2.19　未生成凭证单据一览表

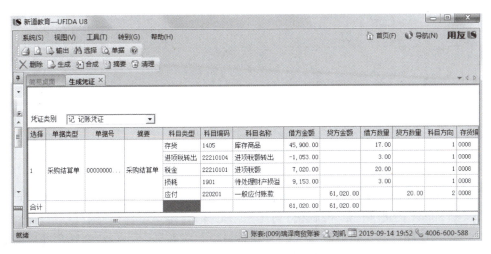

图 3.2.20　生成凭证

5. 单击【生成】按钮，生成存货入库凭证，其中"进项税额转出"的金额为红字，单击【保存】按钮，如图 3.2.21 所示。

图 3.2.21　存货采购入库凭证

6. 执行【财务会计】-【总账】-【凭证】-【填制凭证】命令，单击【增加】按钮，填制非合理损耗处置凭证，如图3.2.22所示。

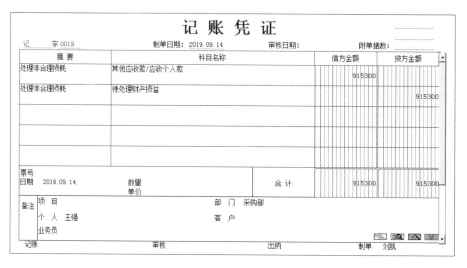

图 3.2.22　处理非合理损耗凭证

【注意事项】

1. 企业采购过程中发生的非合理损耗，需要在进行采购结算时，确认非合理损耗的数量和金额，转出的进项税额系统会自动计算，无须手工录入。

2. 非合理损耗的业务处理流程可以与普通采购有所差异，采购发票只在【应付款管理】系统进行审核即可，无须制单。在【存货核算】系统进行制单时，必须勾选"已结算采购入库单自动选择全部结算单上单据（包括入库单、发票、付款单），非本月采购入库单按蓝字报销单制单"复选框，将采购发票在【存货核算】系统与入库单合并制单。

【拓展延伸】

采购中发生的非合理损耗是指采购损失不属于正常情形，或者超出了正常损失范围，因此需要对损失造成的原因进行调查。非合理损耗存货所对应的进项税额若是人为原因造成，则不得抵扣，需要转出；若是自然灾害等原因造成，税额允许抵扣。

任务3　现金折扣采购

【任务描述】

2019年9月14日，采购部王强从TCL公司购入TCL032F电视12台，合同约定的现金折扣条件为"4/10，2/20，n/30"；9月15日商品验收入库，取得TCL公司开具的发票；9月23日，财务部支付采购货款。

【任务解析】

该业务是带有现金折扣的采购业务，需要在采购订单上注明现金折扣条件，其业务流程与赊购流程一致。收款时，如果买方提前付款，应确认享有的现金折扣。

【原始凭证】

采购合同、采购发票、入库单、网银回单，如图 3.2.23~图 3.2.26 所示。

购销合同

合同编号：CG009

卖方：TCL 集团股份公司
买方：日照瑞泽商贸有限责任公司

　　为保护买卖双方的合法权益，买卖双方根据《中华人民共和国合同法》的有关规定，经友好协商，一致同意签订本合同并共同遵守。

一、货物的名称、数量及金额

货物名称	计量单位	数量	单价（不含税）	金额（不含税）	税率	税额
TCL 电视 032F	台	12	2,800.00	33,600.00	13%	4,368.00
合计				￥33,600.00		￥4,368.00

二、合同总金额：人民币叁万柒仟玖佰陆拾捌元整（￥37,968.00）。
三、结算方式：网银支付。付款条件：4/10，2/20，n/30（现金折扣按货物的价款计算，不考虑增值税）
四、交货时间：2019 年 9 月 15 日。
五、发运方式：买方自提

卖　方：TCL 集团股份公司　　　　买　方：日照瑞泽商贸有限责任公司
授权代表：蔡晓琳　　　　　　　　授权代表：王强
日　　期：2019 年 9 月 14 日　　　日　　期：2019 年 9 月 14 日

图 3.2.23　采购合同

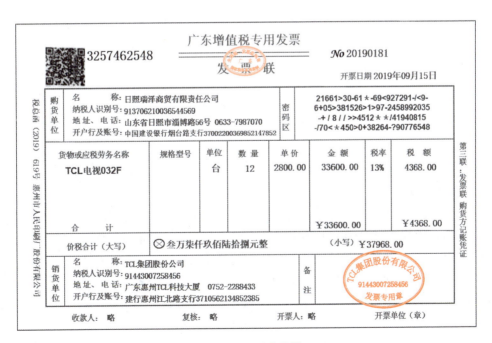

图 3.2.24　采购发票

入库单

2019 年 09 月 15 日

交货单位	TCL 集团股份公司		验收仓库		彩电库	
编号	商品名称及规格	单位	数量		价格	
			交库	实收	单价	金额
0006	TCL 电视 032F	台	12	12		
	合计		12	12		

部门经理：略　　会计：略　　仓库：略　　经办人：略

图 3-2-25　入库单

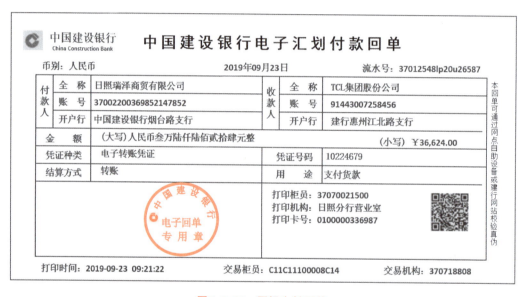

图 3.2.26　网银支付回单

【岗位说明】

1. 14 日，采购员 cg01 在【采购管理】系统中录入或参照生成采购订单，注明付款条件和预计到货日期。

2. 15 日，采购员 cg01 在【采购管理】系统中生成并审核到货单。

3. 15 日，库管员 ck01 在【库存管理】系统中参照生成并审核入库单。

4. 15 日，采购员 cg01 在【采购管理】系统参照生成采购发票，并完成采购结算。

5. 15 日，会计 kj02 在【应付款管理】系统对采购发票进行审核，并生成采购凭证；在【存货核算】系统对入库单进行记账，生成存货入库凭证。

6. 23 日，出纳 cn01 在【应付款管理】系统录入付款单。

7. 23 日，会计 kj02 在【应付款管理】系统对付款单进行审核、核销，生成凭证。

【业务流程】

该业务的流程如图 3.2.27 所示。

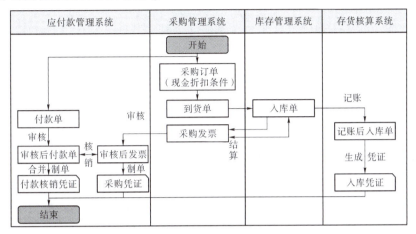

图 3.2.27 现金折扣业务流程

【知识链接】

现金折扣是指销售方为了提前收回货款，给予购买方价格上的打折。买方录入采购订单时在表体的【付款条件】选择相应的现金折扣，后续参照生成采购发票时付款条件会自动带入，当企业提前付款享受了现金折扣，可在核销的时候予以体现。

【操作指导】

第一步：录入、审核采购订单

1. 以采购员 cg01 身份登录到【企业应用平台】，【操作日期】为"2019-09-14"。

2. 在【业务工作】选项卡中，执行【供应链】-【采购管理】-【采购订货】-【采购订单】命令，打开【采购订单】窗口。

3. 单击【增加】按钮，录入采购订单，表头【付款条件】选择为"4/10，2/20，n/30"，表体将【计划到货日期】更改为"2019-09-15"，保存并审核，如图 3.2.28 所示。

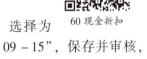

60 现金折扣

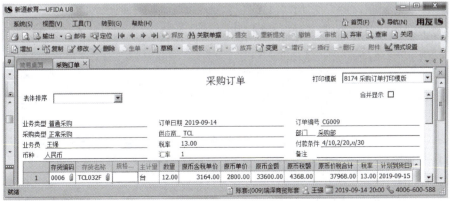

图 3.2.28 采购订单

第二步：参照生成并审核到货单

1. 以采购员 cg01 身份登录到【企业应用平台】，【操作日期】为"2019-09-15"。

2. 在【业务工作】选项卡中，执行【供应链】-【采购管理】-【采购到货】-【到货单】命令，打开【到货单】窗口，单击【增加】按钮，利用【生单】功能参照采购订单生成到货单，保存并审核。

第三步：参照生成并审核采购入库单

1. 更换库管员 ck01 身份登录到【企业应用平台】，【操作日期】为"2019-09-15"。

2. 在【业务工作】选项卡中，执行【供应链】-【库存管理】-【入库业务】-【采购入库单】命令，利用【生单】功能，参照"采购到货单（蓝字）"生成采购入库单，选择【仓库】为"彩电库"，保存并审核，如图3.2.29所示。

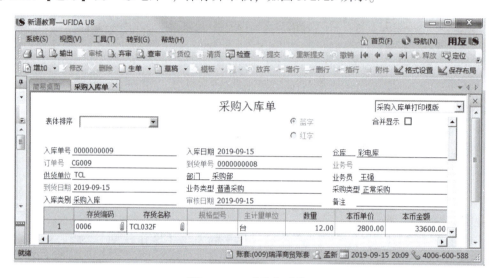

图 3.2.29　采购入库单

第四步：参照生成采购发票并结算

1. 更换采购员 cg01 身份登录到【企业应用平台】，【操作日期】为"2019-09-15"。

2. 执行【供应链】-【采购管理】-【采购发票】-【专用采购发票】命令。

3. 单击【增加】按钮，利用【生单】功能参照入库单生成采购发票，更改【发票号】为"20190181"，单击【保存】按钮和【结算】按钮，如图3.2.30所示。

第五步：审核采购发票生成凭证

1. 更换会计 kj02 身份登录到【企业应用平台】，【操作日期】为"2019-09-15"。

2. 在【业务工作】选项卡中，执行【财务会计】-【应付款管理】-【应付单据处理】-【应付单据审核】命令，完成对 TCL 公司发票的审核。

3. 执行【应付款管理】-【制单处理】命令，根据采购发票生成凭证并保存，如图3.2.31所示。

第六步：记账并生成凭证

1. 在【业务工作】选项卡中，执行【供应链】-【存货核算】-【业务核算】-【正常单据记账】命令，完成"TCL032F"入库单的记账。

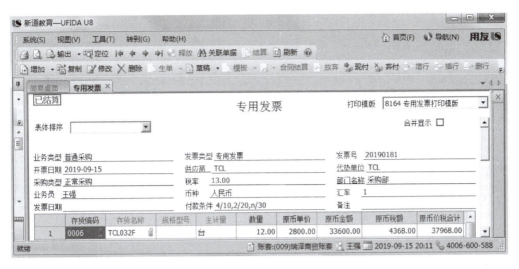

图 3.2.30　采购发票

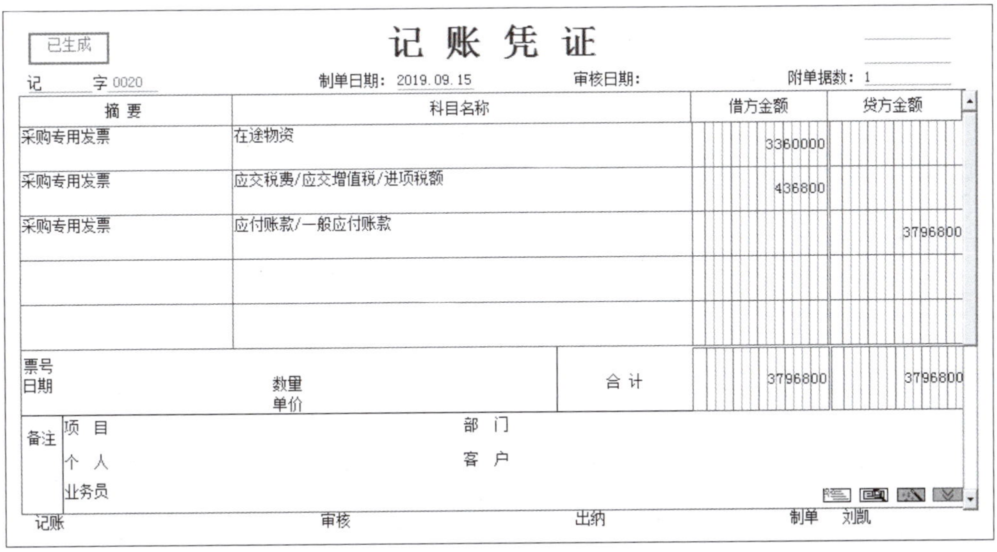

图 3.2.31　采购凭证

2. 执行【存货核算】-【财务核算】-【生成凭证】命令，生成存货入库凭证，如图 3.2.32 所示。

第七步：付款核销生成凭证

1. 以出纳 cn01 身份登录到【企业应用平台】，【操作日期】为"2019 – 09 – 23"。

2. 在【业务工作】选项卡中，执行【财务会计】-【应付款管理】-【付款单据处理】-【付款单据录入】命令，打开【付款单】窗口。

3. 单击【增加】按钮，根据原始凭证网银回单填写付款单，如图 3.2.33 所示。

4. 更换会计 kj02 身份登录到【企业应用平台】，【操作日期】为"2019 – 09 – 23"。

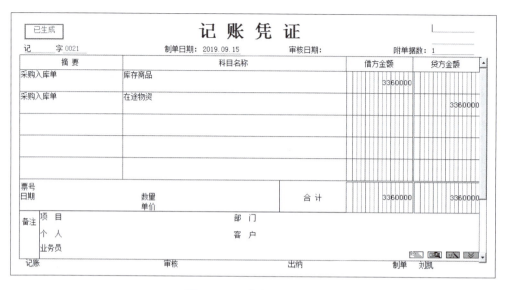

图 3.2.32　存货入库凭证

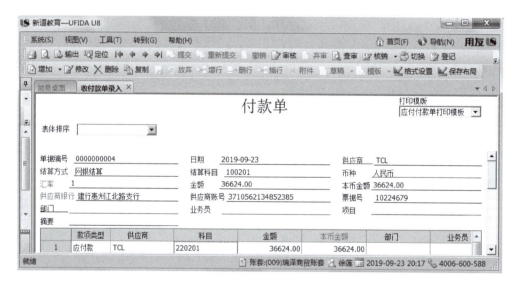

图 3.2.33　付款单

5. 执行【财务会计】-【应付款管理】-【付款单据处理】-【付款单据审核】命令，完成对付款单的审核。

6. 执行【应付款管理】-【核销处理】-【手工核销】命令，打开【核销条件】窗口，选择【供应商】为"TCL集团股份公司"，单击【确定】按钮。

7. 打开【单据核销】窗口，在下行采购专用发票的【本次结算】处录入"36 624.00"，系统自动计算【可享受折扣】为"1 344.00"，如图3.2.34所示，单击【保存】按钮，完成单据核销，关闭【单据核销】窗口。

8. 执行【应付款管理】-【制单处理】命令，打开【制单查询】窗口，勾选"收付款单制单"复选框和"核销制单"复选框，单击【确定】按钮。

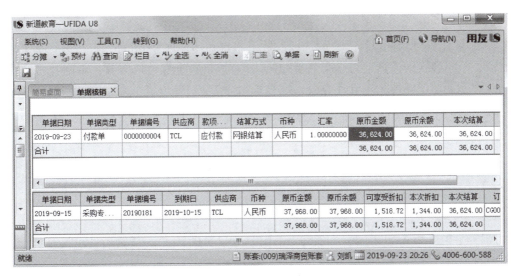

图 3.2.34 单据核销

9. 在【应付制单】窗口，单击【合并】按钮，再单击【制单】按钮，生成会计凭证，调整"财务费用"为借方红字"1 344.00"，单击【保存】按钮，如图 3.2.35 所示。

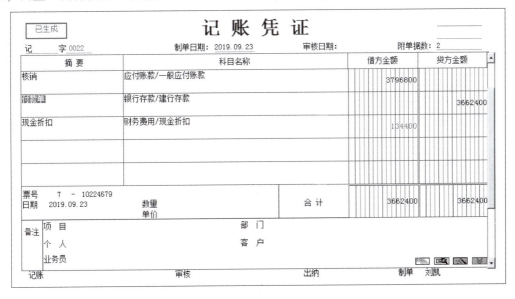

图 3.2.35 付款凭证

【注意事项】

1. 在进行手工结算时，付款单和采购发票的"本次结算"金额应该相等，采购发票的"原币金额"与"本次结算"的差额计入"本次折扣"。

2. 生成的付款核销凭证，财务费用属于费用类科目，必须在借方，上题中是以红字在借方显示的，否则利润表无法取数。

【拓展延伸】

1. 如果【应付款管理】系统的选项设置了"自动计算现金折扣",则在进行手工核销的时候,系统会自动计算"可享受的折扣",并且该折扣金额可以修改,否则"可享受的折扣"显示为零,需要人工计算并录入现金折扣金额。

2. 一般的付款核销业务,核销只是付款单和其对应的应付单注销,不产生数据,但是当企业采购商品享受了现金折扣时,核销金额为企业所享受的现金折扣额。

任务4 商业汇票背书

【任务描述】

2019年9月15日,采购部王强购入九阳D08豆浆机20件,货物当日验收入库,财务部将所持有的票据号为456789的银行承兑汇票背书转让给九阳公司,余款暂欠。

【任务解析】

该业务是通过商业票据背书转让方式购买商品物资,与赊购业务流程基本一致,但是需要在【应收款管理】系统将所持的商业汇票进行背书转让。

【原始凭证】

专用发票、银行承兑汇票复印件、采购合同、入库单,如图3.2.36～图3.2.39所示。

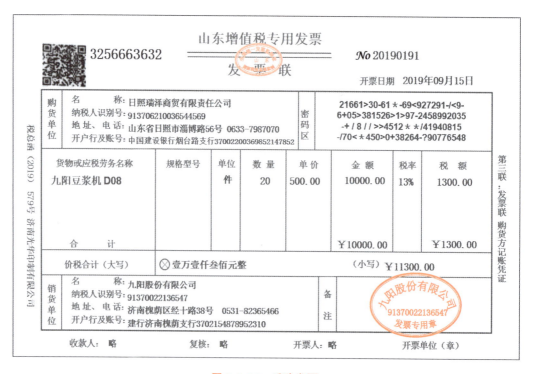

图3.2.36 采购发票

银行承兑汇票（存根）

2　　456789

出票日期 贰零壹玖 年 零捌 月 壹拾捌 日

出票人全称	广州和润超市	收款人	全　称	日照瑞泽商贸有限公司
出票人账号	2002136254878700		账　号	37002200369852147852
付款行全称	工行广州南京路支行		开户银行	中国建设银行烟台路支行
出票金额	人民币（大写）壹万元整		千 百 十 万 千 百 十 元 角 分	￥ 1 0 0 0 0 0 0
汇票到期日	贰零壹玖年壹拾壹月壹拾捌日	付款行	行号：056623654	
承兑协议号	321549　票面利率：		地址：山东日照市淄博路56号	
本汇票请你行承兑，到期无条件付款		本汇票已经承兑，到期日由本行付款		复核（略）　经办（略）
		备注		

此联收款人开户行随托收凭证寄付款行做借方凭证附件

图 3.2.37　银行承兑汇票复印件

购 销 合 同

合同编号：CG010

卖方：九阳股份有限公司

买方：日照瑞泽商贸有限责任公司

为保护买卖双方的合法权益，买卖双方根据《中华人民共和国合同法》的有关规定，经友好协商，一致同意签订本合同并共同遵守。

一、货物的名称、数量及金额

货物名称	计量单位	数量	单　价（不含税）	金　额（不含税）	税率	税额
九阳豆浆机 D08	件	20	500.00	10,000.00	13%	1,300.00
合　计				￥10,000.00		￥1,300.00

二、合同总金额：人民币壹万壹仟叁佰元整（￥11,300.00）。

三、结算方式：银行承兑汇票。付款时间：2019 年 9 月 15 日支付汇票 10000.00 元，余款于 2019 年 12 月 15 日结清。

四、交货时间：2019 年 9 月 15 日。

五、发运方式：买方自提。

卖　　方：九阳股份有限公司　　买　　方：日照瑞泽商贸有限责任公司

授权代表：迟娜　　授权代表：王强

日　　期：2019 年 9 月 15 日　　日　　期：2019 年 9 月 15 日

图 3.2.38　采购合同

入库单

2019 年 09 月 15 日

交货单位	九阳股份有限公司		验收仓库		家用小电器库	
编号	商品名称及规格	单位	数量		价格	
			交库	实收	单价	金额
0011	九阳豆浆机 D08	件	20	20		
	合计		20	20		

部门经理：略　　　会计：略　　　仓库：略　　　经办人：略

图 3.2.39　入库单

【岗位说明】

1. 采购员 cg01 在【采购管理】系统中录入并审核采购订单、到货单。
2. 库管员 ck01 在【库存管理】系统中录入或参照生成并审核入库单。
3. 采购员 cg01 在【采购管理】系统参照生成采购发票并进行采购结算。
4. 会计 kj02 在【应付款管理】系统对采购发票进行审核，并生成采购凭证；在【存货核算】系统对入库单进行记账，并生成存货入库凭证。
5. 会计 kj02 在【应收款管理】系统执行商业汇票背书转让，生成票据背书转让凭证。

【业务流程】

该业务的流程如图 3.2.40 所示。

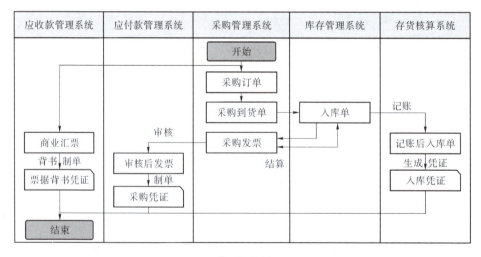

图 3.2.40　票据背书转让业务流程

【知识链接】

票据背书转让是指企业将持有的其他企业签发承兑未到期的商业汇票背书转让出去的行为。应区分背书转让票据和签发票据，背书转让票据在【应收款管理】系统完成，而签发票据在【应付款管理】系统完成。

【操作指导】

第一步：录入、审核采购订单

1. 以采购员 cg01 身份登录到【企业应用平台】，【操作日期】为"2019-09-15"。

2. 在【业务工作】选项卡中，执行【供应链】-【采购管理】-【采购订货】-【采购订单】命令，打开【采购订单】窗口。

3. 单击【增加】按钮，根据合同录入采购订单，保存并审核，如图 3.2.41 所示。

61 商业汇票背书转让

图 3.2.41 采购订单

第二步：参照生成并审核到货单

1. 执行【采购管理】-【采购到货】-【到货单】命令或通过快捷命令打开【到货单】窗口。

2. 单击【增加】按钮，利用【生单】功能参照采购订单生成到货单，保存并审核。

第三步：参照生成并审核采购入库单

1. 更换库管员 ck01 身份登录到【企业应用平台】，【操作日期】为"2019-09-15"。

2. 在【业务工作】选项卡中，执行【供应链】-【库存管理】-【入库业务】-【采购入库单】命令，打开【采购入库单】窗口。

3. 利用【生单】功能，参照"采购到货单（蓝字）"生成采购入库单，选择【仓库】为"家用小电器库"，保存并审核，如图 3.2.42 所示。

第四步：参照生成采购发票并进行结算

1. 更换采购员 cg01 身份登录到【企业应用平台】，【操作日期】为"2019-09-15"。

2. 在【业务工作】选项卡中，执行【供应链】-【采购管理】-【采购发票】-【专用采购发票】命令，打开【专用发票】窗口。

3. 单击【增加】按钮，利用【生单】功能参照入库单生成采购发票，更改【发票号】为"20190191"，单击【保存】、【结算】按钮，如图 3.2.43 所示。

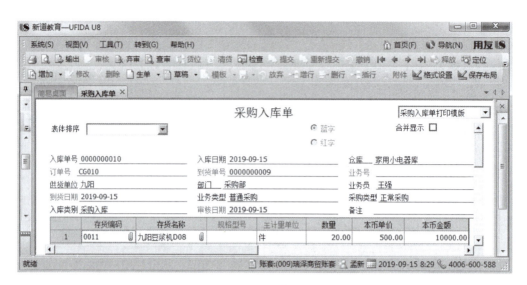

图 3.2.42　采购入库单

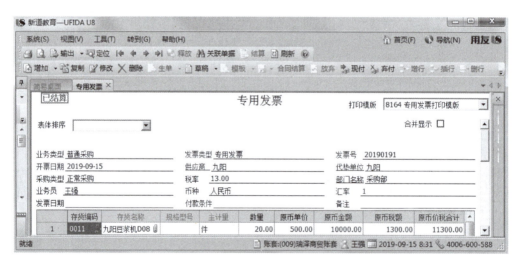

图 3.2.43　采购发票

第五步：审核采购发票生成凭证

1. 更换会计 kj02 身份登录到【企业应用平台】，【操作日期】为"2019 - 09 - 15"。

2. 在【业务工作】选项卡中，执行【财务会计】-【应付款管理】-【应付单据处理】-【应付单据审核】命令，完成对九阳公司发票的审核。

3. 执行【应付款管理】-【制单处理】命令，根据采购发票生成凭证并保存，如图 3.2.44 所示。

第六步：应收票据背书转让

1. 执行【财务会计】-【应收款管理】-【票据管理】命令，打开【查询条件选择】窗口，单击【确定】按钮。

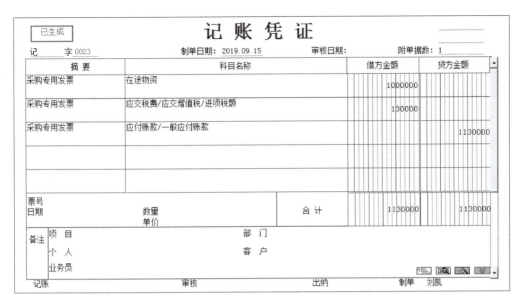

图 3.2.44 采购凭证

2. 打开【票据管理】窗口，选中票据，单击【背书】按钮，打开【票据背书】窗口，选择【被背书人】为"九阳股份有限公司"，如图 3.2.45 所示。

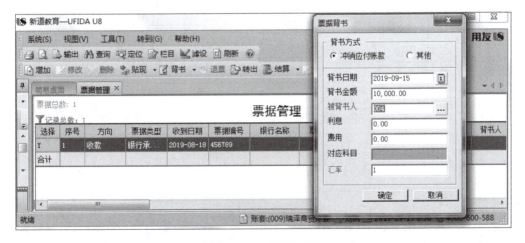

图 3.2.45 票据背书

3. 单击【确定】按钮，打开【冲销应付账款】窗口，在单据编号为"20190191"票据的【转账金额】栏输入"10 000.00"，如图 3.2.46 所示，单击【确定】按钮。

4. 系统提示"是否立即制单"，单击【是】按钮，生成背书转让凭证，如图 3.2.47 所示。

第七步：记账并生成凭证

1. 在【业务工作】选项卡中，执行【供应链】-【存货核算】-【业务核算】-【正常单据记账】命令，完成九阳豆浆机 D08 入库单的记账，如图 3.2.48 所示。

图 3.2.46　冲销应付账款

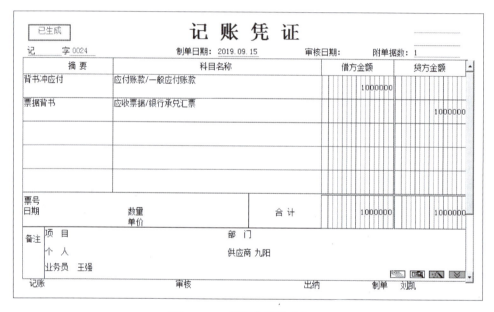

图 3.2.47　票据背书转让凭证

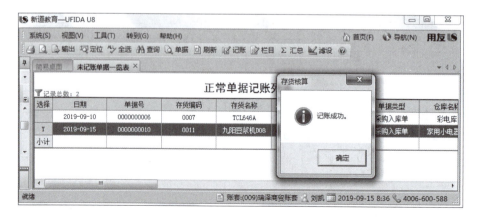

图 3.2.48　正常单据记账

2. 执行【存货核算】—【财务核算】—【生成凭证】命令，生成存货入库凭证，如图 3.2.49 所示。

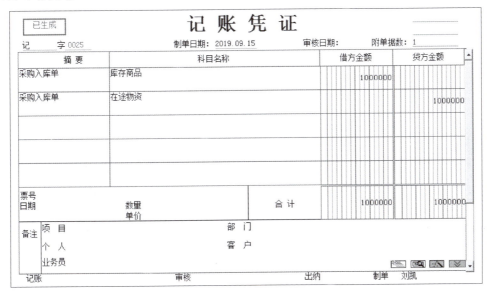

图 3.2.49　存货入库凭证

【注意事项】

票据的背书转让和企业采购商品物资时签发承兑商业汇票是不同的，前者是在【应收款管理】系统完成背书转让，后者是在【应付款管理】系统完成票据的签发。

【拓展延伸】

当企业采购商品采用签发商业汇票的结算方式时，需要在【应付款管理】系统填制一张新的商业汇票，该商业汇票生成付款单，需要对付款单进行审核及核销处理。

任务 5　买赠同种商品

【任务描述】

2019 年 9 月 15 日，采购部王强与九阳集团公司签订采购合同，购入九阳 C22 电磁炉 10 件。16 日正值九阳集团公司店庆，开展买五赠一活动，实际验收入库货物 12 件。当日取得九阳公司开具的增值税专用发票，货款未付。

【任务解析】

该业务是购买商品并赠送同类型商品，且入库数量大于订单数量和发票数量，与货单同到采购业务流程基本一致，但是需先进行【采购管理】选项和【存货档案】设置，并且通过采购结算降低采购存货的单位成本。

【原始凭证】

采购合同、采购发票、入库单，如图 3.2.50 ~ 图 3.2.52 所示。

购销合同

合同编号：CG011

卖方：九阳股份有限公司

买方：日照瑞泽商贸有限责任公司

　　为保护买卖双方的合法权益，买卖双方根据《中华人民共和国合同法》的有关规定，经友好协商，一致同意签订本合同并共同遵守。

一、货物的名称、数量及金额

货物名称	计量单位	数量	单价（不含税）	金额（不含税）	税率	税额
九阳电磁炉C22	件	10	260.00	2,600.00	13%	338.00
合　　计				￥2,600.00		￥338.00

二、合同总金额：人民币贰仟玖佰叁拾捌元整（￥2,938.00）。

三、结算方式：电汇。付款时间：2019年10月20日。

四、交货时间：2019年9月16日。

五、发运方式：买方自提。

卖　　方：九阳股份有限公司　　　　　　买　　方：日照瑞泽商贸有限责任公司

授权代表：迟娜　　　　　　　　　　　　授权代表：王强

日　　期：2019年9月15日　　　　　　　日　　期：2019年9月15日

图 3.2.50　采购合同

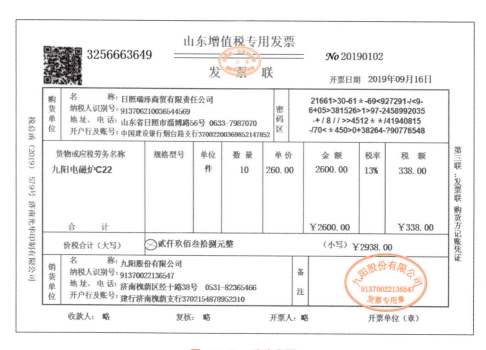

图 3.2.51　采购发票

入 库 单

2019 年 09 月 16 日

交货单位	九阳股份有限公司		验收仓库	家用小电器库	
编号	商品名称及规格	单位	数量		价格	
			交库	实收	单价	金额
0012	九阳电磁炉 C22	件	12	12		
	合计		12	12		

部门经理:略　　　　　会计:略　　　　　仓库:略　　　　　经办人:略

图 3.2.52　入库单

【岗位说明】

1. 15 日,主管 zg01 更改【采购管理】、【库存管理】系统选项及【存货档案】。

2. 15 日,采购员 cg01 在【采购管理】系统中录入并审核采购订单,16 日参照生成到货单。

3. 16 日,库管员 ck01 在【库存管理】系统中录入或参照生成并审核入库单。

4. 16 日,采购员 cg01 在【采购管理】系统参照生成采购发票,进行采购结算,确认负数的合理损耗数量。

5. 会计 kj02 在【应付款管理】系统对采购发票进行审核,并生成采购凭证;在【存货核算】系统对入库单进行记账,并生成存货入库凭证。

【业务流程】

该业务的流程如图 3.2.53 所示。

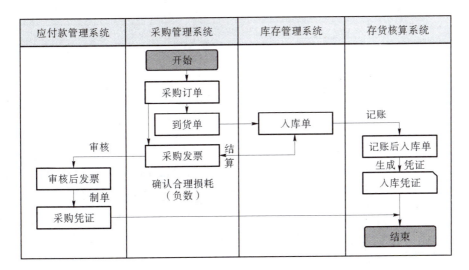

图 3.2.53　买赠同种商品业务流程

【知识链接】

当企业的入库数量大于采购订单时,需要先进行【采购管理】系统和【库存管理】系统的参数设置,以及该存货的档案设置,否则无法根据原采购订单生成入库单及发票。业务处理流程与基本采购一致,但是采购结算的时候,需要确认负数的合理损耗数量,以降低单位采购成本。

【操作指导】

第一步:设置存货档案及供应链选项

1. 以主管 zg01 身份登录到【企业应用平台】,【操作日期】为 "2019 - 09 - 15"。

2. 在【基础设置】选项卡中,执行【基础档案】-【存货】-【存货档案】命令,打开【修改存货档案】窗口,双击打开"九阳电磁炉 C22"存货档案,单击【控制】选项卡,在【入库超额上限】录入 "0.2",如图 3.2.54 所示,单击【保存】按钮。

62 买赠同种商品

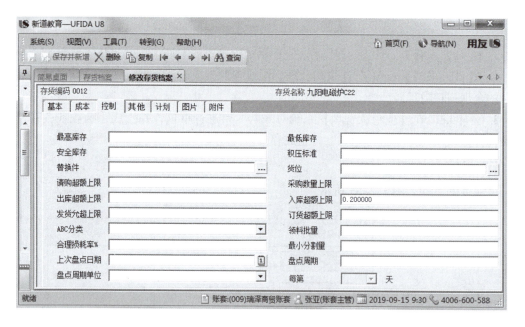

图 3.2.54 存货档案设置

3. 在【业务工作】选项卡中,执行【供应链】-【采购管理】-【设置】-【采购选项】命令,打开【采购系统选项设置】,勾选"允许超订单到货及入库"复选框。

4. 执行【供应链】-【库存管理】-【初始设置】-【选项】命令,打开【库存选项设置】窗口,在【专用设置】选项卡下,勾选"允许超采购到货单入库"复选框,如图 3.2.55 所示。

第二步:录入审核采购订单

1. 以采购员 cg01 身份登录到【企业应用平台】,【操作日期】为 "2019 - 09 - 15"。

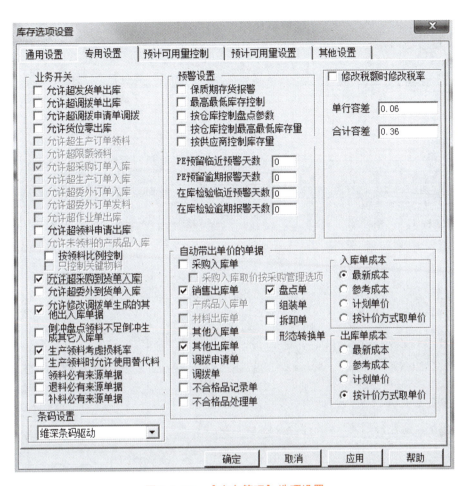

图 3.2.55 【库存管理】选项设置

2. 在【业务工作】选项卡中，执行【供应链】－【采购管理】－【采购订货】－【采购订单】命令，打开【采购订单】窗口。

3. 单击【增加】按钮，根据合同录入采购订单，更改【计划到货日期】为"2019-09-16"，保存并审核，如图3.2.56所示。

第三步：参照生成并审核到货单

1. 以采购员 cg01 身份登录到【企业应用平台】,【操作日期】为"2019-09-16"。

2. 执行【采购管理】－【采购到货】－【到货单】命令，打开【到货单】窗口。

3. 单击【增加】按钮，利用【生单】功能参照采购订单生成到货单，保存并审核。

第四步：参照生成并审核采购入库单

1. 更换库管员 ck01 身份登录到【企业应用平台】,【操作日期】为"2019-09-16"。

2. 在【业务工作】选项卡中，执行【供应链】－【库存管理】－【入库业务】－【采购入库单】命令，打开【采购入库单】窗口。

3. 利用【生单】功能，参照"采购到货单（蓝字）"生成采购入库单，选择【仓库】为"家用小电器库"，更改表体【数量】为"12"，保存并审核，如图3.2.57所示。

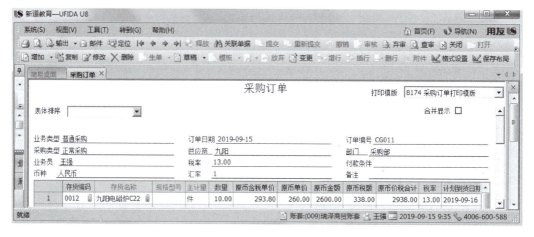

图 3.2.56 采购订单

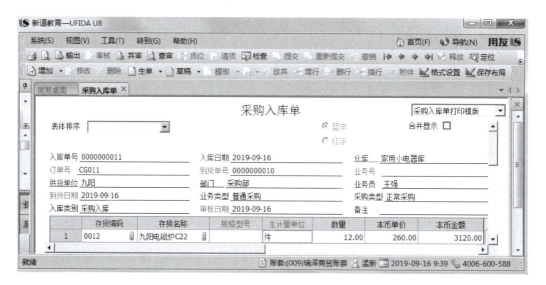

图 3.2.57 采购入库单

第五步：参照生成采购发票

1. 更换采购员 cg01 身份登录到【企业应用平台】，【操作日期】为"2019-09-16"。

2. 执行【供应链】-【采购管理】-【采购发票】-【专用采购发票】命令，打开【专用发票】窗口。

3. 单击【增加】按钮，利用【生单】功能参照采购订单生成采购发票，更改【发票号】为"20190102"，单击【保存】按钮，如图 3.2.58 所示。

第六步：进行采购结算

1. 执行【采购管理】-【采购结算】-【手工结算】命令，打开【结算】窗口。

2. 单击【选单】按钮，打开【结算选单】窗口，单击【查询】按钮，打开【查询条件选择-采购手工结算】窗口，单击【确定】按钮。

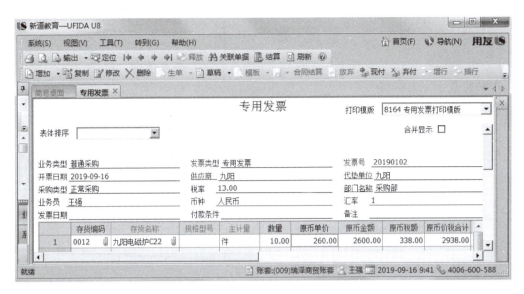

图 3.2.58 采购发票

3. 打开【结算选发票列表】，选中九阳电磁炉的发票和入库单，单击【确定】按钮。

4. 打开【手工结算】窗口，在第一行【合理损耗数量】录入"-2"，如图 3.2.59 所示，单击【结算】按钮，系统提示"完成结算"，单击【确定】按钮。

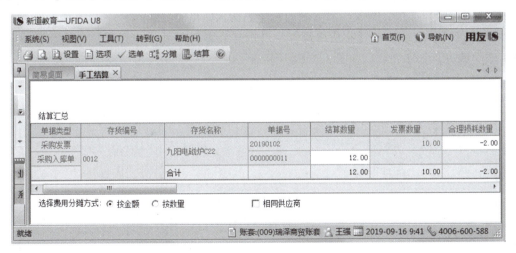

图 3.2.59 手工结算

第七步：审核采购发票并制单

1. 更换会计 kj02 身份登录到【企业应用平台】，【操作日期】为"2019-09-16"。

2. 在【业务工作】选项卡中，执行【财务会计】-【应付款管理】-【应付单据处理】-【应付单据审核】命令，完成对九阳公司发票的审核。

3. 执行【应付款管理】-【制单处理】命令，根据采购发票生成凭证并保存，如图 3.2.60 所示。

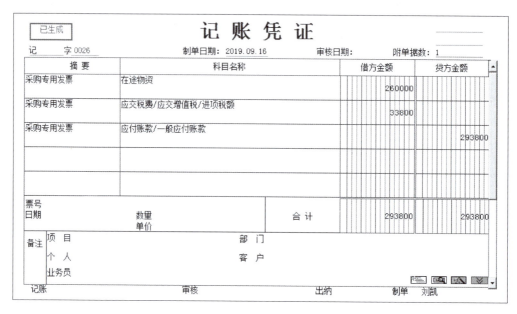

图 3.2.60 存货采购凭证

第八步：记账并生成凭证

1. 在【业务工作】选项卡中，执行【供应链】-【存货核算】-【业务核算】-【正常单据记账】命令，完成九阳电磁炉 C22 采购入库单的记账。

2. 执行【供应链】-【存货核算】-【财务核算】-【生成凭证】命令，根据采购入库单生成存货入库凭证，如图 3.2.61 所示。

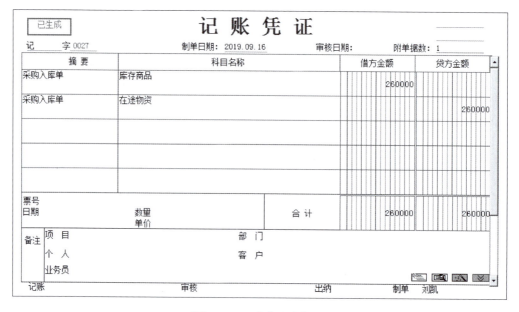

图 3.2.61 存货入库凭证

【注意事项】

1. 当订单数量小于实际入库数量的时候，必须进行【采购管理】系统参数设置"允许超订单到货及入库"，以及【库存管理】系统参数设置"允许超采购到货单入库"，同时设置该存货档案的"入库超额上限"，才能根据订单生成入库单。
2. "入库超额上限"0.2的含义是最多入库量为超过所参照单据入库数量的20%。

【拓展延伸】

买赠同种商品通过采购发票与采购入库单进行采购结算时确认负的合理损耗数量，从而降低单位采购成本。而买赠不同种商品，赠品可以录入"其他入库单"，并对"其他入库单"执行正常单据记账，计入"营业外收入"。也可以设置专门的赠品库，将赠品库设置为不计成本方式，赠品的入库、出库均不核算成本。

任务6　采购退货

【任务描述】

2019年9月16日，发现2019年9月1日从青岛海尔采购订单号为"CG001"的海尔331W6冰箱有一台存在质量问题，经双方协商进行了退货处理，货物已经返回，取得对方开具的红字发票。

【任务解析】

该业务是结算后退货业务，起于退货单（即红字到货单），与普通采购流程相似，后续要陆续参照生成红字入库单、红字发票、并进行结算处理，完成对红字发票的审核制单，以及红字入库单的记账和凭证生成。

【原始凭证】

退货单、红字采购发票、红字入库单，如图3.2.62～图3.2.64所示。

退货单

供货单位：青岛海尔有限责任公司　　　　　　　　　　2019年9月16日

货号	名称及规格	单位	数量	单价	金额	备注
0004	海尔冰箱331W6	台	1	2500.00	2500.00	
合计	人民币 贰仟伍佰元整				￥2500.00	

第三联 记账

制单：略　　　退货单位及经手人（签章）略　　　供货单位及经手人（签章）略

图3.2.62　退货单

图 3.2.63　红字采购发票

入 库 单

2019 年 09 月 16 日

交货单位	青岛海尔集团有限公司		验收仓库		冰箱库	
编号	商品名称及规格	单位	数量		价格	
			交库	实收	单价	金额
0004	海尔冰箱 331W6	台	-1	-1		
	合计		-1	-1		

部门经理：略　　会计：略　　仓库：略　　经办人：略

图 3.2.64　红字入库单

【岗位说明】

1. 采购员 cg01 在【采购管理】系统中参照生成并审核退货单。

2. 库管员 ck01 在【库存管理】系统中录入或参照生成并审核红字入库单。

3. 采购员 cg01 在【采购管理】系统录入或者参照生成红字发票，完成采购结算。

4. 会计 kj02 在【应付款管理】系统对红字发票进行审核，生成红字采购凭证，并进行红票对冲处理；在【存货核算】系统对红字入库单进行记账，并生成存货的红字入库凭证。

【业务流程】

该业务的流程如图 3.2.65 所示。

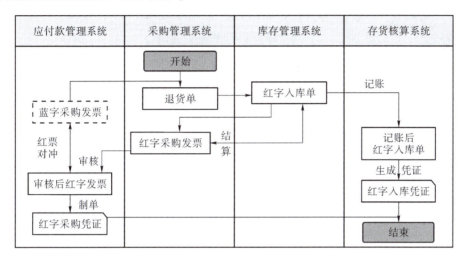

图 3.2.65　采购退货业务流程

【知识链接】

采购退货业务的起始点是退货单,可根据采购订单或者到货单参照生成退货单,其中退货业务中,退货数量为负值,原币单价为正值,后续的业务处理流程可参照普通采购处理。

【操作指导】

第一步:参照生成并审核采购退货单

1. 以采购员 cg01 身份登录到【企业应用平台】,【操作日期】为"2019 - 09 - 16"。

2. 在【业务工作】选项卡中,执行【供应链】-【采购管理】-【采购到货】-【采购退货单】命令,打开【采购退货单】窗口。

63 采购退货

3. 单击【增加】按钮,单击【生单】右侧倒三角的"采购订单",系统弹出【查询条件选择-采购订单列表过滤】窗口,单击【确定】按钮。

4. 双击选择"CG001"订单,取消"到货单拷贝订单表体列表"第一行的勾选,如图 3.2.66 所示。

5. 单击【确定】按钮,生成采购退货单,将【采购类型】修改为"采购退货",将表体海尔 331W6 的【数量】改为" - 1",单击【保存】按钮和【审核】按钮,如图 3.2.67 所示。

第二步:参照生成并审核红字采购入库单

1. 更换库管员 ck01 身份登录到【企业应用平台】,【操作日期】为"2019 - 09 - 16"。

2. 在【业务工作】选项卡中,执行【供应链】-【库存管理】-【入库业务】命令,打开【采购入库单】窗口。

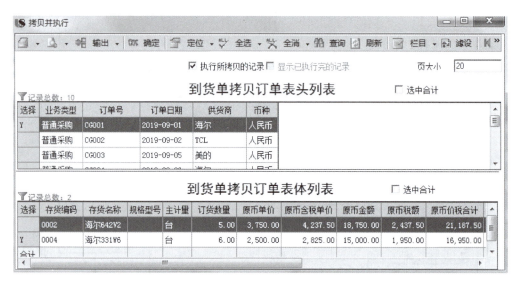

图 3.2.66　参照订单生成退货单

图 3.2.67　采购退货单

3. 利用【生单】功能，参照"采购到货单（红字）"生成采购入库单，选择【仓库】为"冰箱库"，保存并审核，如图 3.2.68 所示。

第三步：参照生成红字专用发票并结算

1. 更换采购员 cg01 身份登录到【企业应用平台】，【操作日期】为"2019 – 09 – 16"。

2. 在【业务工作】选项卡中，执行【供应链】-【采购管理】-【采购发票】-【红字专用采购发票】命令，打开【红字专用发票】窗口。

3. 单击【增加】按钮，利用【生单】功能参照入库单生成红字专用发票，更改【发票号】为"20190112"，单击【保存】按钮和【结算】按钮，如图 3.2.69 所示。

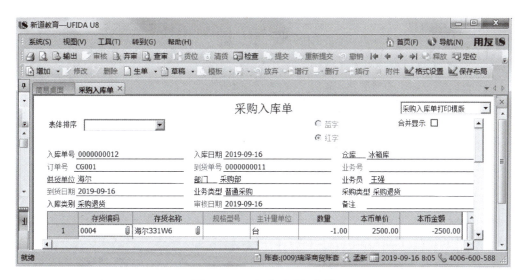

图 3.2.68　红字采购入库单

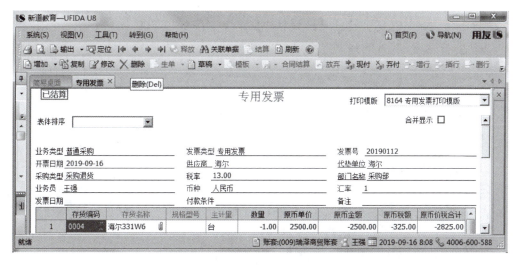

图 3.2.69　红字专用发票

第四步：审核红字专用发票并制单

1. 更换会计 kj02 身份登录到【企业应用平台】,【操作日期】为"2019 – 09 – 16"。

2. 在【业务工作】选项卡中，执行【财务会计】-【应付款管理】-【应付单据处理】-【应付单据审核】命令，完成对海尔公司红字发票的审核。

3. 执行【应付款管理】-【制单处理】命令，根据采购发票生成红字凭证并保存，如图 3.2.70 所示。

第五步：红票对冲

1. 执行【应付款管理】-【转账】-【红票对冲】-【手工对冲】命令，打开【红票对冲条件】窗口，选择【供应商】为"001 青岛海尔"。

图 3.2.70　红字存货采购凭证

2. 单击【确定】按钮，打开【红票对冲】窗口，在 2019 – 09 – 01 的蓝字专用发票的【对冲金额】栏录入"2 825.00"，如图 3.2.71 所示。

图 3.2.71　红票对冲

3. 单击【保存】图标，系统提示"是否立即制单"，单击【是】按钮，生成红票对冲凭证。如图 3.2.72 所示。

第六步：记账并生成退货凭证

1. 在【业务工作】选项卡中，执行【供应链】-【存货核算】-【业务核算】-【正常单据记账】命令，完成"海尔 331W6"红字采购入库单的记账。

2. 执行【存货核算】-【财务核算】-【生成凭证】命令，根据红字采购入库单生成红字存货入库凭证，如图 3.2.73 所示。

图 3.2.72　红票对冲凭证

图 3.2.73　红字存货入库凭证

【注意事项】

1. 采购退货单即为红字到货单，既可以参照采购订单生成，也可以参照采购到货单生成。

2. 采购退货单上的数量应为负值，如果在取得采购发票的同时收到了退货款，应在采购发票执行现付处理，金额也应该为负值。

3. 采购退货虽然对于企业而言是物资出库，但是在【库存管理】系统参照生成的是红字入库单，而不是出库单。

4. 采购退货流程与基本采购流程相似，生成的会计凭证以红字显示。

【拓展延伸】

退货的种类有多种，若企业采购商品入库尚未结算，需要进行全部退货，则填制或参照生成退货单，再参照生成红字入库单，并与蓝字入库单进行结算，便完成了采购退货；若结算前对部分存货进行退货处理，则填制或参照生成退货单，再参照生成红字入库单和采购发票，红字入库单、蓝字入库单共同与采购发票进行结算，完成退货处理。

任务 7　采购拒收

【任务描述】

2019年9月16日，采购部王强与青岛海尔集团签订采购合同，购入海尔258P4冰箱10台，海尔331W6冰箱20台。货物当天到达，验收时发现海尔331W6冰箱有2台包装毁损，经协商属于供应商责任，实际验收入库28台。财务部取得海尔公司开具的增值税专用发票，货款未付。

【任务解析】

该业务是货物和采购发票同时到达，仓储部门在验收入库前发生存货存在质量或其他问题而拒收，入库数量少于到货数量。业务流程与基本流程基本一致，但需要在【采购管理】系统录入到货单和拒收单，两者的数量差额即为入库单数量，入库单与发票进行正常采购结算即可。

【原始凭证】

采购发票、采购合同、商品验收报告单、入库单，如图3.2.74～图3.2.77所示。

图3.2.74　采购发票

购销合同

合同编号：CG012

卖方：青岛海尔集团有限公司

买方：日照瑞泽商贸有限责任公司

　　为保护买卖双方的合法权益，买卖双方根据《中华人民共和国合同法》的有关规定，经友好协商，一致同意签订本合同并共同遵守。

一、货物的名称、数量及金额

货物名称	计量单位	数量	单价（不含税）	金额（不含税）	税率	税额
海尔冰箱 258P4	台	10	2,000.00	20,000.00	13%	2,600.00
海尔冰箱 331W6	台	20	2,500.00	50,000.00		6,500.00
合　　计				￥70,000.00		￥9,100.00

二、合同总金额：人民币柒万玖仟壹佰元整（￥79,100.00）。

三、结算方式：电汇。付款时间：2019 年 10 月 22 日。

四、发货时间：卖方于签订合同当日发出全部商品。

五、发运方式：买方自提。

卖　方：青岛海尔集团有限公司　　　　买　方：日照瑞泽商贸有限责任公司

授权代表：陈华杰　　　　　　　　　　授权代表：王强

日　　期：2019 年 9 月 16 日　　　　日　　期：2019 年 9 月 16 日

图 3.2.75　采购合同

商品验收报告单

供货单位：青岛海尔集团有限公司

发票号：20190122　　日期：2019年09月16日　　NO：30210

收货单位：日照瑞泽商贸有限责任公司			
仓　库	冰箱库	产品名称	海尔冰箱331W6
应收数量	20	实收数量	18
原　因	包装毁损2台	处理意见	毁损货物退货
验收：略	审核：略	负责人：略	经办人：略

图 3.2.76　商品验收报告单

入库单

2019 年 09 月 16 日

交货单位	青岛海尔集团有限公司		验收仓库	冰箱库	
编号	商品名称及规格	单位	数量	价格	
			交库　　实收	单价	金额
0003	海尔冰箱258P4	台	10　　　10		
0004	海尔冰箱331W6	台	20　　　18		
	合计		30　　　28		

部门经理：略　　　会计：略　　　仓库：略　　　经办人：略

图 3.2.77　入库单

【业务流程】

该业务的流程如图 3.2.78 所示。

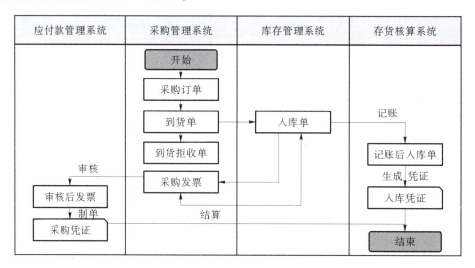

图 3.2.78 拒收业务流程

【岗位说明】

1. 采购员 cg01 在【采购管理】系统中录入或参照生成并审核采购订单、到货单、到货拒收单。

2. 库管员 ck01 在【库存管理】系统中录入或参照生成并审核入库单。

3. 采购员 cg01 在【采购管理】系统参照生成采购发票，进行采购结算。

4. 会计 kj02 在【应付款管理】系统对采购发票进行审核；在【存货核算】系统对入库单进行正常单据记账，生成采购、存货入库凭证。

【知识链接】

拒收是指企业采购商品物资，在验收入库前发现商品存在质量或包装等问题而拒绝验收入库的行为，需要在【采购管理】系统录入拒收单，因此实际入库数量应为到货单数量与拒收单数量的差额，系统会根据到货单和拒收单的数量自动生成入库单的数量。

【操作指导】

第一步：录入、审核采购订单

1. 以采购员 cg01 身份登录到【企业应用平台】，【操作日期】为"2019-09-16"。

2. 在【业务工作】选项卡中，执行【供应链】-【采购管理】-【采购订货】-【采购订单】命令，打开【采购订单】窗口。

3. 单击【增加】按钮，根据合同录入采购订单，保存并审核，如图 3.2.79 所示。

64 采购拒收

第二步：参照生成并审核到货单

1. 单击右侧【快捷命令-到货单】命令，打开【到货单】窗口。

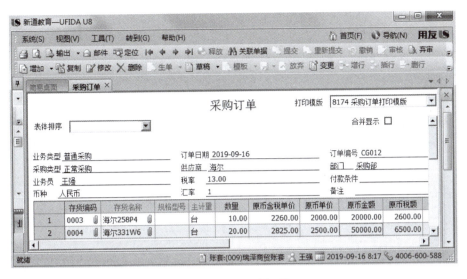

图 3.2.79　采购订单

2. 单击【增加】按钮，利用【生单】功能参照采购订单生成到货单，保存并审核。

第三步：参照生成并审核到货拒收单

1. 执行【采购管理】-【采购到货】-【到货拒收单】命令，打开【到货拒收单】窗口。

2. 单击【增加】按钮，利用【生单】功能参照到货单生成到货拒收单，选中存货编码 0003 所在行，单击【删行】按钮，再更改海尔 331W6 的【数量】为"-2"，保存并审核，如图 3.2.80 所示。

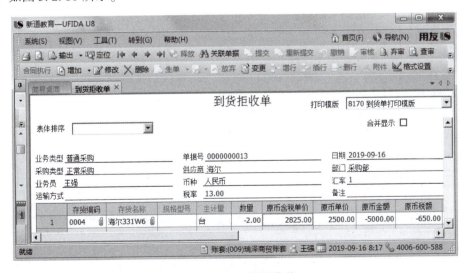

图 3.2.80　到货拒收单

第四步：参照生成并审核采购入库单

1. 更换库管员 ck01 身份登录到【企业应用平台】，【操作日期】为"2019-09-16"。

2. 在【业务工作】选项卡中，执行【供应链】-【库存管理】-【入库业务】-

【采购入库单】命令，打开【采购入库单】窗口。

3. 利用【生单】功能，参照"采购到货单（蓝字）"生成采购入库单，选择【仓库】为"冰箱库"，保存并审核，如图 3.2.81 所示。

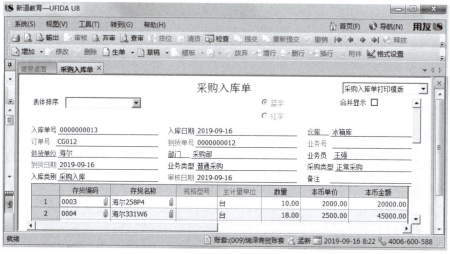

图 3.2.81　采购入库单

第五步：生成采购发票并结算

1. 更换采购员 cg01 身份登录到【企业应用平台】，【操作日期】为"2019-09-16"。

2. 在【业务工作】选项卡中，执行【供应链】-【采购管理】-【采购发票】-【专用采购发票】命令，打开【专用发票】窗口。

3. 单击【增加】按钮，利用【生单】功能参照入库单生成专用发票，更改【发票号】为"20190122"，单击【保存】、【结算】按钮，如图 3.2.82 所示。

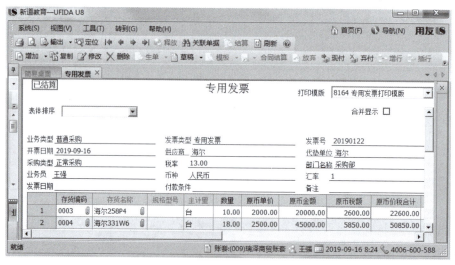

图 3.2.82　采购发票

第六步：审核采购发票并生成凭证

1. 更换会计 kj02 身份登录到【企业应用平台】，【操作日期】为"2019-09-16"。

2. 在【业务工作】选项卡中，执行【财务会计】-【应付款管理】-【应付单据处理】-【应付单据审核】命令，完成对青岛海尔公司发票的审核。

3. 执行【应付款管理】-【制单处理】命令，根据采购发票生成凭证并保存，如图 3.2.83 所示。

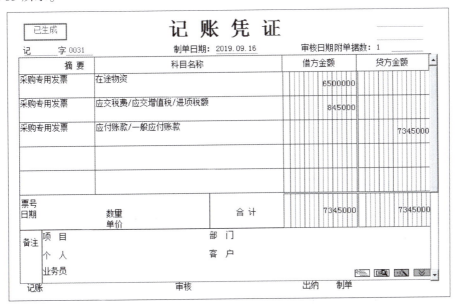

图 3.2.83　采购凭证

第七步：记账并生成凭证

1. 在【业务工作】选项卡中，执行【供应链】-【存货核算】-【业务核算】-【正常单据记账】命令，完成"海尔 258P4"和"海尔 331W6"入库单的记账。

2. 执行【存货核算】-【财务核算】-【生成凭证】命令，根据采购入库单生成存货入库凭证，如图 3.2.84 所示。

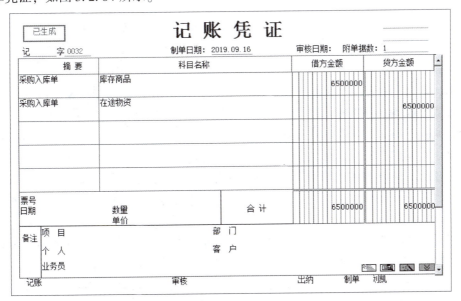

图 3.2.84　存货入库凭证

【注意事项】

要区分采购退货业务与拒收业务。退货是指验收入库后发现商品存在问题,需要进行退货处理,起始点是退货单;而拒收业务是指在验收入库前发现商品存在问题,直接拒绝接收,所以入库数量是到货扣除拒收以后的数量。

【拓展延伸】

如果企业先收到销售方开具的发票,而后货物到达发生拒收,此时发票数量大于入库单数量,则不进行结算;当企业后续收到红字发票时,用蓝字发票、红字发票与入库单再进行结算处理。

 财务新世界

财务共享中心知识全掌握

财务共享服务中心(Financial Shared Service Center,FSSC)是近年来出现并流行起来的一种财务业务处理模式,将不同地域的实体的会计业务拿到一个共享服务中心来统一处理的方式。统一处理保证了会计记录和报告的规范、结构的统一,而且由于不需要在每个公司和办事处都设会计,节省了系统和人工成本,达到降低成本、提升客户满意度、改进服务质量、提升业务处理效率的目的。

经济全球化和高新技术的发展导致了财务共享服务的产生。因为前者使会计工作随着企业经营的国际化而分散到世界各地,而后者又使会计工作随着网络和计算机的应用而大大简化。在这样的条件下,按照传统方式组织财务工作,势必造成那些分散在世界各地的子公司用于会计的人力和物力资源不能满负荷运作。因此,在信息技术的基础上,利用各种新兴的技术手段,搭建财务共享服务平台,将全球范围内的会计核算集中起来,提高财务工作的效率,既有必要性,又有可行性。

据统计,目前已有半数以上的世界五百强企业建立了共享服务的组织机构,90%的跨国公司已经在实施共享服务。作为目前企业压缩成本、提高服务水准中成效最为卓著的一种管理体系,共享服务管理的价值已为通用电气、惠普、IBM等很多世界知名企业所证实。目前,国内一些大型企业集团如中兴、华为、长虹都逐步建立了服务共享中心。

财务共享服务中心给财务管理带来哪些变化呢?财务会计与管理会计的分离,是现代市场经济条件下企业财务管理的必然趋势。从职能上看,财务会计工作主要是账务处理,对它的要求是真实客观地反映企业经营状况,并符合各项规章制度的要求;管理会计主要涉及企业理财,即为资金的筹措和运用提供决策依据。在共享服务中心模式下,与决策成功相关性较低、重复度高、工作量大的会计核算工作被集中起来统一处理,使财务会计与管理会计的分离成为可能。

另外,在共享服务中心模式下,对财务人员的要求不再像从前那样全面。没有共享服务中心之前,各地分公司都设有自己的财务部门,在控制成本的前提下,要求每个财务人员都熟悉整套财务系统,能独立完成所有的账目处理。但在共享服务中心的财务中心,每个财务人员只需完成整个账目处理中的一个或某几个环节。比如应收账款一项,对中国、日本、韩国的分公司都是同样的业务内容,一个财务人员就不需要做一个国家的全套账目处理,而只是需要处理某几个国家的同一个账目处理环节。这就如同工业化的流水线,降低了对每个流水线上员工的要求,即使是刚毕业的大学生,也能胜任。在大量节省人力资源及人力成本的同时,还保证了操作的准确性和可靠性,并且明确了各人的责任,有助于员工的绩效考核。

(文章来源:https://www.gaodun.com/shiwu/746309.html)

项目小结

采购业务		
子项目	任务列表	学习内容
普通采购业务	1. 赊购	普通采购业务流程
		采购结算的含义及作用
	2. 现付采购	现付采购业务流程
		现付采购的适用及注意事项
	3. 付款核销	付款核销流程
	4. 运费分摊	运费采购业务流程
		运费的分摊方法
	5. 预付款采购	预付款采购业务流程
		预付冲应付作用
	6. 本月货到单未到	货到单未到业务流程
	7. 暂估业务	暂估业务处理流程
		单到回冲、月初回冲的差异
	8. 单到货未到业务	单到货未到处理流程
特殊采购业务	1. 合理损耗	合理损耗的含义及对采购成本的影响
		合理损耗采购业务流程
	2. 非合理损耗	非合理损耗的含义及对采购成本的影响
		非合理损耗采购业务流程
	3. 现金折扣采购	现金折扣业务流程
		现金折扣金额的计算
	4. 商业汇票背书	商业汇票背书转让采购的业务流程
		商业汇票背书与签发商业汇票的差异
	5. 买赠同种商品	买赠同种商品的业务流程
		买赠同种不同商品的业务流程
		涉及相关参数的含义及设置方法
	6. 采购退货	退货业务流程
		退货业务注意事项
	7. 采购拒收	拒收业务流程
		拒收业务与退货业务的区别

项目四

销售业务

 职业能力目标

目标类型	目标要求	对应子项目
能力目标	能解读销售业务的原始凭证	子项目4.1
	能完成普通赊销业务	子项目4.1
	能完成开具销售发票的同时进行收款结算的业务	子项目4.1
	能完成销售代垫费用业务	子项目4.1
	能处理预收款及预收冲应收业务	子项目4.1
	能完成开票与发货分批进行业务	子项目4.1
	能处理销售收到商业汇票业务	子项目4.1
	能处理超发货单出库开票业务	子项目4.2
	能完成外币核算的销售业务	子项目4.2

续表

目标类型	目标要求	对应子项目
能力目标	能完成手续费方式下的委托代销业务	子项目4.2
	能完成直运采购、直运销售业务	子项目4.2
	能完成零售日报业务	子项目4.2
	能处理定金收取、定金转货款业务	子项目4.2
	能处理销售折让和退回业务	子项目4.2
知识目标	理解销售业务涉及原始凭证的含义	子项目4.1
	掌握各种销售业务的业务处理流程	子项目4.1
	理解收款核销的意义	子项目4.1
	掌握销售、库存管理、存货核算及应收款管理系统关系	子项目4.1
	掌握特殊销售涉及参数的设置及对业务的影响	子项目4.2
	掌握委托代销的含义及不同类型处理方法	子项目4.2
	理解销售折让和销售退回的差异	子项目4.2
素质目标	培养学生及时处理业务、高效的工作作风	子项目4.1~4.2
	培养学生加强部门合作的工作意识	
	培养学生选择合理结算方式、控制销售风险的意识	
	培养学生加强往来款项管理，降低坏账风险的意识	
	培养学生严格遵守内控流程，提高销售效益的态度	

典型工作任务

项目	子项目	典型工作任务
销售业务	普通销售业务	赊销
		现结销售
		预收款销售
		现金折扣及代垫运费销售
		一次开票分次发货
		一次发货分次开票
		商业汇票结算销售

续表

项目	子项目	典型工作任务
销售业务	特殊销售业务	超发货单出库
		外币核算销售
		直运销售
		定金销售
		委托代销
		零售日报
		销售退货
		销售折让

 项目背景资料

企业启用财务软件后，本月销售部相继与日照凌云商贸公司、济南银座商贸公司等客户签订了系列销售合同。本月的销售业务包括赊销、现销、代垫运费、预收货款、直运销售、委托代销以及因商品质量问题发生的销售退货及折让等业务。业务部门及财务部门的相关人员需要根据业务职责，完成相关单据的录入审核及会计凭证的生成处理工作。

制度法规——税收优惠

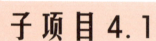

普通销售业务

任务1　赊　　销

【任务描述】

2019 年 9 月 16 日，销售部李超与济南银座签订销售合同，销售海尔 642V2 冰箱和 TCL155A 电视，货物当天发出，开具增值税专用发票，货款未收。

【任务解析】

该业务是基本销售业务,即发出货物的同时开具发票,货款暂未收取。

【原始凭证】

销售合同、出库单、销售发票,如图4.1.1~图4.1.4所示。

购 销 合 同

合同编号:XS001

卖方:日照瑞泽商贸有限责任公司

买方:济南银座商贸公司

为保护买卖双方的合法权益,买卖双方根据《中华人民共和国合同法》的有关规定,经友好协商,一致同意签订本合同并共同遵守。

一、货物的名称、数量及金额

货物名称	计量单位	数量	单价（不含税）	金额（不含税）	税率	税额
海尔冰箱 642V2	台	5	4,500.00	22,500.00	13%	2,925.00
TCL 电视 155A	台	5	4,400.00	22,000.00		2,860.00
合 计				¥44,500.00		¥5,785.00

二、合同总金额:人民币伍万零贰佰捌拾伍元整（¥50,285.00）;

三、结算方式:电汇;付款时间:2019年10月13日。

四、交货时间:2019年9月16日。

五、发运方式:买方自提。

卖　　方:日照瑞泽商贸有限责任公司　　　　买　　方:济南银座商贸公司

授权代表:李超　　　　　　　　　　　　　　授权代表:刘雪丽

日　　期:2019年9月16日　　　　　　　　　日　　期:2019年9月16日

图 4.1.1　销售合同

出 库 单

2019年09月16日

提货单位	济南银座商贸公司		发出仓库		彩电库	
编号	商品名称及规格	单位	数量		价格	
			应发	实发	单价	金额
0005	TCL 电视 155A	台	5	5		
合计			5	5		

部门经理:略　　会计:略　　仓库:略　　经办人:略

图 4.1.2　出库单（一）

出 库 单

2019 年 09 月 16 日

提货单位	济南银座商贸公司		发出仓库		冰箱库	
编号	商品名称及规格	单位	数量		价格	
			应发	实发	单价	金额
0002	海尔冰箱642V2	台	5	5		
	合计		5	5		

部门经理：略　　会计：略　　仓库：略　　经办人：略

图 4.1.3　出库单（二）

图 4.1.4　销售发票

【岗位说明】

1. 销售员 xs01 在【销售管理】系统中录入并审核销售订单，参照销售订单生成销售发票并进行复核，系统自动生成并审核发货单。

2. 库管员 ck01 在【库存管理】系统中录入或参照生成并审核出库单。

3. 会计 kj02 在【应收款管理】系统对销售发票进行审核，生成收入确认凭证；在【存货核算】系统对销售发票或出库单进行正常单据记账，并生成成本结转凭证。

【知识链接】

赊销是企业日常业务活动中最常见的销售方式。购销双方签订合同，销售方根据合同约定发出货物，开具发票，款项暂不收取。软件处理时，将相关的原始凭证录入系统，并完成单据的审核和传递后，就可以分别在【应收款管理】系统和【存货核算】系统完成收入的确认和成本的结转。

【业务流程】

该业务的流程如图 4.1.5 所示。

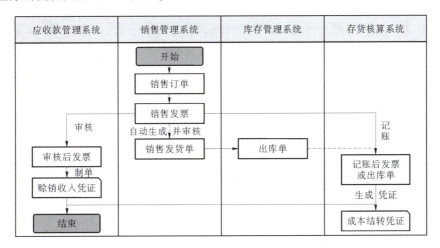

图 4.1.5 赊销业务流程

【操作指导】

第一步：录入、审核销售订单

1. 以销售员 xs01 身份登录到【企业应用平台】，【操作日期】为"2019－09－16"。

2. 在【业务工作】选项卡中，执行【供应链】－【销售管理】－【销售订货】－【销售订单】命令，打开【销售订单】窗口。

3. 单击【增加】按钮，根据合同内容录入【订单号】、【客户简称】、【销售部门】等表头项目，以及【存货编码】、【数量】、【无税单价】等表体项目，单击【保存】按钮和【审核】按钮，如图 4.1.6 所示。

65 赊销

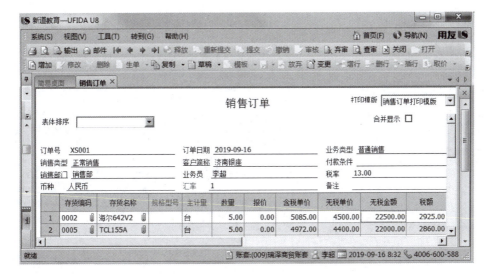

图 4.1.6 销售订单

第二步：参照生成并复核销售发票

1. 执行【销售管理】-【销售开票】-【销售专用发票】命令或通过快捷命令打开【销售专用发票】窗口。

2. 单击【增加】按钮，弹出【查询条件选择-参照订单】窗口，单击【确定】按钮，打开【参照生单】窗口，单击【全选】按钮，如图4.1.7所示，单击【确定】按钮。

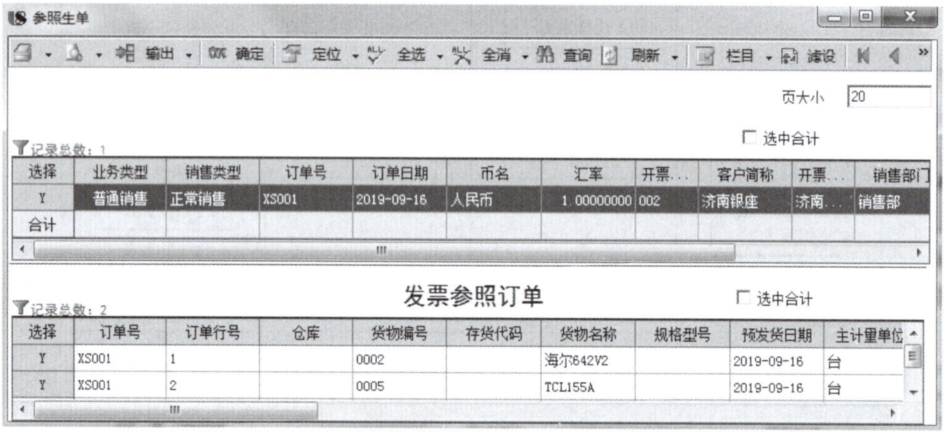

图 4.1.7　参照销售订单生成销售发票

3. 生成专用发票，更改表头【发票号】为"20190201"，表体分别选择【仓库名称】为"冰箱库""彩电库"，单击【保存】按钮和【复核】按钮，如图4.1.8所示。

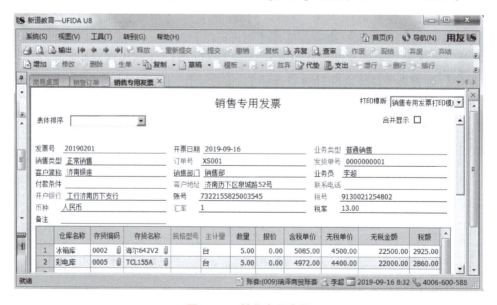

图 4.1.8　销售专用发票

第三步：查看自动生成的发货单

执行【销售管理】-【销售发货】-【发货单】命令，单击【末张】按钮，打开已经生成并完成审核的发货单，如图4.1.9所示。

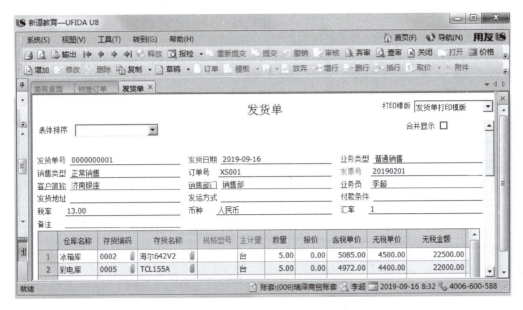

图 4.1.9　发货单

第四步：参照生成销售出库单并审核

1. 更换库管员 ck01 身份登录到【企业应用平台】，【操作日期】为"2019－09－16"。

2. 在【业务工作】选项卡中，执行【供应链】－【库存管理】－【出库业务】－【销售出库单】命令，打开【销售出库单】窗口。

3. 单击【生单】右侧倒三角下拉菜单中的"销售生单（批量）"，弹出【查询条件选择－销售发货单列表】窗口，单击【确定】按钮，打开【销售生单】窗口，双击选中"销售发货单"，如图4.1.10所示，单击【确定】按钮，系统提示"生单成功"。

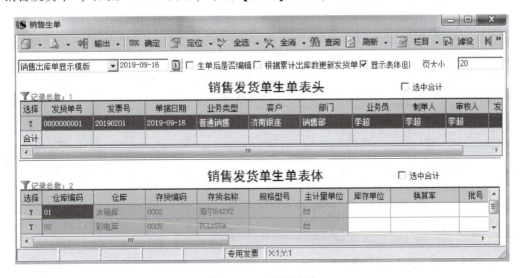

图 4.1.10　销售生单

4. 对于生成的彩电库的销售出库单，单击【审核】按钮，系统提示"该单据审核成功"，单击【确定】按钮，如图 4.1.11 所示。

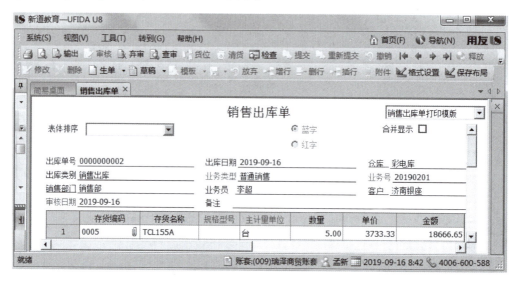

图 4.1.11　销售出库单—彩电

5. 单击【上一张】按钮，打开冰箱库的销售出库单，单击【审核】按钮，系统提示"该单据审核成功"，单击【确定】按钮，如图 4.1.12 所示。

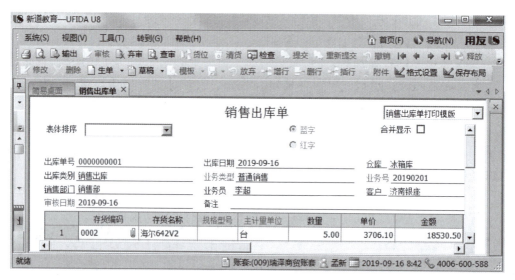

图 4.1.12　销售出库单—冰箱

第五步：审核销售发票并制单

1. 更换会计 kj02 身份登录到【企业应用平台】，【操作日期】为"2019-09-16"。
2. 在【业务工作】选项卡中，执行【财务会计】-【应收款管理】-【应收单据处理】-【应收单据审核】命令，打开【应收单查询条件】窗口，单击【确定】按钮。

3. 打开【应收单据列表】窗口，双击选中单据，单击【审核】按钮，系统提示"单据审核成功"，单击【确定】按钮，关闭【单据处理】窗口。

4. 执行【应收款管理】-【制单处理】命令，打开【制单查询】窗口，勾选"发票制单"复选框，单击【确定】按钮，打开【销售发票制单】窗口，单击【全选】按钮，如图 4.1.13 所示。

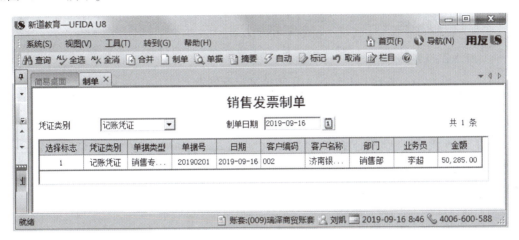

图 4.1.13　销售发票制单

5. 单击【制单】按钮，生成收入实现凭证，单击【保存】按钮，如图 4.1.14 所示。

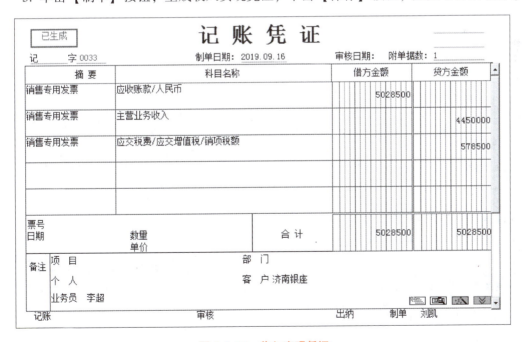

图 4.1.14　收入实现凭证

第六步：记账并生成凭证

1. 在【业务工作】选项卡中，执行【供应链】-【存货核算】-【业务核算】-【正常单据记账】命令,打开【查询条件选择】窗口,单击【确定】按钮。

2. 打开【正常单据记账列表】窗口,双击选中 2019-09-16 专用发票,如图 4.1.15 所示,再单击【记账】按钮,系统提示"记账成功",单击【确定】按钮,关闭该窗口。

图 4.1.15　正常单据记账列表

3. 执行【存货核算】-【财务核算】-【生成凭证】命令,打开【生成凭证】窗口,单击【选择】按钮,弹出【查询条件】窗口,单击【确定】按钮。

4. 打开【未生成凭证单据一览表】,单击【全选】按钮,再单击【确定】按钮,打开【生成凭证】窗口,单击【生成】按钮,生成成本结转凭证并保存,如图 4.1.16 所示。

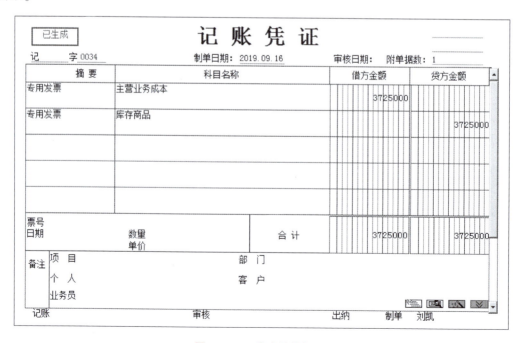

图 4.1.16　成本结转凭证

【注意事项】

1. 可以根据销售订单生成发货单,再根据发货单生成销售发票,也可以根据销售订单生成销售发票,则发货单由系统自动生成并审核。

2. 如果【销售管理】系统勾选了"销售生成出库单"选项,则出库单根据发货单由系统自动生成并审核,出库单上的数字不能更改。

3. 销售成本的核算方式可以根据销售出库单,也可以根据销售发票,在【存货核算】系统"选项"中进行设置。

4. 根据仓库核算方式的不同,单据记账及生成成本结转凭证的时间有所差异,若仓库选择了"全月平均法",则单据可以到月末统一记账,并计算平均单价,月末再生成成本结转的凭证。

【拓展延伸】

有的企业的销售发票的开具、打印权限在财务部门,有的企业设在销售部门。无论哪个部门进行开票处理,均可在软件系统下参照生成销售发票,再根据该发票在税务系统中开具增值税专票或普票,将税务系统生成的发票联、抵扣联交付客户,作为客户购买商品的依据。

任务2　现结销售

【任务描述】

2019年9月17日,销售部李超与日照凌云签订销售合同,销售美的35GW1.5P空调6台,货物当天发出,开具增值税专用发票,收到凌云公司的转账支票一张。

【任务解析】

该业务是现结销售业务,即发出货物的同时开具发票,同时收到货款,其业务流程与赊销流程基本一致,但需要在销售发票上进行现结处理。

【原始凭证】

出库单、销售合同、销售发票、进账单,如图4.1.17~4.1.20所示。

出 库 单						
2019年09月17日						
提货单位	日照凌云商贸公司		发出仓库		空调库	
编号	商品名称及规格	单位	数量		价格	
			应发	实发	单价	金额
0008	美的空调35GW1.5P	台	6	6		
	合计		6	6		
部门经理:略　　　　会计:略　　　　仓库:略　　　　经办人:略						

图4.1.17　出库单

购 销 合 同

合同编号：XS002

卖方：日照瑞泽商贸有限责任公司

买方：日照凌云商贸公司

  为保护买卖双方的合法权益，买卖双方根据《中华人民共和国合同法》的有关规定，经友好协商，一致同意签订本合同并共同遵守。

一、货物的名称、数量及金额

货物名称	计量单位	数量	单价（不含税）	金额（不含税）	税率	税额
美的空调35GW1.5P	台	6	3,300.00	19,800.00	13%	2,574.00
合 计				￥19,800.00		￥2,574.00

二、合同总金额：人民币贰万贰仟叁佰柒拾肆元整（￥22,374.00）。

三、结算方式：转账支票。付款时间：2019年9月17日。

四、交货时间：2019年9月17日。

五、发运方式：买方自提。

卖　方：日照瑞泽商贸有限责任公司　　　　买　方：日照凌云商贸公司

授权代表：李超　　　　　　　　　　　　　授权代表：李虎

日　　期：2019年9月17日　　　　　　　　日　　期：2019年9月17日

图4.1.18　销售合同

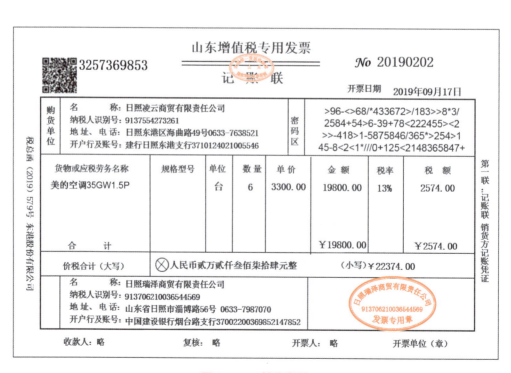

图4.1.19　销售发票

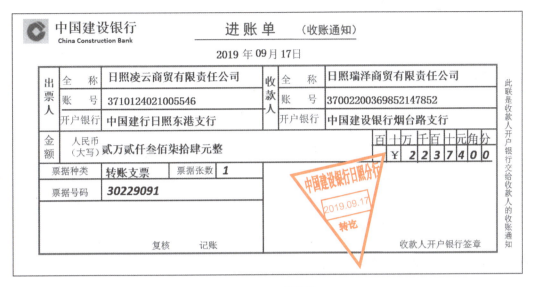

图 4.1.20 进账单

【岗位说明】

1. 销售员 xs01 在【销售管理】系统中录入并审核销售订单，参照销售订单生成销售发票，进行现结处理并复核，系统自动生成发货单。

2. 库管员 ck01 在【库存管理】系统中录入或参照生成并审核出库单。

3. 会计 kj02 在【应收款管理】系统对销售发票进行审核，并生成收入确认凭证；在【存货核算】系统对销售发票或出库单进行正常单据记账，生成成本结转凭证。

【业务流程】

该业务的流程如图 4.1.21 所示。

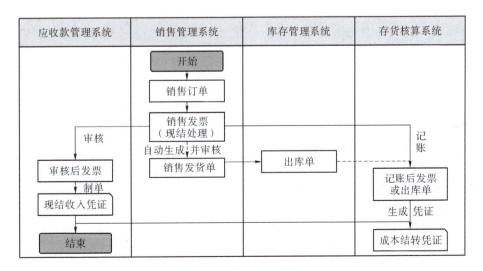

图 4.1.21 现结销售业务流程

【知识链接】

企业在进行商品销售时，有时候开具销售发票的同时，收取了货款，此时财务软件提供了"现结"功能，在销售发票上执行"现结"处理，再进行发票的复核，然后在【应收款管理】系统审核发票，则系统生成货币资金销售结算的会计凭证。

【操作指导】

第一步：录入、审核销售订单

1. 以销售员 xs01 身份登录到【企业应用平台】，【操作日期】为"2019-09-17"。

2. 在【业务工作】选项卡中，执行【供应链】-【销售管理】-【销售订货】-【销售订单】命令，打开【销售订单】窗口。

3. 单击【增加】按钮，根据合同内容录入销售订单，单击【保存】按钮和【审核】按钮，如图4.1.22 所示。

66 现结销售

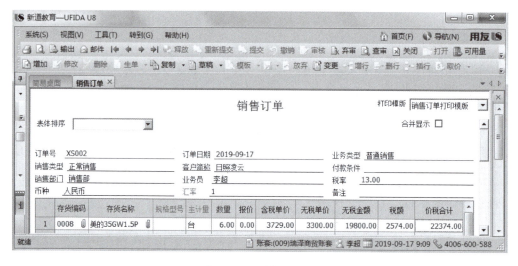

图 4.1.22 销售订单

第二步：参照生成销售发票，进行现结并复核

1. 执行【销售管理】-【销售开票】-【销售专用发票】命令或通过快捷命令打开【销售专用发票】窗口。

2. 单击【增加】按钮，弹出【查询条件选择-参照订单】窗口，单击【确定】按钮，打开【参照生单】窗口，双击选中"XS002 号销售订单"，参照其生成销售发票。

3. 更改表头【发票号】为"20190202"，选择表体项目【仓库名称】为"空调库"，单击【保存】按钮，再单击【现结】按钮，打开【现结】窗口，根据原始凭证进账单录入【结算方式】、【原币金额】、【票据号】信息，如图4.1.23 所示。

4. 单击【确定】按钮，回到【销售专用发票】窗口，出现"现结"标志，单击【复核】按钮，完成发票复核，如图4.1.24 所示。

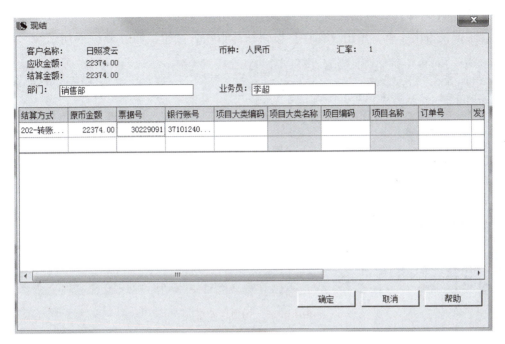

图 4.1.23 【现结】窗口

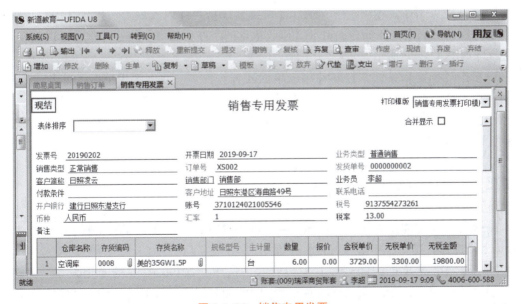

图 4.1.24 销售专用发票

第三步：参照生成销售出库单并审核

1. 更换库管员 ck01 身份登录到【企业应用平台】，【操作日期】为"2019－09－17"。
2. 在【业务工作】选项卡中，执行【供应链】－【库存管理】－【出库业务】－【销售出库单】命令，打开【销售出库单】窗口。

3. 单击【生单】右侧倒三角下拉菜单中的"销售生单",参照日照凌云的发货单,系统自动生成销售出库单,单击【保存】按钮和【审核】按钮,如图 4.1.25 所示。

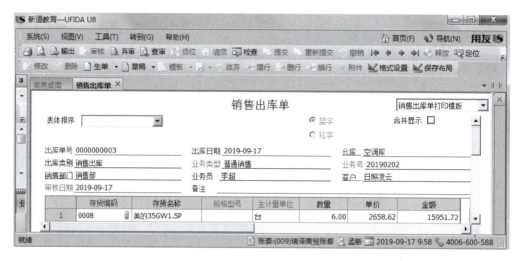

图 4.1.25　销售出库单

第四步:审核销售发票并制单

1. 更换会计 kj02 身份登录到【企业应用平台】,【操作日期】为"2019 – 09 – 17"。
2. 在【业务工作】选项卡中,执行【财务会计】-【应收款管理】-【应收单据处理】-【应收单据审核】命令,打开【应收单查询条件】窗口,勾选"包含已现结发票"复选框,如图 4.1.26 所示。
3. 单击【确定】按钮,打开【应收单据列表】窗口,双击选中单据,单击【审核】按钮,系统提示"单据审核成功",单击【确定】按钮,关闭【单据处理】窗口。
4. 执行【应收款管理】-【制单处理】命令,打开【制单查询】窗口,勾选"现结制单"复选框,单击【确定】按钮。
5. 打开【应收制单】窗口,单击【全选】按钮,再单击【制单】按钮,生成现结销售凭证,单击【保存】按钮,如图 4.1.27 所示。

第五步:记账并生成凭证

1. 执行【供应链】-【存货核算】-【业务核算】-【正常单据记账】命令,打开【查询条件选择】窗口,单击【确定】按钮。
2. 打开【正常单据记账列表】窗口,双击选中"20190202"的专用发票,再单击【记账】按钮,系统提示"记账成功",如图 4.1.28 所示,单击【确定】按钮,关闭该窗口。
3. 执行【存货核算】-【财务核算】-【生成凭证】命令,打开【生成凭证】窗口,单击【选择】按钮,弹出【查询条件】窗口,单击【确定】按钮。
4. 打开【未生成凭证单据一览表】,单击【全选】按钮,再单击【确定】按钮。
5. 打开【生成凭证】窗口,单击【生成】按钮,系统生成成本结转凭证并保存,如图 4.1.29 所示。

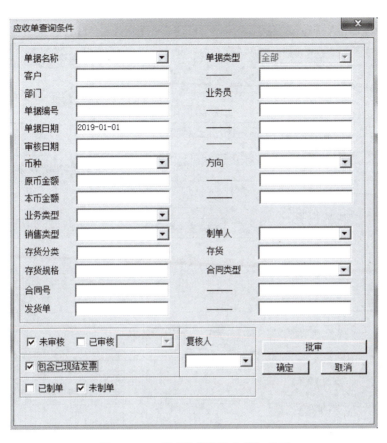

图 4.1.26 【应收单查询条件】窗口

	记 账 凭 证		
已生成	制单日期：2019.09.17 审核日期： 附单据数：1		
记 字 0035			
摘 要	科目名称	借方金额	贷方金额
现结	银行存款/建行存款	2237400	
现结	主营业务收入		1980000
现结	应交税费/应交增值税/销项税额		257400
票号 202-30229091 日期 2019.09.17 数量 单价	合 计	2237400	2237400
备注 项 目 个 人 业务员	部 门 客 户		
记账	审核	出纳	制单 刘凯

图 4.1.27 现销凭证

图 4.1.28　正常单据记账列表

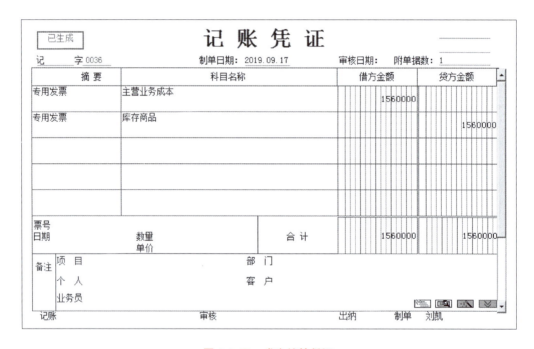

图 4.1.29　成本结转凭证

【注意事项】

1. 企业开具发票的同时收取了款项,因此需要在销售发票上进行"现结"处理,并对发票进行复核。

2. 在【应收款管理】系统对销售发票进行审核时,需要勾选"包含已现结发票"复选框,否则无法过滤出该发票。

【拓展延伸】

现结销售主要处理零星客户以现金或其他结算方式发生的销售业务,企业的财务部门在收到现金或支票后,直接开具销售发票,客户根据销售发票进行提货。实务工作中要区别现结销售与现款交易,一般来说,现款交易采用先发货后开票,录入收款单的流程,但是现结销售主要采用先开票后发货的流程。

任务3 预收款销售

【任务描述】

2019年9月17日,销售部李超与杭州佳美签订销售合同,销售海尔642V2冰箱10台,货物约定9月19日发出,当天收到杭州佳美电汇款20 000.00元,19日货物出库,财务部开具增值税专用发票。

【任务解析】

该业务是预收款销售业务,即签订合同预收货款,后期发出货物、开具发票,收入实现再进行预收冲应收的转账处理。

【原始凭证】

销售合同、电汇入账通知单、销售发票、出库单,如图4.1.30~图4.1.33所示。

购 销 合 同

合同编号:XS003

卖方:日照瑞泽商贸有限责任公司
买方:杭州佳美购物中心

　　为保护买卖双方的合法权益,买卖双方根据《中华人民共和国合同法》的有关规定,经友好协商,一致同意签订本合同并共同遵守。

一、货物的名称、数量及金额

货物名称	计量单位	数量	单 价(不含税)	金 额(不含税)	税率	税额
海尔冰箱642V2	台	10	4,600.00	46,000.00	13%	5,980.00
合　　　　计				¥46,000.00		¥5,980.00

二、合同总金额:人民币伍万壹仟玖佰捌拾元整(¥51,980.00)。
三、结算方式:电汇。付款时间:合同签订日买方支付货款贰万元整(¥20000.00),余款于2019年10月17日结清。
四、交货时间:2019年9月19日。
五、发运方式:买方自提。

卖　方:日照瑞泽商贸有限责任公司　　　　　买　方:杭州佳美购物中心
授权代表:李超　　　　　　　　　　　　　　授权代表:刘艳
日　　期:2019年9月17日　　　　　　　　　日　　期:2019年9月17日

图4.1.30 销售合同

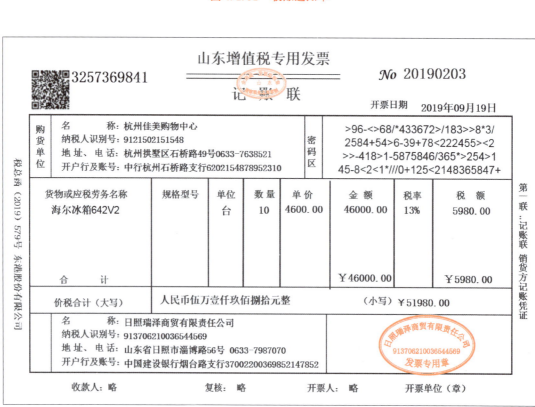

图 4.1.31 收账通知单

图 4.1.32 销售发票

出 库 单

2019 年 09 月 19 日

提货单位	杭州佳美购物中心		发出仓库		冰箱库	
编号	商品名称及规格	单位	数量		价格	
			应发	实发	单价	金额
0002	海尔642V2	台	10	10		
	合计		10	10		
部门经理：略		会计：略		仓库：略		经办人：略

图 4.1.33 出库单

【岗位说明】

1. 17 日，销售员 xs01 在【销售管理】系统中录入并审核销售订单。

2. 出纳 cn01 在【应收款管理】系统中录入收款单。

3. 会计 kj02 在【应收款管理】系统中审核收款单，并生成预收款凭证。

4. 19 日，销售员 xs01 在【销售管理】系统中参照销售订单生成销售发票并进行复核，系统自动生成发货单。

5. 库管员 ck01 在【库存管理】系统中录入或参照生成并审核出库单。

6. 会计 kj02 在【应收款管理】系统对销售发票审核，生成收入确认凭证，并进行"预收冲应收"转账处理；在【存货核算】系统进行正常单据记账，生成成本结转凭证。

【业务流程】

该业务的流程如图 4.1.34 所示。

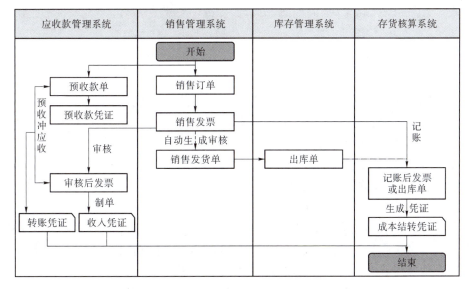

图 4.1.34 预收款销售业务流程

【知识链接】

当企业签订销售合同并按约定收到部分货款后，需要在【应收款管理】系统填制预收款单，后期当企业实现销售，开具销售发票，确认了应收账款后，需要将前期的预收账款与该应收账款进行转账处理，即预收冲应收。

【操作指导】

第一步：录入销售订单

1. 以销售员 xs01 身份登录到【企业应用平台】，【操作日期】为"2019 - 09 - 17"。

2. 在【业务工作】选项卡中，执行【供应链】-【销售管理】-【销售订货】-【销售订单】命令，打开【销售订单】窗口。

3. 单击【增加】按钮，根据合同内容录入销售订单，更改【预发货日期】为"2019 - 09 - 19"，单击【保存】按钮，再单击【审核】按钮，如图 4.1.35 所示。

67 预收款销售

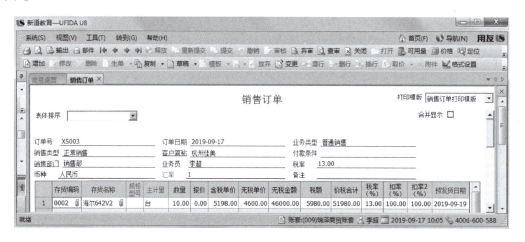

图 4.1.35 采购订单

第二步：录入预收款单

1. 以出纳 cn01 身份登录到【企业应用平台】，【操作日期】为"2019 - 09 - 17"。

2. 在【业务工作】选项卡中，执行【财务会计】-【应收款管理】-【收款单处理】-【收款单录入】命令，打开【收款单】窗口。

3. 单击【增加】按钮，根据电汇凭证收账通知联录入表头项目，单击表体，更改【款项类型】为"预收款"，单击【保存】按钮，如图 4.1.36 所示。

第三步：审核预收款单并制单

1. 更换会计 kj02 身份登录到【企业应用平台】，【操作日期】为"2019 - 09 - 17"。

2. 在【业务工作】选项卡中，执行【财务会计】-【应收款管理】-【收款单据处理】-【收款单据审核】命令，完成对预收款单的审核。

3. 执行【应收款管理】-【制单处理】命令，打开【制单查询】窗口，勾选"收付款单制单"复选框，单击【确定】按钮。

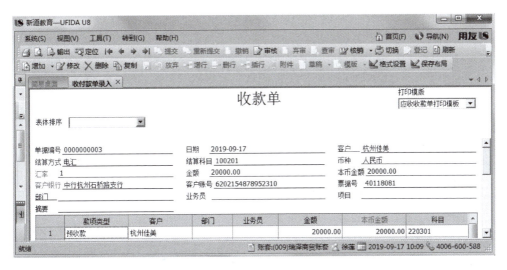

图 4.1.36　预收款单

4. 打开【收付款单制单】窗口，生成凭证，单击【保存】按钮，如图 4.1.37 所示。

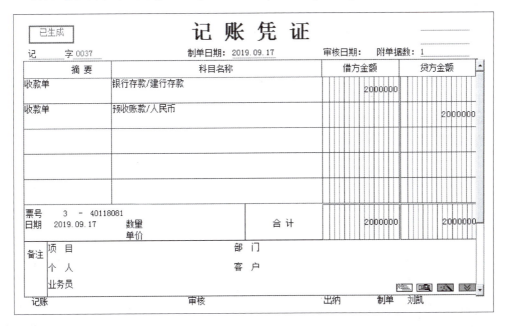

图 4.1.37　预收款凭证

第四步：参照生成并复核销售发票

1. 更换销售员 xs01 身份登录到【企业应用平台】，【操作日期】为"2019 – 09 – 19"。

2. 在【业务工作】选项卡中，执行【供应链】-【销售管理】-【销售开票】-【销售专用发票】命令，打开【销售专用发票】窗口。

3. 单击【增加】按钮，弹出【查询条件选择 – 参照订单】窗口，单击【确定】按钮，打开【参照生单】窗口，参照"XS003 销售订单"生成销售专用发票，更改【发票号】为"20190203",选择【仓库名称】为"冰箱库",单击【保存】、【复核】按钮,如图 4.1.38 所示。

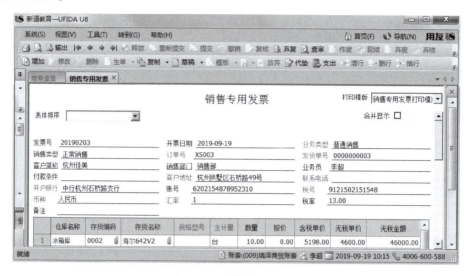

图 4.1.38　销售专用发票

第五步:参照生成销售出库单并审核

1. 更换库管员 ck01 身份登录到【企业应用平台】,【操作日期】为"2019 – 09 – 19"。

2. 在【业务工作】选项卡中,执行【供应链】-【库存管理】-【出库业务】-【销售出库单】命令,打开【销售出库单】窗口,利用【生单】功能参照生成销售出库单,单击【保存】、【审核】按钮,如图 4.1.39 所示。

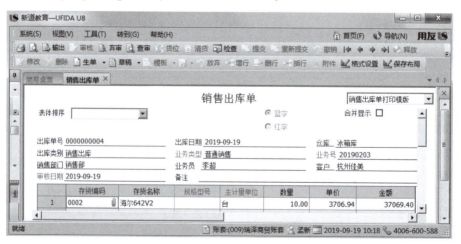

图 4.1.39　销售出库单

第六步:审核销售发票并制单

1. 更换会计 kj02 身份登录到【企业应用平台】,【操作日期】为"2019 – 09 – 19"。

2. 在【业务工作】选项卡中,执行【财务会计】-【应收款管理】-【应收单据处理】-【应收单据审核】命令,完成对单据号"20190203"发票的审核。

3. 执行【应收款管理】-【制单处理】命令，根据【发票制单】生成收入实现凭证，如图4.1.40所示。

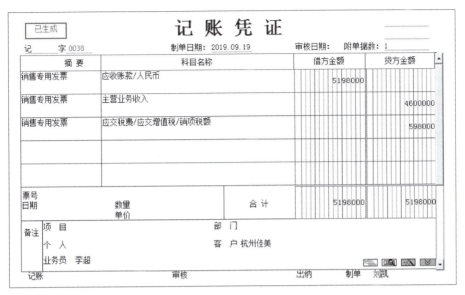

图 4.1.40　收入实现凭证

第七步：预收冲应收

1. 执行【应收款管理】-【转账】-【预收冲应收】命令，打开【预收冲应收】窗口。

2. 在【预收款】选项卡下，选择【客户】为"004-杭州佳美购物中心"，单击【过滤】按钮，输入【转账金额】为"20 000.00"，如图4.1.41所示。

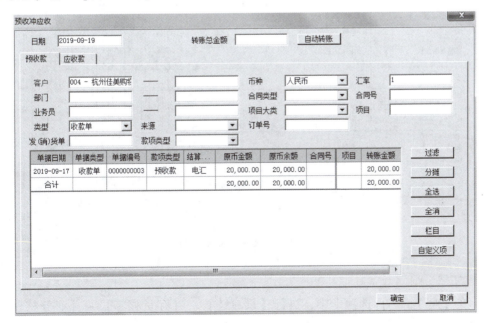

图 4.1.41　预收冲应收-录入预收款转账金额

3. 单击【应收款】选项卡，单击【过滤】按钮，在【单据编号】为"20190203"单据的【转账金额】处输入"20 000.00"，如图4.1.42所示，单击【确定】按钮。

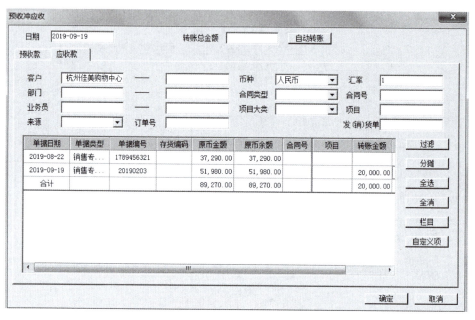

图4.1.42　预收冲应收－录入应收款转账金额

4. 系统提示"是否立即制单"，单击【是】按钮，生成预收冲应收凭证，其中"预收账款"金额为红字，单击【保存】按钮，如图4.1.43所示。

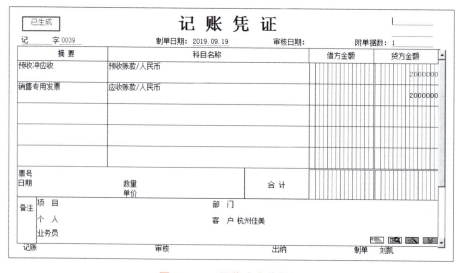

图4.1.43　预收冲应收凭证

第八步：记账并生成凭证

1. 在【业务工作】选项卡中，执行【供应链】－【存货核算】－【业务核算】－【正常单据记账】命令，打开【查询条件选择】窗口，单击【确定】按钮。

2. 打开【正常单据记账列表】窗口，双击选中"2019-09-19专用发票"，单击【记账】按钮，系统提示"记账成功"，单击【确定】按钮，关闭该窗口。

3. 执行【存货核算】-【财务核算】-【生成凭证】命令，打开【生成凭证】窗口，单击【选择】按钮，弹出【查询条件】窗口，单击【确定】按钮。

4. 打开【未生成凭证单据一览表】，单击【全选】按钮，再单击【确定】按钮，打开【生成凭证】窗口，单击【生成】按钮，生成成本结转凭证，如图4.1.44所示。

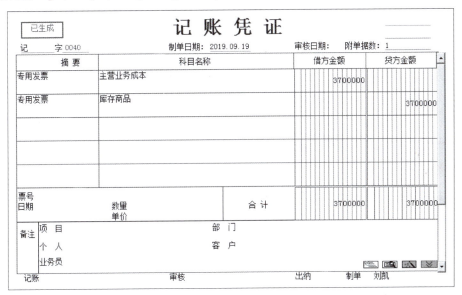

图4.1.44 成本结转凭证

【注意事项】

1. 在企业收到定金填写收款单时，应将表体的款项类型更改为"预收款"。
2. 当企业开具发票，确认应收账款后，需要进行预收冲应收转账处理。如果预收冲应收操作有误，首先应删除所生成的会计凭证，再通过【其他处理】-【取消操作】功能，将预收冲应收予以取消，则系统回到转账前状态，可以重新执行预收冲应收的处理。

【拓展延伸】

为了加强对企业应收账款的管理，当款项回收后需要进行收款核销处理，对于预收款业务，需要在销售实现后执行转账——预收冲应收处理，核销与转账操作互为补充。虽然销售发票与预收款间也可以进行核销，其生成的凭证与预收冲应收的处理结果相同，但是业务含义不同，因此对于预收款业务，仍建议使用转账处理。

任务4 现金折扣及代垫运费

【任务描述】

2019年9月19日，销售九阳D08豆浆机和苏泊尔B40电饭煲，合同约定由买方负担运费，企业以现金为买方垫付运费545元，为提前收回货款，双方约定了现金折扣条件，26日企业收到货款及代垫款。

【任务解析】

该业务是销售货物代垫运费且存在现金折扣的情形。业务处理流程与赊销相似,需对销售发票实施"代垫"处理,并根据双方协商的现金折扣条件在销售订单上选择付款条件,以便后期购货方在信用期内付款享受现金折扣。

【岗位说明】

1. 销售员 xs01 在【销售管理】系统中录入并审核销售订单,参照销售订单生成销售发票并进行复核,系统自动生成发货单。
2. 库管员 ck01 在【库存管理】系统中录入或参照生成并审核出库单。
3. 会计 kj02 在【应收款管理】系统审核应收单、销售发票,生成凭证。
4. 出纳 cn01 在【应收款管理】系统中录入收款单。
5. 月末,会计 kj02 在【存货核算】系统对销售发票进行记账,再进行月末处理,计算销售商品的单价,并生成成本结转凭证。

【原始凭证】

销售合同、出库单、销售发票、支出审批单、进账单,如图 4.1.45～图 4.1.49 所示。

购销合同

合同编号:XS004

卖方:日照瑞泽商贸有限责任公司
买方:北京华联有限公司

为保护买卖双方的合法权益,买卖双方根据《中华人民共和国合同法》的有关规定,经友好协商,一致同意签订本合同并共同遵守。

一、货物的名称、数量及金额

货物名称	计量单位	数量	单价(不含税)	金额(不含税)	税率	税额
九阳豆浆机 D08	件	10	900.00	9,000.00	13%	1,170.00
苏泊尔电饭煲 B40	台	5	2,200.00	11,000.00		1,430.00
合　　计				¥20,000.00		¥2,600.00

二、合同总金额:人民币贰万贰仟陆佰元整(¥22,600.00)。
三、结算方式:电汇。付款时间:2019 年 11 月 19 日。付款条件:2/20,1/40,n/60(现金折扣按货物的价款计算,不考虑增值税)
四、交货时间:2019 年 9 月 19 日。
五、发运方式:买方自提。

卖　方:日照瑞泽商贸有限责任公司　　　买　方:北京华联有限公司
授权代表:李超　　　　　　　　　　　　授权代表:孙强
日　　期:2019 年 9 月 19 日　　　　　　日　　期:2019 年 9 月 19 日

图 4.1.45　销售合同

出 库 单

2019 年 09 月 19 日

提货单位	北京华联有限公司		发出仓库	家用小电器库	
编号	商品名称及规格	单位	数量		价格
			应发	实发	单价	金额
0011	九阳豆浆机 D08	件	10	10		
0013	苏泊尔电饭煲 B40	台	5	5		
	合计		15	15		

部门经理：略　　　会计：略　　　仓库：略　　　经办人：略

图 4.1.46　出库单

图 4.1.47　销售发票

【业务流程】

该业务的流程如图 4.1.50 所示。（因该仓库存货采用全月加权平均法，因此可于月末进行期末处理后，再统一记账。）

【知识链接】

当企业销售货物的同时为买方代垫了运费，运输公司将发票开具给买方，销售方在财务软件中需要填写代垫费用单，该单据传递到【应收款管理】系统后表现为其他应收单，经过审核制单后，形成销售方的应收账款。

图 4.1.48 支出审批单

图 4.1.49 收账通知单

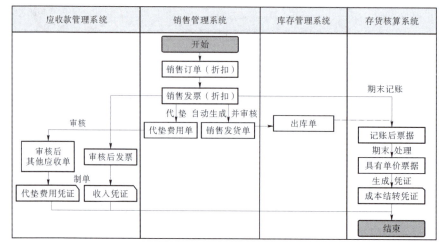

图 4.1.50 现金折扣及代垫运费业务流程

【操作指导】

第一步：录入、审核销售订单

1. 以销售员 xs01 身份登录到【企业应用平台】，【操作日期】为"2019-09-19"。

2. 在【业务工作】选项卡中，执行【供应链】-【销售管理】-【销售订货】-【销售订单】命令，打开【销售订单】窗口。

3. 单击【增加】按钮，根据合同内容录入销售订单，表头【付款条件】选择"2/20, 1/40, n/60"，单击【保存】、【审核】按钮，如图4.1.51所示。

68 现金折扣与代垫运费

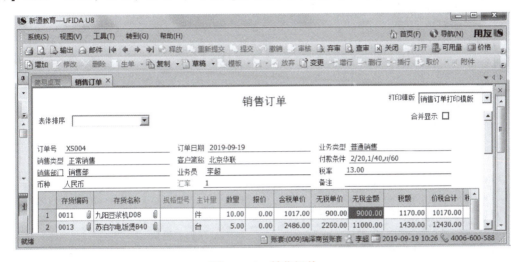

图 4.1.51 销售订单

第二步：参照生成并复核销售发票

1. 执行【销售管理】-【销售开票】-【销售专用发票】命令或通过快捷命令打开【销售专用发票】窗口。

2. 单击【增加】按钮，弹出【查询条件选择-参照订单】窗口，单击【确定】按钮，打开【参照生单】窗口。

3. 参照编号为"XS004"的销售订单生成销售专用发票，更改【发票号】为"20190204"，选择【仓库名称】为"家用小电器库"，单击【保存】、【复核】按钮，如图4.1.52所示。

4. 在【销售专用发票】窗口，单击【代垫】按钮，打开【代垫费用单】窗口，录入【费用项目】为"运输费"，【代垫金额】为"545.00"，单击【保存】、【审核】按钮，如图4.1.53所示。

第三步：参照生成销售出库单并审核

1. 更换库管员 ck01 身份登录到【企业应用平台】，【操作日期】为"2019-09-19"。

2. 在【业务工作】选项卡中，执行【供应链】-【库存管理】-【出库业务】-【销售出库单】命令，打开【销售出库单】窗口，利用【生单】功能参照生成销售出库单，单击【保存】、【审核】按钮，如图4.1.54所示。

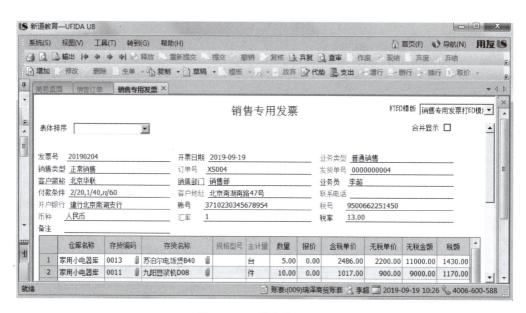

图 4.1.52 销售专用发票

图 4.1.53 代垫费用单

第四步：审核销售发票和代垫费用单并制单

1. 更换会计 kj02 身份登录到【企业应用平台】，【操作日期】为 "2019-09-19"。

2. 执行【财务会计】-【应收款管理】-【应收单据处理】-【应收单据审核】命令，打开【应收单查询条件】窗口，单击【确定】按钮。

3. 打开【应收单据列表】窗口，单击【全选】按钮，再单击【审核】按钮，完成发票和其他应收单的审核。

4. 执行【应收款管理】-【制单处理】命令，勾选"发票制单"复选框和"应收单制单"复选框，进行合并制单，生成凭证，补充会计科目"1001"，单击【保存】按钮，如图 4.1.55 所示。

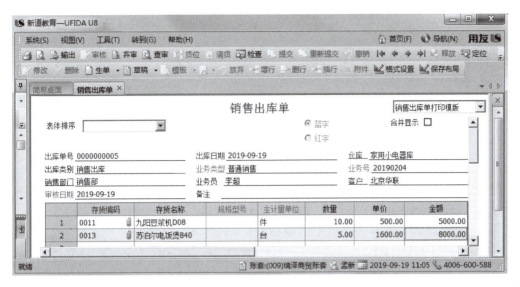

图 4.1.54 销售出库单

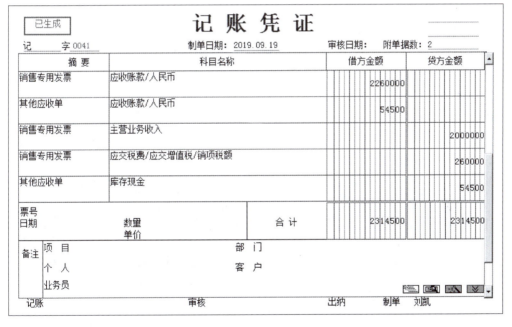

图 4.1.55 收入实现凭证

第五步：录入收款单

1. 更换出纳 cn01 身份登录到【企业应用平台】，【操作日期】为"2019-09-26"。

2. 在【业务工作】选项卡中，执行【财务会计】-【应收款管理】-【收款单据处理】-【收款单录入】命令，打开【收款单】窗口。

3. 单击【增加】按钮，根据原始凭证进账单录入完成收款单信息，如图 4.1.56 所示。

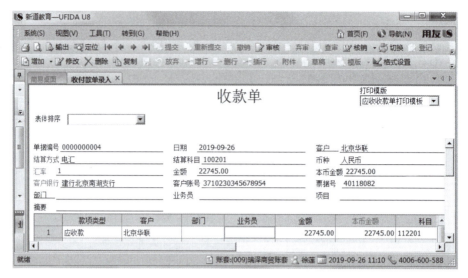

图 4.1.56　收款单

第六步：审核收款单并进行核销制单

1. 更换会计 kj02 身份登录到【企业应用平台】，【操作日期】为"2019 – 09 – 26"。

2. 在【业务工作】选项卡中，执行【财务会计】–【应收款管理】–【收款单据处理】–【收款单据审核】命令，完成对北京华联公司收款单的审核。

3. 执行【应收款管理】–【核销处理】–【手工核销】命令，打开【核销条件】窗口，选择【客户】为"北京华联公司"，单击【确定】按钮。

4. 打开【单据核销】窗口，在下方其他应收单的【本次结算】处录入"545.00"，在销售专用发票的【本次结算】处录入"22 200.00"，如图 4.1.57 所示，单击【保存】按钮，完成单据的核销。

图 4.1.57　单据核销

5. 执行【应收款管理】–【制单处理】命令，根据【收付款制单】和【核销制单】合并生成收款核销的凭证，补充会计科目"660303"，单击【保存】按钮，如图 4.1.58 所示。

图 4.1.58 收款核销凭证

【注意事项】

1.【代垫费用单】可以通过销售发票工具栏的"代垫"功能进行录入，可以通过【供应链】-【销售管理】-【代垫费用】-【代垫费用单】命令进行录入。

2. 销售合同约定了现金折扣条件，如果购买方在规定的折扣期限内支付货款，则可以享受现金折扣，因此在进行收款核销的时候，要体现出本次折扣的金额。

3. 因为小家电库采用的是全月平均法，因此销售实现时无须在【存货核算】系统执行正常单据记账，待月末计算平均单价后，再统一记账结转成本即可。

【拓展延伸】

企业销售代垫费用和负担费用是有很大差异的。如果是代垫费用，运输企业将运费发票开具给购货方，对于代垫的款项计入销售企业的应收账款；而如果是销售企业负担费用，运输企业则需要将运费发票开具给销售企业，计入销售企业的"销售费用"。销售发票复核完毕后，发票工具栏有【代垫】和【支出】两个按钮，分别处理企业的代垫业务和费用负担业务。

任务 5　一次开票分次出库

【任务描述】

2019 年 9 月 19 日，销售部李超与徐州天盛签订合同，销售海尔 572E1 冰箱和美的 35GW1.5P 空调，双方约定 9 月 19 日和 21 日分别发货 50%，财务部 19 日开具增值税专用发票，货款未收。

【任务解析】

该业务是分次发货业务，业务流程与普通销售相似，但是需要根据订单参照生成发货单，再参照发货单生成发票，并按照原始凭证对发票进行更改。

【原始凭证】

销售合同、销售发票、出库单，如图4.1.59~图4.1.64所示。

购销合同

合同编号：XS005

卖方：日照瑞泽商贸有限责任公司

买方：徐州天盛百货公司

为保护买卖双方的合法权益，买卖双方根据《中华人民共和国合同法》的有关规定，经友好协商，一致同意签订本合同并共同遵守。

一、货物的名称、数量及金额

货物名称	计量单位	数量	单价（不含税）	金额（不含税）	税率	税额
海尔冰箱572E1	台	10	3,800.00	38,000.00	13%	4,940.00
美的空调35GW1.5P	台	6	3,300.00	19,800.00		2,574.00
合　计				¥57,800.00		¥7,514.00

二、合同总金额：人民币陆万伍仟叁佰壹拾肆元整（¥65,314.00）。

三、结算方式：电汇。付款时间：2019年11月12日。

四、交货时间：2019年9月19日发出货物50%，2019年9月21日发出剩余的50%。

五、发运方式：买方自提。

卖　方：日照瑞泽商贸有限责任公司　　　　买　方：徐州天盛百货公司

授权代表：李超　　　　　　　　　　　　　授权代表：姚刚

日　期：2019年9月19日　　　　　　　　　日　期：2019年9月19日

图4.1.59　购销合同

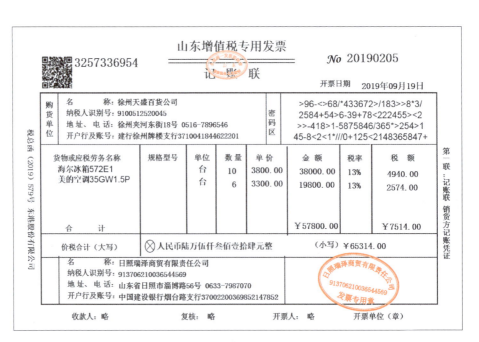

图4.1.60　销售发票

出 库 单

2019 年 09 月 19 日

提货单位	徐州天盛百货公司		发出仓库	冰箱库	
编号	商品名称及规格	单位	数量		价格	
			应发	实发	单价	金额
0001	海尔冰箱572E1	台	5	5		
	合计		5	5		

部门经理：略　　会计：略　　仓库：略　　经办人：略

图 4.1.61　出库单（一）

出 库 单

2019 年 09 月 19 日

提货单位	徐州天盛百货公司		发出仓库	空调库	
编号	商品名称及规格	单位	数量		价格	
			应发	实发	单价	金额
0008	美的35GW1.5P	台	3	3		
	合计		3	3		

部门经理：略　　会计：略　　仓库：略　　经办人：略

图 4.1.62　出库单（二）

出 库 单

2019 年 09 月 21 日

提货单位	徐州天盛百货公司		发出仓库	冰箱库	
编号	商品名称及规格	单位	数量		价格	
			应发	实发	单价	金额
0001	海尔冰箱572E1	台	5	5		
	合计		5	5		

部门经理：略　　会计：略　　仓库：略　　经办人：略

图 4.1.63　出库单（三）

出 库 单

2019 年 09 月 21 日

提货单位	徐州天盛百货公司		发出仓库		空调库	
编号	商品名称及规格	单位	数量		价格	
			应发	实发	单价	金额
0008	美的35GW1.5P	台	3	3		
	合计		3	3		
部门经理：略		会计：略		仓库：略		经办人：略

图 4.1.64　出库单（四）

【岗位说明】

1. 销售员 xs01 在【销售管理】系统中录入并审核销售订单，参照销售订单生成发货单并审核，再参照发货单生成销售专用发票。

2. 库管员 ck01 在【库存管理】系统中录入或参照生成并审核第一批发货的出库单。

3. 会计 kj02 在【应收款管理】系统对销售发票进行审核，生成收入确认凭证；在【存货核算】系统对销售发票进行正常单据记账，并生成成本结转凭证。

4. 库管员 ck01 在【库存管理】系统中录入或参照生成并审核第二批发货的出库单。

【业务流程】

该业务的流程如图 4.1.65 所示。

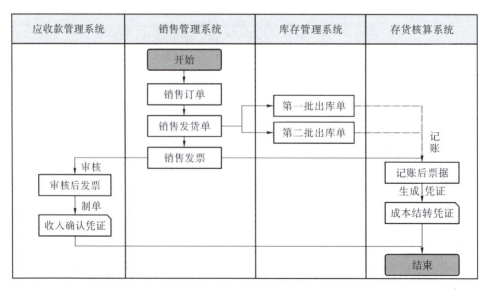

图 4.1.65　一次开票分次出库业务流程

【知识链接】

一次开票分次出库业务是指企业销售商品，发票一次性开具，但是合同约定出库分批次进行。这种情况下发货单直接参照销售订单生成即可，但是出库单要依据发货单手工分批次生成，因此在【销售管理】系统的选项不能勾选"销售生成出库单"复选框，否则出库单自动生成，无法更改每批次的出库数量。

【操作指导】

第一步：设置参数

1. 以销售员 xs01 身份登录到【企业应用平台】，【操作日期】为"2019-09-19"。

2. 在【业务工作】选项卡中，执行【供应链】-【销售管理】-【设置】-【销售选项】命令，打开【销售选项】窗口，在【业务控制】选项卡下勾选"允许超发货量开票"复选框，如图 4.1.66 所示。

69 一次开票分次出库

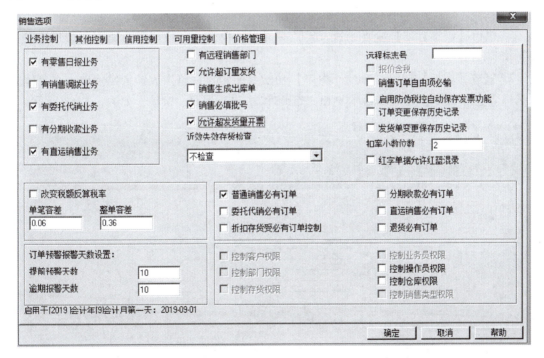

图 4.1.66 销售选项

第二步：录入、审核销售订单

1. 在【业务工作】选项卡中，执行【供应链】-【销售管理】-【销售订货】-【销售订单】命令，打开【销售订单】窗口。

2. 单击【增加】按钮，根据合同内容录入销售订单，50% 存货的【预发货日期】为"2019-09-19"，另外 50% 存货的【预发货日期】为"2019-09-21"，依次单击【保存】、【审核】按钮，如图 4.1.67 所示。

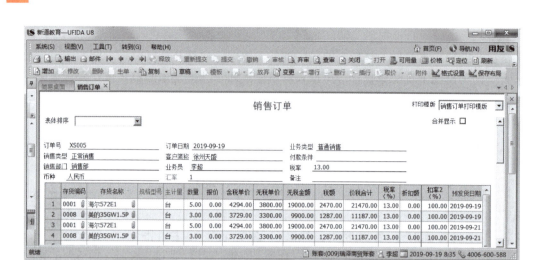

图 4.1.67 销售订单

第三步：参照生成并审核发货单

1. 执行【销售管理】-【销售发货】-【发货单】命令或通过快捷命令打开【发货单】窗口。

2. 单击【增加】按钮，通过【生单】功能参照销售订单生成销售发货单，在表体分别选择【仓库名称】为"冰箱库"和"空调库"，进行保存、审核，如图 4.1.68 所示。

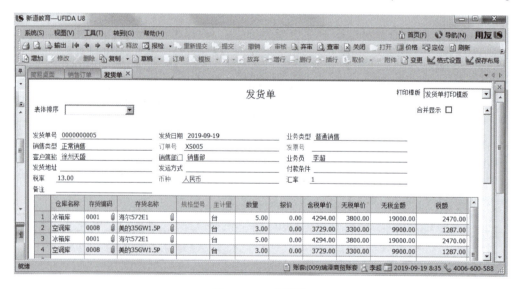

图 4.1.68 发货单

第四步：参照生成并复核销售发票

1. 执行【销售管理】-【销售开票】-【销售专用发票】命令，打开【销售专用发票】窗口。

2. 单击【增加】按钮，弹出【查询条件选择-参照订单】窗口，关闭该窗口。通过

【生单】功能参照日期为 2019－09－19 的发货单生成销售专用发票，更改【发票号】为"20190205"，按照原始凭证更改表体存货的【数量】分别为"10"和"6"，单击【保存】、【复核】按钮，如图 4.1.69 所示。

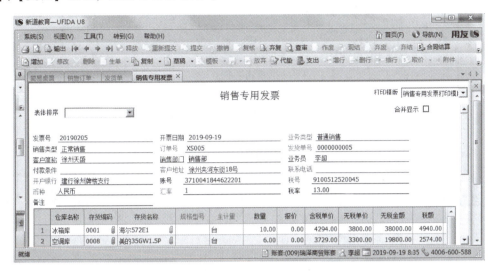

图 4.1.69　销售专用发票

第五步：参照生成销售出库单并审核

1. 更换库管员 ck01 身份登录到【企业应用平台】，【操作日期】为"2019－09－19"。

2. 在【业务工作】选项卡中，执行【供应链】－【库存管理】－【出库业务】－【销售出库单】命令，打开【销售出库单】窗口。

3. 利用【生单】的"批量生单（批量）"功能参照生成 2019－09－19 的销售出库单，如图 4.1.70 所示。

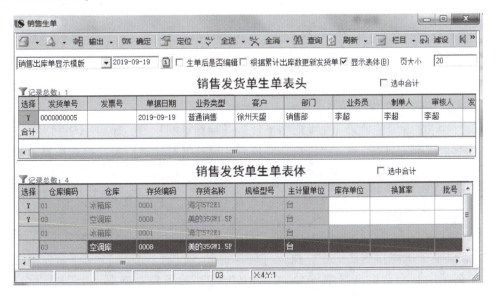

图 4.1.70　销售生单

4. 单击【确定】按钮，系统提示"生单成功"，通过翻页功能键分别对生成的两张销售出库单进行审核，如图 4.1.71 和图 4.1.72 所示。

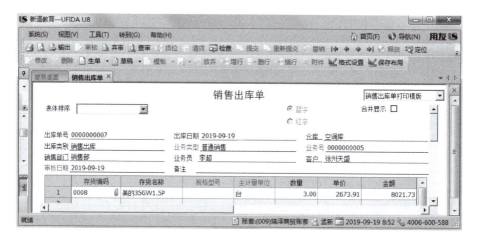

图 4.1.71　空调销售出库单

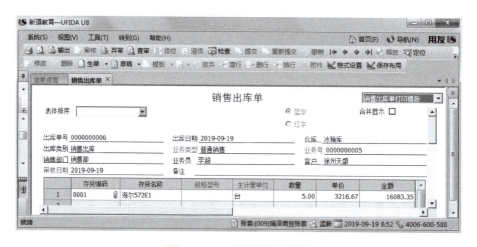

图 4.1.72　冰箱销售出库单

第六步：审核销售发票并制单

1. 更换 kj02 身份登录到【企业应用平台】，【操作日期】为"2019-09-19"。

2. 执行【财务会计】-【应收款管理】-【应收单据处理】-【应收单据审核】命令，完成票号为"20190205"发票的审核。

3. 执行【应收款管理】-【制单处理】命令，通过【发票制单】生成收入确认凭证，如图 4.1.73 所示。

第七步：记账并生成凭证

1. 在【业务工作】选项卡中，执行【供应链】-【存货核算】-【业务核算】-【正常单据记账】命令，选择单据号为"20190205"的发票，如图 4.1.74 所示，单击【记账】按钮，执行单据的记账。

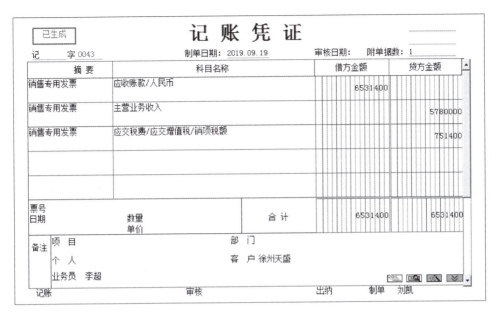

图 4.1.73 收入实现凭证

图 4.1.74 正常单据记账

2. 执行【存货核算】-【财务核算】-【生成凭证】命令，打开【生成凭证】窗口，单击【选择】按钮，弹出【查询条件】窗口，单击【确定】按钮。

3. 打开【未生成凭证单据一览表】，单击【全选】按钮，再单击【确定】按钮，生成成本结转凭证，如图 4.1.75 所示。

第八步：参照生成销售出库单并审核

1. 更换库管员 ck01 身份登录到【企业应用平台】，【操作日期】为"2019-09-21"。

2. 在【业务工作】选项卡中，执行【供应链】-【库存管理】-【出库业务】-【销售出库单】命令，打开【销售出库单】窗口。

3. 利用【生单】功能的"批量生单（批量）"参照生成销售出库单，系统提示"生单成功"，通过翻页功能键分别对两张销售出库单审核，如图 4.1.76 和图 4.1.77 所示。

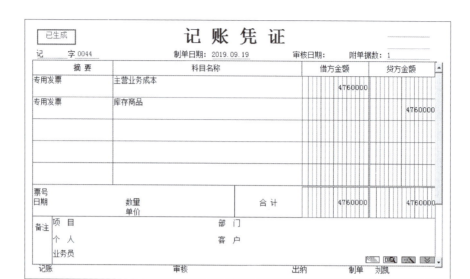

图 4.1.75　成本结转凭证

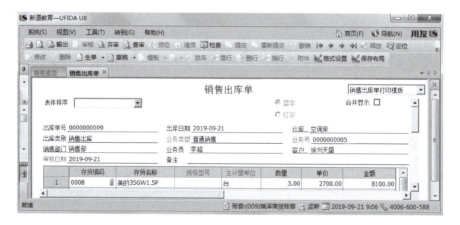

图 4.1.76　空调销售出库单

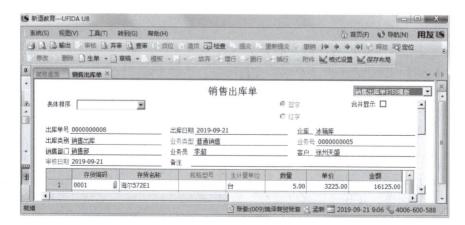

图 4.1.77　冰箱销售出库单

【注意事项】

1. 销售订单在录入表体时依据合同约定应根据预发货日期分行显示，销售发货单直接参照销售订单生成即可。

2. 如果企业最初在【销售管理】系统的选项中勾选了"销售生成出库单"复选框，则在处理该笔经济业务前，应将该选项取消，系统将自动勾选【库存管理】的"库存生成销售出库单"选项，这样根据发货单手工参照生成出库单时，可随意更改本次出库数量。

【拓展延伸】

"销售生成出库单"与"库存生成销售出库单"两个选项互斥。"销售生成出库单"是指发货单自动生成销售出库单，销售出库单的数量不能进行更改，而在"库存生成销售出库单"下，销售出库单可以手工填制，或者参照发货单一次或者分批生成，其表体数量可更改，因此企业应根据业务需要进行【销售管理】或【库存管理】选项的设置。

任务 6 一次出库分次开票

【任务描述】

2019 年 9 月 22 日，销售部李超与济南银座签订合同销售美的 72LW3P 空调 10 台，双方约定当天全部发货，分别于 22 日和 23 日开具专用发票。

【任务解析】

该业务是一次发货分次开票业务，业务流程上首先根据订单参照生成发货单、出库单，再分别参照发货单生成分批次的发票，其他流程与赊销基本相同。

【原始凭证】

出库单、销售合同、销售发票，如图 4.1.78～图 4.1.81 所示。

出 库 单

2019 年 09 月 22 日

提货单位	济南银座商贸公司		发出仓库		空调库	
编号	商品名称及规格	单位	数量		价格	
			应发	实发	单价	金额
0010	美的 72LW3P	台	10	10		
	合计		10	10		

部门经理：略　　会计：略　　仓库：略　　经办人：略

图 4.1.78　出库单

购 销 合 同

合同编号：XS006

卖方：日照瑞泽商贸有限责任公司

买方：济南银座商贸公司

为保护买卖双方的合法权益，买卖双方根据《中华人民共和国合同法》的有关规定，经友好协商，一致同意签订本合同并共同遵守。

一、货物的名称、数量及金额

货物名称	计量单位	数量	单价（不含税）	金额（不含税）	税率	税额
美的空调72LW3P	台	10	8,800.00	88,000.00	13%	11,440.00
合 计				¥88,000.00		¥11,440.00

二、合同总金额：人民币玖万玖仟肆佰肆拾元整（¥99,440.00）。

三、结算方式：电汇。付款时间：2019年10月20日。

四、交货时间：2019年9月22日。

五、发运方式：买方自提。

卖　方：日照瑞泽商贸有限责任公司　　　　买　方：济南银座商贸公司
授权代表：李超　　　　　　　　　　　　　授权代表：刘雪丽
日　　期：2019年9月22日　　　　　　　　日　　期：2019年9月22日

图 4.1.79　销售合同

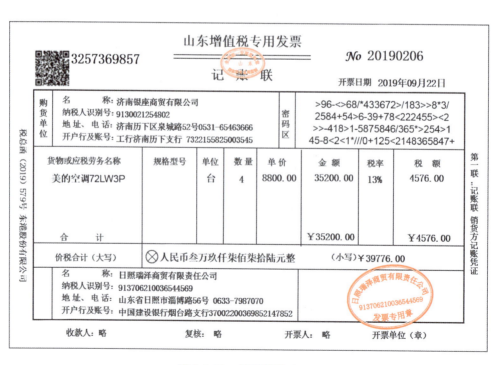

图 4.1.80　销售发票（一）

图 4.1.81　销售发票（二）

【岗位说明】

1. 销售员 xs01 在【销售管理】系统中录入并审核销售订单，参照销售订单生成发货单并审核，再根据约定参照发货单分批生成销售专用发票。

2. 库管员 ck01 在【库存管理】系统中录入或参照生成并审核出库单。

3. 会计 kj02 在【应收款管理】系统分别对不同批次的销售发票进行审核，生成收入确认凭证，在【存货核算】系统对销售发票进行记账，并生成成本结转凭证。

【业务流程】

该业务的流程如图 4.1.82 所示。

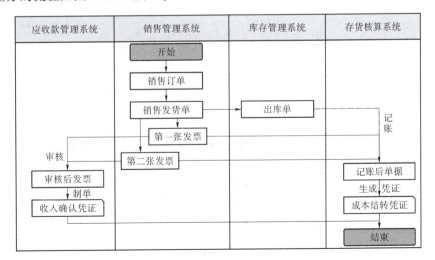

图 4.1.82　一次出库分次开票业务流程

【知识链接】

一般的销售业务流程是根据销售订单参照生成销售发票，系统自动生成并审核发货单，再根据发货单参照生成出库单，但是一次出库分次开票业务处理上，合同要求分批次开票，因此业务流程上可先根据销售订单参照生成发货单，再根据发货单参照生成出库单，并依据订单分批次开具发票。

【操作指导】

第一步：录入、审核销售订单

1. 以销售员xs01身份登录到【企业应用平台】，【操作日期】为"2019-09-22"。

2. 在【业务工作】选项卡中，执行【供应链】-【销售管理】-【销售订货】-【销售订单】命令，打开【销售订单】窗口。

3. 单击【增加】按钮，根据合同内容录入并审核销售订单，如图4.1.83所示。

70 一次出库分次开票

图4.1.83 销售订单

第二步：参照生成并审核发货单

1. 执行【销售管理】-【销售发货】-【发货单】命令或通过快捷命令打开【发货单】窗口。

2. 单击【增加】按钮，通过【生单】功能参照销售订单生成销售发货单，在表体选择【仓库名称】为"空调库"，进行保存审核。

第三步：参照生成并复核第一张销售发票

1. 关闭【发货单】窗口。执行【销售管理】-【销售开票】-【销售专用发票】命令，打开【销售专用发票】窗口。

2. 单击【增加】按钮，弹出【查询条件选择-参照订单】窗口，关闭该窗口。通过【生单】功能参照2019-09-22的销售发货单生成销售专用发票，更改表头的【发票号】

为"20190206",更改表体的【数量】为"4",单击【保存】、【复核】按钮,如图 4.1.84 所示。

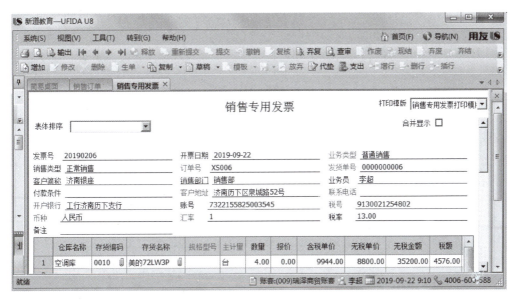

图 4.1.84　销售专用发票

第四步:参照生成销售出库单并审核

1. 更换库管员 ck01 身份登录到【企业应用平台】,【操作日期】为"2019 – 09 – 22"。

2. 在【业务工作】选项卡中,执行【供应链】–【库存管理】–【出库业务】–【销售出库单】命令,打开【销售出库单】窗口。

3. 利用【生单】的"销售生单"功能参照生成销售出库单并进行审核,如图 4.1.85 所示。

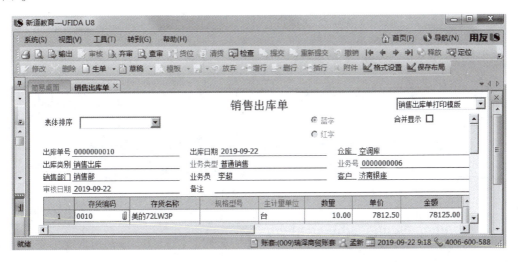

图 4.1.85　销售出库单

第五步：审核销售发票并制单

1. 更换 kj02 身份登录到【企业应用平台】，【操作日期】为"2019 – 09 – 22"。
2. 执行【财务会计】–【应收款管理】–【应收单据处理】–【应收单据审核】命令，完成票号为"20190206"发票的审核。
3. 执行【应收款管理】–【制单处理】命令，生成收入确认凭证，如图 4.1.86 所示。

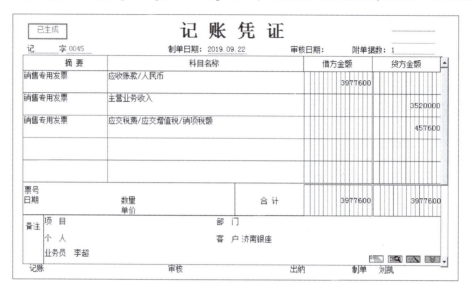

图 4.1.86　收入实现凭证

第六步：记账并生成凭证

1. 在【业务工作】选项卡中，执行【供应链】–【存货核算】–【业务核算】–【正常单据记账】命令，选择单据号为"20190206"的发票执行记账，如图 4.1.87 所示。

图 4.1.87　正常单据记账

2. 执行【存货核算】–【财务核算】–【生成凭证】命令，根据销售发票生成成本结转凭证，如图 4.1.88 所示。

第七步：参照生成并复核第二张销售发票

1. 以销售员 xs01 身份登录到【企业应用平台】，【操作日期】为"2019 – 09 – 23"。

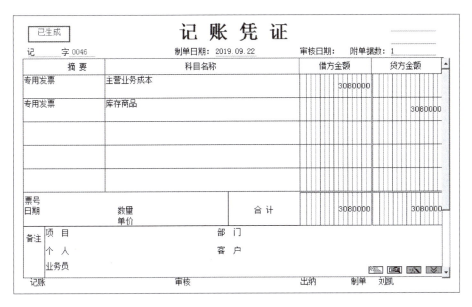

图 4.1.88　成本结转凭证

2. 执行【销售管理】-【销售开票】-【销售专用发票】命令，打开【销售专用发票】窗口。

3. 单击【增加】按钮，弹出【查询条件选择-参照订单】窗口，关闭该窗口。通过【生单】功能参照 2019-09-22 的销售发货单生成销售专用发票，更改表头【发票号】为"20190207"，单击【保存】、【复核】按钮，如图 4.1.89 所示。

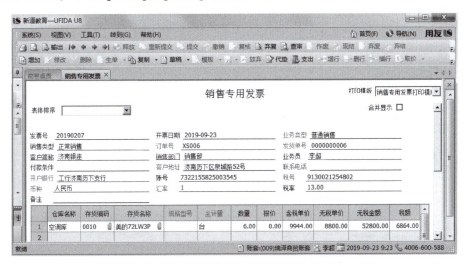

图 4.1.89　生成第二张销售发票

第八步：审核销售发票并制单

1. 更换会计 kj02 身份登录到【企业应用平台】，【操作日期】为"2019-09-23"。
2. 执行【财务会计】-【应收款管理】-【应收单据处理】-【应收单据审核】命

令，完成编号"20190207"发票的审核。

3. 执行【应收款管理】-【制单处理】命令，通过"销售发票"制单生成收入确认凭证，如图4.1.90所示。

图4.1.90 收入实现凭证

第九步：记账并生成凭证

1. 在【业务工作】选项卡中，执行【供应链】-【存货核算】-【业务核算】-【正常单据记账】命令，选择单据号为"20190207"的发票执行记账。

2. 执行【存货核算】-【财务核算】-【生成凭证】命令，根据销售发票生成成本结转凭证，如图4.1.91所示。

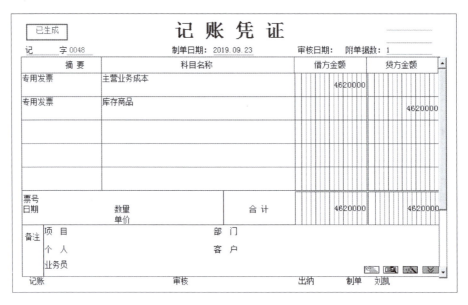

图4.1.91 成本结转凭证

【注意事项】

成本结转方式既可以依据发票也可以依据出库单,其设置是通过【存货核算】系统的参数设置实现的。本例中商品虽然于22日全部出库,但是发票是分批开具的,且成本结转的依据设置为发票,因此成本根据发票数据分两次结转。

【拓展延伸】

销售成本核算方式既可以依据销售发票,也可以依据销售出库单,该选项在【存货核算】系统进行设置。一般情况下企业选择依据销售发票来结转销售成本,因为销售发票既是收入确认的依据,其单据数量也是成本结转的依据,更符合收入费用配比原则。

任务7 商业汇票结算业务

【任务描述】

2019年9月23日,销售部李超与徐州天盛签订合同,销售九阳C22电磁炉20件,货物于当天发放,收到对方签发并承兑的银行承兑汇票一张。

【任务解析】

该业务是基本销售业务,即发出货物的同时开具发票,货款暂未收取。

【原始凭证】

销售发票、销售合同、商业汇票、出库单,如图4.1.92~图4.1.95所示。

图4.1.92 销售发票

购销合同

合同编号：XS007

卖方：日照瑞泽商贸有限责任公司

买方：徐州天盛百货公司

为保护买卖双方的合法权益，买卖双方根据《中华人民共和国合同法》的有关规定，经友好协商，一致同意签订本合同并共同遵守。

一、货物的名称、数量及金额

货物名称	计量单位	数量	单价（不含税）	金额（不含税）	税率	税额
九阳电磁炉 C22	件	20	470.00	9,400.00	13%	1,222.00
合计				¥9,400.00		¥1,222.00

二、合同总金额：人民币壹万零陆佰贰拾贰元整（¥10,622.00）。

三、结算方式：银行承兑汇票。付款时间：2019 年 9 月 23 日。

四、交货时间：2019 年 9 月 23日。

五、发运方式：买方自提。

卖　　方：日照瑞泽商贸有限责任公司　　买　　方：徐州天盛百货公司

授权代表：李超　　授权代表：姚刚

日　　期：2019 年 9 月 23 日　　日　　期：2019 年 9 月 23 日

图 4.1.93　购销合同

银行承兑汇票（存根）

2　　20195566

出票日期　贰零壹玖　年　零玖　月　贰拾叁　日

出票人全称	徐州天盛百货公司	收款人	全　称	日照瑞泽商贸有限公司
出票人账号	3710041844622201		账　号	37002200369852147852
付款行全称	建行徐州牌楼支行		开户银行	中国建设银行烟台路支行
出票金额	人民币（大写）壹万零陆佰贰拾贰元整		千 百 十 万 千 百 十 元 角 分	¥ 1 0 6 2 2 0 0
汇票到期日	贰零壹玖年壹拾贰月贰拾叁日	付款行	行号：05663698	
承兑协议号	369589	票面利率：	地址：徐州夹河东街68号	
本汇票请你行承兑，到期无条件付款	本汇票已经承兑，到期日由本行付款	备注	复核（略）　经办（略）	

此联收款人开户行随托收凭证寄付款行做借方凭证附件

图 4.1.94　商业汇票

出 库 单

2019 年 09 月 23 日

提货单位	徐州天盛百货公司		发出仓库		家用小电器库	
编号	商品名称及规格	单位	数量		价格	
			应发	实发	单价	金额
0012	九阳电磁炉 C22	件	20	20		
	合计		20	20		

部门经理：略　　会计：略　　仓库：略　　经办人：略

图 4.1.95　出库单

【岗位说明】

1. 销售员 xs01 在【销售管理】系统中录入并审核销售订单，参照销售订单生成销售发票并进行复核，系统自动生成发货单。

2. 库管员 ck01 在【库存管理】系统中录入或参照生成并审核出库单。

3. 会计 kj02 在【应收款管理】系统对销售发票进行审核，并生成收入确认凭证。

4. 出纳 cn01 在【应收款管理】系统填制商业汇票。

5. 会计 kj02 在【应收款管理】系统对商业汇票进行审核，并生成收入确认凭证。

【业务流程】

该业务的流程如图 4.1.96 所示。

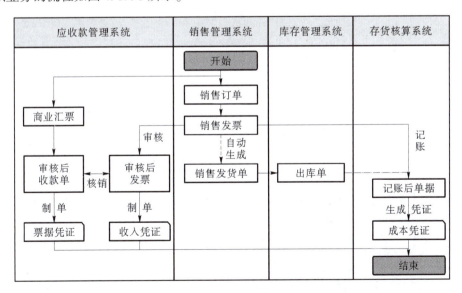

图 4.1.96　商业汇票结算业务流程

【知识链接】

企业在销售商品的时候收到对方签发或者背书转让的商业汇票，应通过【应收款管理】-【票据管理】处理,按照票据内容新增新的商业汇票。商业汇票需要进行审核,并将审核后生成的收款单与对应的应收账款进行核销处理。

【操作指导】

第一步:录入、审核销售订单

1. 以销售员 xs01 身份登录到【企业应用平台】,【操作日期】为"2019-09-23"。

2. 在【业务工作】选项卡中,执行【供应链】-【销售管理】-【销售订货】-【销售订单】命令,打开【销售订单】窗口。

3. 单击【增加】按钮,根据合同录入销售订单,单击【保存】、【审核】按钮,如图 4.1.97 所示。

71 商业汇票结算

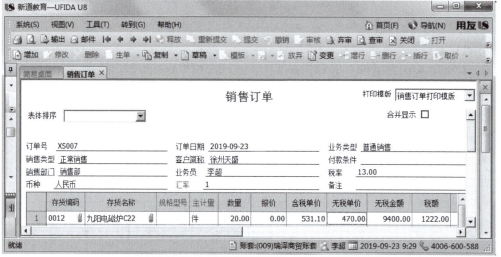

图 4.1.97 销售订单

第二步:参照生成并复核销售发票

1. 执行【销售管理】-【销售开票】-【销售专用发票】命令或通过快捷命令打开【销售专用发票】窗口。

2. 单击【增加】按钮,参照【销售订单】生成专用发票,更改【发票号】为"20190208",选择【仓库名称】为"家用小电器库",单击【保存】、【复核】按钮,如图 4.1.98 所示。

第三步:参照生成销售出库单并审核

1. 更换库管员 ck01 身份登录到【企业应用平台】,【操作日期】为"2019-09-23"。

2. 在【业务工作】选项卡中,执行【供应链】-【库存管理】-【出库业务】-【销售出库单】命令,打开【销售出库单】窗口。

3. 单击【生单】右侧倒三角下拉菜单中的"销售生单",参照销售发货单生成销售出库单,并分别单击【保存】、【审核】按钮,如图 4.1.99 所示。

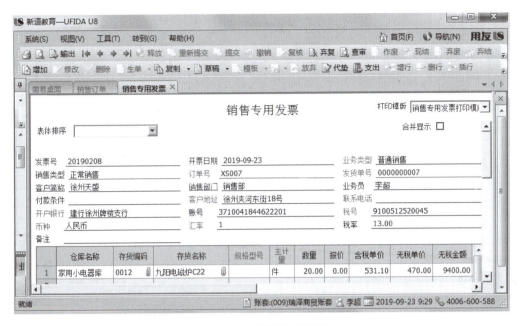

图 4.1.98　销售专用发票

图 4.1.99　销售出库单

第四步：审核销售发票并制单

1. 更换会计 kj02 身份登录到【企业应用平台】，【操作日期】为"2019-09-23"。

2. 在【业务工作】选项卡中，执行【财务会计】-【应收款管理】-【应收单据处理】-【应收单据审核】命令，对【单据号】为"20190208"的销售发票进行审核。

3. 执行【应收款管理】-【制单处理】命令，打开【制单查询】窗口，勾选"发票制单"复选框，生成销售收入确认凭证，如图 4.1.100 所示。

图 4.1.100　收入凭证

第五步：填制商业汇票并核销制单

1. 执行【应收款管理】－【票据管理】命令，关闭【查询条件选择】窗口，在【票据管理】界面，单击【增加】按钮，打开一张空白的商业票据，将内容填写完整，如图 4.1.101 所示。

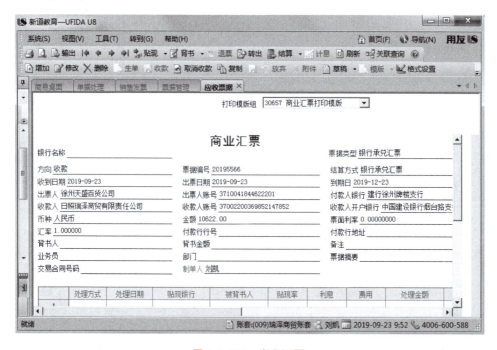

图 4.1.101　商业汇票

2. 关闭【商业票据】窗口，执行【应收款管理】-【收款单据处理】-【收款单据审核】命令，打开【收付款单列表】窗口，完成对商业汇票的审核，如图4.1.102所示。

图 4.1.102　收付款单列表

3. 执行【应收款管理】-【核销处理】-【手工核销】命令，打开【核销条件】窗口，选择【客户】为"徐州天盛百货公司"，单击【确定】按钮，进入【单据核销】窗口。

4. 选择2019-09-23的收款单和销售发票进行核销处理，在销售发票的【本次结算】金额处录入"10 622.00"，如图4.1.103所示，单击【保存】按钮，完成核销处理。

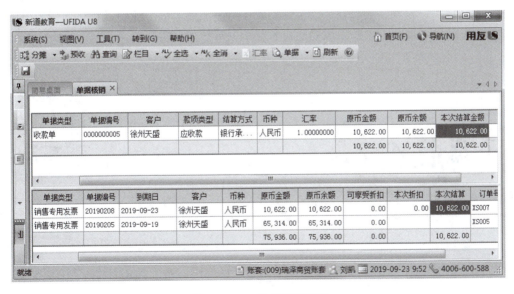

图 4.1.103　收付款单列表

5. 执行【应收款管理】-【制单处理】命令，打开【制单查询】窗口，勾选"收付款单制单"复选框和"核销制单"复选框，合并生成以下凭证，如图4.1.104所示。

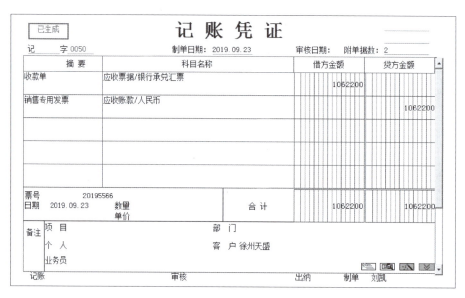

图 4.1.104　结转凭证

【注意事项】

销售商品所在仓库实施全月平均法，所以销售实现时无须记账结转成本，待月末处理后计算单价成本，再进行记账和成本的结转。

【拓展延伸】

【应收款管理】系统的选项如果勾选了"应收票据直接生成收款单"复选框，则商业汇票录入完成后，自动生成收款单，否则需要在商业汇票上单击【生成】按钮，才可以生成收款单，后续对商业汇票的审核是通过收款单据审核加以实现的。

警钟长鸣——财务造假

子项目 4.2　特殊销售业务

任务 1　超订单出库开票

【任务描述】

2019 年 9 月 23 日，销售部李超与日照凌云商贸公司签订销售合同，销售九阳豆浆机 D08 10 件，24 日客户临时决定再增加 2 件，销售部实际向日照凌云发货 12 件，当天开具增值税专用发票，货款未收。

【任务解析】

该业务是超订单数量出库并开具发票业务,由于实际出库和开票数量大于合同约定数量,因此需要进行相关系统参数及存货档案的设置。

【原始凭证】

销售合同、出库单、销售发票,如图 4.2.1~图 4.2.3 所示。

购 销 合 同

合同编号:XS008

卖方:日照瑞泽商贸有限责任公司

买方:日照凌云商贸公司

为保护买卖双方的合法权益,买卖双方根据《中华人民共和国合同法》的有关规定,经友好协商,一致同意签订本合同并共同遵守。

一、货物的名称、数量及金额

货物名称	计量单位	数量	单 价(不含税)	金 额(不含税)	税率	税额
九阳豆浆机 D08	件	10	900.00	9,000.00	13%	1,170.00
合 计				¥9,000.00		¥1,170.00

二、合同总金额:人民币壹万零壹佰柒拾元整(¥10,170.00)。

三、结算方式:电汇。付款时间:2019 年 11 月 2 日。

四、交货时间:2019 年 9 月 24 日。

五、发运方式:买方自提。

卖　　方:日照瑞泽商贸有限责任公司　　　买　　方:日照凌云商贸公司

授权代表:李超　　　　　　　　　　　　　授权代表:李虎

日　　期:2019 年 9 月 23 日　　　　　　日　　期:2019 年 9 月 23 日

图 4.2.1　销售合同

出 库 单

2019 年 09 月 24 日

提货单位	日照凌云商贸公司		发出仓库		家用小电器库	
编号	商品名称及规格	单位	数量		价格	
			应发	实发	单价	金额
0011	九阳豆浆机 D08	件	12	12		
	合计		12	12		

部门经理:略　　　会计:略　　　仓库:略　　　经办人:略

图 4.2.2　出库单

图 4.2.3 销售发票

【岗位说明】

1. 会计主管 zg01 在【销售管理】、【库存管理】系统进行参数设置，并在【基础设置】选项卡中进行相关存货档案的修改。

2. 销售员 xs01 在【销售管理】系统中录入并审核销售订单，参照销售订单生成销售发票并进行复核，系统自动生成并审核发货单。

3. 会计 kj02 在【应收款管理】系统对销售发票进行审核，并生成收入确认凭证。

4. 库管员 ck01 在【库存管理】系统中录入或参照生成出库单，更改出库单的表体【数量】，并进行审核。

【业务流程】

该业务的流程如图 4.2.4 所示。

【知识链接】

当企业的出库及开票数量大于销售订单的数量时，需要先进行【销售管理】、【库存管理】系统的参数设置以及该存货的档案的设置，否则无法根据原发货单参照生成发票。业务处理流程与基本赊销一致，但是由于销售商品所在仓库使用的是全月平均法，因此需要月末进行期末处理后计算单价，统一记账生成成本结转凭证。

【操作指导】

第一步：设置系统选项和存货档案

1. 以主管 zg01 身份登录到【企业应用平台】，【操作日期】为"2019-09-23"。

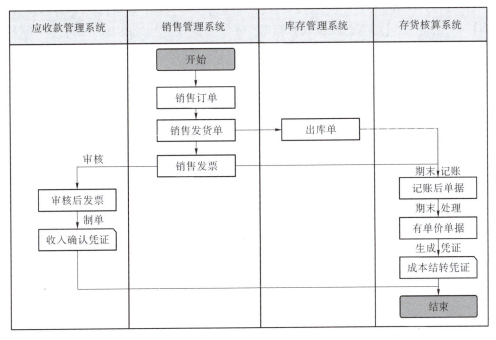

图 4.2.4 超订单出库开票业务流程

2. 在【业务工作】选项卡中，执行【供应链】-【销售管理】-【设置】-【销售选项】命令，打开【销售选项】窗口，在【业务控制】选项卡下，勾选"允许超订单发货"复选框和"允许超发货量开票"复选框，如图 4.2.5 所示。

72 超订单出库开票

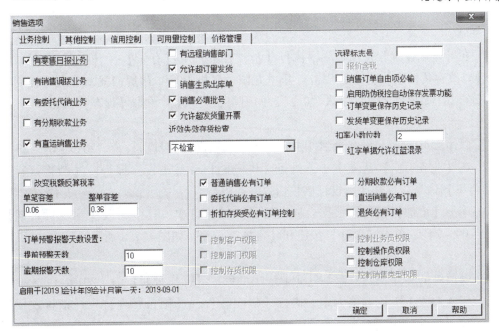

图 4.2.5 销售选项

3. 在【业务工作】选项卡中，执行【供应链】-【库存管理】-【初始设置】-【选项】命令，打开【库存选项设置】窗口，在【专用设置】选项卡下，勾选"允许超发货单出库"复选框，如图4.2.6所示。

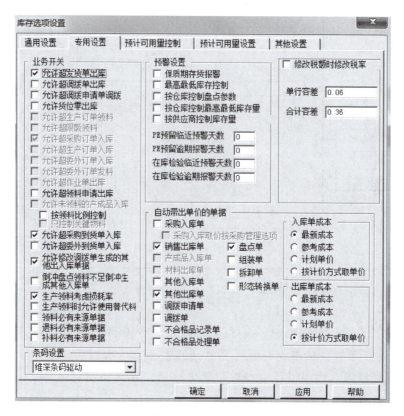

图 4.2.6 库存选项

4. 在【基础设置】选项卡中，执行【基础档案】-【存货】-【存货档案】命令，打开【修改存货档案】窗口，双击打开"九阳豆浆机D08"存货档案，单击【控制】选项卡，在【出库超额上限】录入"0.2"，如图4.2.7所示，单击【保存】按钮。

第二步：录入、审核销售订单

1. 以销售员xs01身份登录到【企业应用平台】，【操作日期】为"2019-09-23"。

2. 在【业务工作】选项卡中，执行【供应链】-【销售管理】-【销售订货】-【销售订单】命令，打开【销售订单】窗口。

3. 单击【增加】按钮，根据合同内容录入销售订单，其中更改【预发货日期】为"2019-09-24"，单击【保存】按钮和【审核】按钮，如图4.2.8所示。

第三步：参照生成发货单并审核

1. 以销售员xs01身份登录到【企业应用平台】，【操作日期】为"2019-09-24"。

2. 在【业务工作】选项卡中，执行【供应链】-【销售管理】-【销售发货】-【发货单】命令，打开【发货单】窗口。

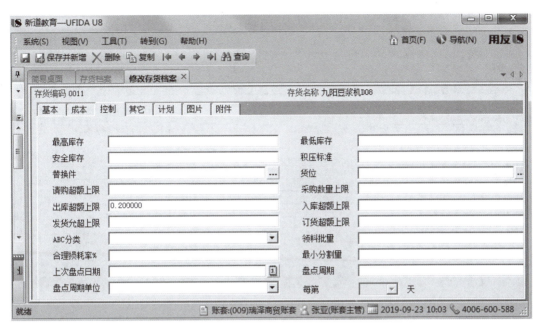

图 4.2.7 存货档案

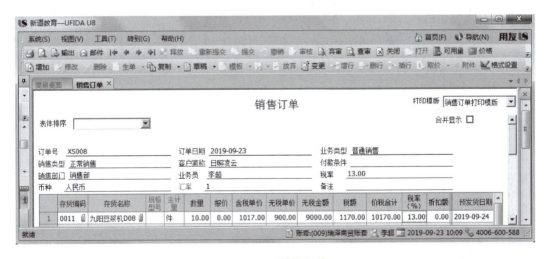

图 4.2.8 销售订单

3. 单击【增加】按钮，弹出【查询条件选择-参照订单】窗口，直接单击【确定】按钮，打开【参照生单】窗口，双击选中订单号"XS008"，单击【确定】按钮，生成发货单，选择表体【仓库名称】为"家用小电器库"，单击【保存】、【审核】按钮，如图 4.2.9 所示。

第四步：参照生成销售发票并复核

1. 通过快捷命令打开【销售专用发票】窗口，或执行【销售管理】-【销售开

图 4.2.9　发货单

票】-【销售专用发票】命令,打开【销售专用发票】窗口。

2. 单击【增加】按钮,弹出【查询条件选择-参照订单】窗口,关闭该窗口,利用【生单】右侧倒三角的"参照发货单"生成销售专用发票。

3. 更改【发票号】为"20190209",选择表体项目【仓库名称】为"家用小电器库",更改表体【数量】为"12",单击【保存】、【复核】按钮,如图4.2.10所示。

图 4.2.10　销售专用发票

第五步：参照生成销售出库单并审核

1. 更换库管员 ck01 身份登录到【企业应用平台】,【操作日期】为"2019-09-24"。

2. 在【业务工作】选项卡中,执行【供应链】-【库存管理】-【出库业务】-【销售出库单】命令,打开【销售出库单】窗口。

3. 单击【生单】右侧倒三角下拉菜单中的"销售生单",参照日照凌云的发货单系统自动生成销售出库单,更改表体【数量】为"12",单击【保存】、【审核】按钮,如图 4.2.11 所示。

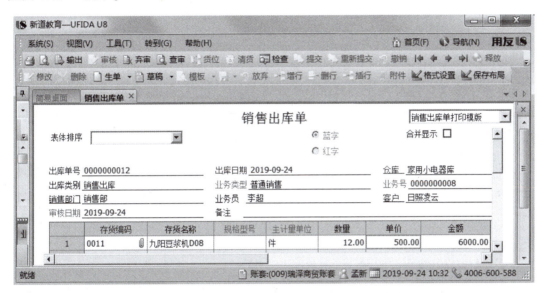

图 4.2.11　销售出库单

第六步：审核销售发票并制单

1. 更换会计 kj02 身份登录到【企业应用平台】,【操作日期】为"2019-09-24"。

2. 在【业务工作】选项卡中,执行【财务会计】-【应收款管理】-【应收单据处理】-【应收单据审核】命令,打开【应收单查询条件】窗口,单击【确定】按钮。

3. 打开【应收单据列表】窗口,双击打开单据,单击表头的【审核】按钮,系统提示"是否立即制单",单击【是】按钮,系统完成制单,单击【保存】按钮,如图 4.2.12 所示。

【注意事项】

1. 当订单数量小于实际出库、开票数量的时候,必须进行【库存管理】系统和【销售管理】系统的选项设置,同时还必须对存货的"出库超额上限"进行设置,才能根据销售发货单生成出库单。

2. 家用小电器库采用全月加权平均法核算发出产品成本,既可以当时记账,也可以月末汇总记账,但是只有月末处理后才能计算单价,生成成本结转凭证。

```
┌─────────────────────────────────────────────────────────────────────┐
│ ┌──────┐              记 账 凭 证                                    │
│ │已生成│                                                             │
│ └──────┘                                                             │
│   记    字 0051      制单日期: 2019.09.24   审核日期:    附单据数: 1 │
│ ├──────────┬──────────────────────────┬──────────┬──────────┤        │
│ │  摘  要  │       科目名称           │ 借方金额 │ 贷方金额 │        │
│ ├──────────┼──────────────────────────┼──────────┼──────────┤        │
│ │销售专用发票│应收账款/人民币          │ 1220400  │          │        │
│ │销售专用发票│主营业务收入              │          │ 1080000  │        │
│ │销售专用发票│应交税费/应交增值税/销项税额│        │  140400  │        │
│ ├──────────┴──────────────────────────┼──────────┼──────────┤        │
│ │ 票号                                 │          │          │        │
│ │ 日期       数量            合 计     │ 1220400  │ 1220400  │        │
│ │            单价                      │          │          │        │
│ ├────┬────────────────────────────────┴──────────┴──────────┤        │
│ │备注│项 目              部 门                                │        │
│ │    │个 人              客 户  日照凌云                      │        │
│ │    │业务员 李超                                             │        │
│ └────┴────────────────────────────────────────────────────────┘        │
│   记账           审核              出纳          制单  刘凯            │
└─────────────────────────────────────────────────────────────────────┘
```

图 4.2.12　记账凭证

【拓展延伸】

当出库或者入库数量大于订单数量时，需要对存货档案进行设置。在存货档案下的【控制】选项卡中录入【入库超额上限】和【出库超额上限】的数值，如果录入数字为 0.2，其含义是指最多可以超过所参照单据入库或出库数量的 20%。

任务 2　外币结算销售

【任务描述】

2019 年 9 月 24 日，销售部李超与日照信克宝德进出口公司签订销售合同，销售海尔 258P4 冰箱 10 台，货物当天发出，开具增值税普通发票，货款未收。

【任务解析】

该业务是使用外币进行结算的出口销售业务，发票需要按照当日或者本月初汇率折合为人民币进行开具，并进行备注说明。

【原始凭证】

购销合同、增值税普通发票、出库单，如图 4.2.13 ~ 图 4.2.15 所示。

购 销 合 同

合同编号：XS009

卖　方：日照瑞泽商贸有限责任公司
买　方：日照信克宝德进出口公司

　　为保护买卖双方的合法权益，买卖双方根据《中华人民共和国合同法》的有关规定，经友好协商，一致同意签订本合同并共同遵守。

一、货物的名称、数量及金额

货物名称	计量单位	数量	单价（不含税）	金额（不含税）	税率	税额
海尔冰箱 258P4	台	10	$400.00	$4,000.00		
合　　　　计				$4,000.00		

二、合同总金额：美元肆仟元整（$4,000.00）。

三、结算方式：电汇。付款时间：2019年11月10日。

四、交货时间：2019年9月24日。

五、发运方式：买方自提。

卖　　方：日照瑞泽商贸有限责任公司　　　　买　　方：日照信克宝德进出口公司
授权代表：李超　　　　　　　　　　　　　　授权代表：孟小新
日　　期：2019年9月24日　　　　　　　　　日　　期：2019年9月24日

图 4.2.13　购销合同

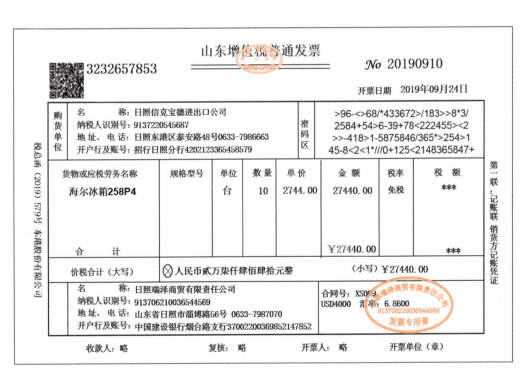

图 4.2.14　销售发票

出 库 单

2019 年 09 月 24 日

提货单位	日照信克宝德进出口公司		发出仓库		冰箱库	
编号	商品名称及规格	单位	数量		价格	
			应发	实发	单价	金额
0003	海尔冰箱258P4	台	10	10		
	合计		10	10		

部门经理：略　　　　会计：略　　　　仓库：略　　　　经办人：略

图 4.2.15　出库单

【岗位说明】

1. 销售员 xs01 在【销售管理】系统中录入并审核销售订单，参照生成销售发票并进行复核，系统自动生成发货单。

2. 库管员 ck01 在【库存管理】系统中录入或参照生成并审核出库单。

3. 会计 kj02 在【应收款管理】系统对销售发票进行审核，并生成收入确认凭证；在【存货核算】系统对销售发票或出库单进行记账，并生成成本结转凭证。

【业务流程】

该业务的流程如图 4.2.16 所示。

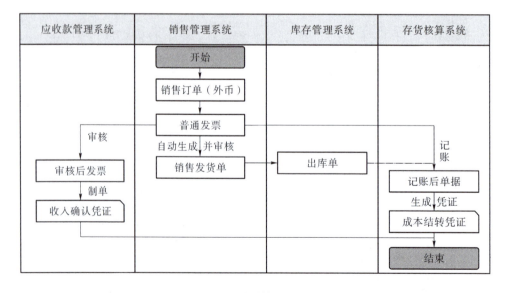

图 4.2.16　外币销售业务流程

【知识链接】

对于外币核算的赊销业务，整个业务处理流程与赊销相同，但是结算币种为外币，因此需要在销售订单的表头选择相应的外币，企业应选择期初汇率或者业务发生日汇率，将外币折合为人民币记账。

【操作指导】

第一步：录入、审核销售订单

1. 以销售员 xs01 身份登录到【企业应用平台】，【操作日期】为"2019-09-24"。

2. 在【业务工作】选项卡中，执行【供应链】-【销售管理】-【销售订货】-【销售订单】命令，打开【销售订单】窗口。

73 外币销售

3. 单击【增加】按钮，根据合同内容录入订单内容，其中表头【币种】选择"美元"，【税率】录入"0"，单击【保存】、【审核】按钮，如图 4.2.17 所示。

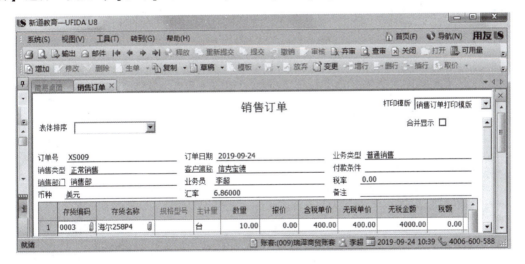

图 4.2.17　销售订单

第二步：参照生成并复核销售发票

1. 通过快捷命令打开【销售普通发票】窗口，或者执行【销售管理】-【销售开票】-【销售普通发票】命令，打开【销售普通发票】窗口。

2. 单击【增加】按钮，弹出【查询条件选择-参照订单】窗口，单击【确定】按钮，打开【参照生单】窗口，双击选中编号"XS009"的销售订单，参照该订单生成销售普通发票。

3. 更改表头项目【发票号】为"20190910"，选择表体项目【仓库名称】为"冰箱库"，单击【保存】、【复核】按钮，如图 4.2.18 所示。

第三步：参照生成销售出库单并审核

1. 更换库管员 ck01 身份登录到【企业应用平台】，【操作日期】为"2019-09-24"。

2. 在【业务工作】选项卡中，执行【供应链】-【库存管理】-【出库业务】-

【销售出库单】命令，打开【销售出库单】窗口。

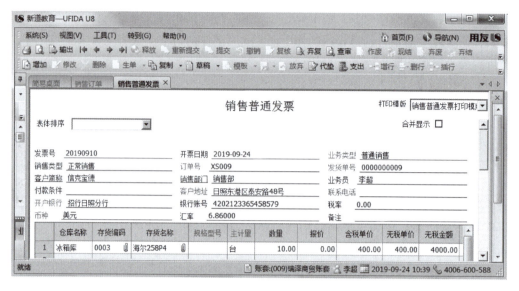

图 4.2.18　销售普通发票

3. 单击【生单】右侧倒三角下拉菜单中的"销售生单"，参照信克宝德的发货单生成销售出库单，单击【保存】、【审核】按钮，如图 4.2.19 所示。

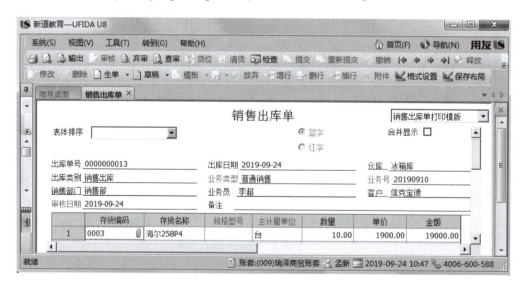

图 4.2.19　销售出库单

第四步：审核销售发票并制单

1. 更换会计 kj02 身份登录到【企业应用平台】，【操作日期】为"2019 - 09 - 24"。
2. 在【业务工作】选项卡中，执行【财务会计】-【应收款管理】-【应收单据处理】-【应收单据审核】命令，打开【应收单查询条件】窗口，单击【确定】按钮。

3. 打开【应收单据列表】窗口，双击打开单据，单击表头的【审核】按钮，系统提示"是否立即制单"，单击"是"按钮。

4. 系统完成制单，单击【保存】按钮，生成外币核算的收入确认凭证，如图4.2.20所示。

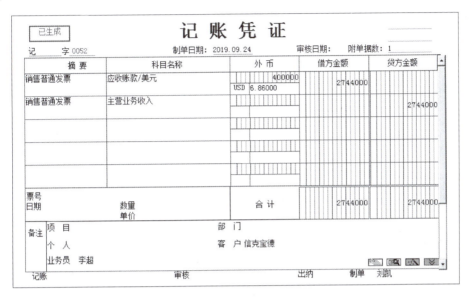

图4.2.20　外币核算收入凭证

第五步：记账并生成凭证

1. 在【业务工作】选项卡中，执行【供应链】-【存货核算】-【业务核算】-【正常单据记账】命令，打开【查询条件选择】窗口，单击【确定】按钮。

2. 打开【正常单据记账列表】窗口，双击选中"20190910"的专用发票，再单击【记账】按钮，系统提示"记账成功"，如图4.2.21所示，单击【确定】按钮，关闭该窗口。

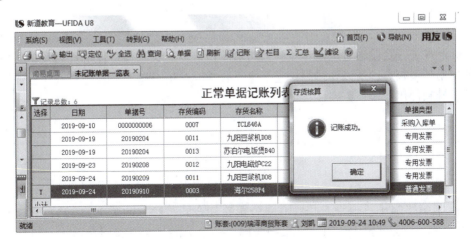

图4.2.21　外币发票记账

3. 执行【存货核算】-【财务核算】-【生成凭证】命令，打开【生成凭证】窗口，单击【选择】按钮，弹出【查询条件】窗口，单击【确定】按钮。

4. 打开【未生成凭证单据一览表】，单击【全选】、【确定】按钮，打开【生成凭证】窗口，单击【生成】按钮，生成成本结转凭证并进行保存，如图 4.2.22 所示。

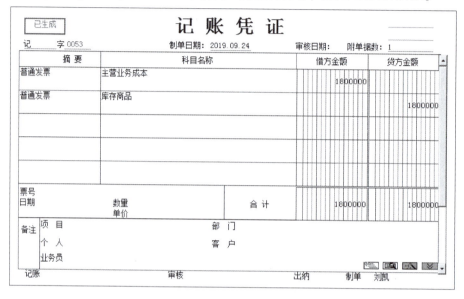

图 4.2.22　成本结转凭证

【注意事项】

1. 对于外币核算的销售业务，需要在销售订单表头选择对应的外币，如果企业采用浮动汇率方式，还需要录入即期汇率，这就需要对销售订单表头项目【汇率】从不可编辑状态设置为可编辑状态。应通过【基础设置】-【单据设置】-【单据格式设置】命令完成表头项目的设置。

2. 因为本题中客户采用的是外币核算，可以通过【应收款管理】-【设置】-【初始设置】-【控制科目设置】命令，将该客户的"应收科目"和"预收科目"都设为外币核算科目，这样就可以根据审核后的发票自动生成外币核算的收入确认凭证。

【拓展延伸】

实际业务中，企业通过进出口贸易公司对外销售，一般开具增值税普通发票。由于发票不能使用外币核算，所以要按照一定汇率折合为人民币予以开具，并在备注栏注明结算的外币金额和使用的换算汇率。

任务 3　直运销售

【任务描述】

2019 年 9 月 24 日，与北京华联有限公司签订合同，对方购买美的 87VE3P 变频空调 10 台。25 日，与美的集团公司签订采购合同，约定美的公司直接将货物发送到北京华联有限公司，当日企业收到采购专用发票，并为北京华联开具销售发票。

【任务解析】

该业务是由销售业务主导下完成的销售和采购业务,并且所交易的货物直接由供应商发给客户,不经过企业仓库,业务类型上称为直运业务,包括直运销售和直运采购两个环节。直运销售环节和普通销售流程基本一致,而直运采购发票则需要在【存货核算】系统进行制单处理。

【原始凭证】

销售合同、采购合同、采购发票、销售发票,如图 4.2.23 ~ 4.2.26 所示。

购销合同

合同编号:ZYX001

卖方:日照瑞泽商贸有限责任公司
买方:北京华联有限公司

为保护买卖双方的合法权益,买卖双方根据《中华人民共和国合同法》的有关规定,经友好协商,一致同意签订本合同并共同遵守。

一、货物的名称、数量及金额

货物名称	计量单位	数量	单价(不含税)	金额(不含税)	税率	税额
美的变频空调 87VE3P	台	10	9000.00	90,000.00	13%	11,700.00
合　计				¥90,000.00		¥11,700.00

二、合同总金额:人民币壹拾万壹仟柒佰元整(¥101,700.00)。
三、结算方式:电汇。付款时间:2019 年 11 月 2 日。
四、交货时间:2019 年 9 月 25 日。
五、交货地点:北京华联有限公司。

卖　方:日照瑞泽商贸有限责任公司　　　买　方:北京华联有限公司
授权代表:李超　　　　　　　　　　　　授权代表:孙强
日　　期:2019 年 9 月 24 日　　　　　　日　　期:2019 年 9 月 24 日

图 4.2.23　销售合同

【岗位说明】

1. 账套主管 zg01 在【基础档案】中对新增存货进行档案设置。
2. 销售员 xs01 在【销售管理】系统中录入并审核直运销售订单。
3. 采购员 cg01 在【采购管理】系统中参照销售订单生成采购订单,再参照采购订单生成采购发票。
4. 销售员 xs01 在【销售管理】系统中参照销售订单生成销售发票并复核。
5. 会计 kj02 在【应付款管理】系统对采购发票进行审核,在【应收款管理】系统对销售发票进行审核,并生成收入确认凭证。
6. 会计 kj02 在【存货核算】系统对销售发票和采购发票进行直运销售记账,并生成成本结转凭证和物资采购凭证。

购 销 合 同

合同编号：ZYG001

卖方：美的集团公司

买方：日照瑞泽商贸有限责任公司

为保护买卖双方的合法权益，买卖双方根据《中华人民共和国合同法》的有关规定，经友好协商，一致同意签订本合同并共同遵守。

一、货物的名称、数量及金额

货物名称	计量单位	数量	单 价（不含税）	金 额（不含税）	税率	税额
美的变频空调 87VE3P	台	10	8000.00	80,000.00	13%	10,400.00
合 计				¥80,000.00		¥10,400.00

二、合同总金额：人民币玖万零肆佰元整（¥90,400.00）。

三、结算方式：电汇。付款时间：2019年11月12日。

四、发货时间：2019年9月25日。

五、交货地点：北京环联有限公司。

卖　方：美的集团公司　　　　　　　　买　方：日照瑞泽商贸有限责任公司

授权代表：孙丽　　　　　　　　　　　授权代表：王强

日　　期：2019年9月25日　　　　　　日　　期：2019年9月25日

图 4.2.24　采购合同

图 4.2.25　采购发票

图 4.2.26 销售发票

【业务流程】

该业务的流程如图 4.2.27 所示。

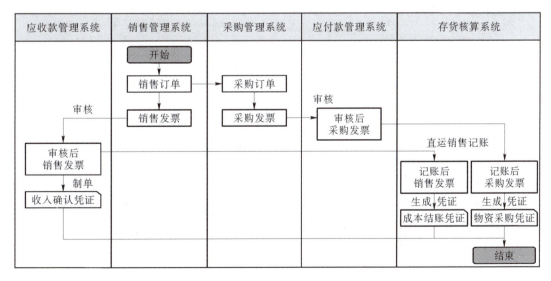

图 4.2.27 直运业务流程

【知识链接】

直运销售是由销售主导完成的销售与采购业务,采购订单参照销售订单生成。采购商品不入库，直接从供货商发到客户，销售按照赊销流程完成，采购发票在【应付款管理】系统完成审核后，在【存货核算】系统进行制单处理。

美的87VE3P变频空调的存货档案如表4.2.1所示。

表4.2.1　美的87VE3P变频空调存货档案

所属类别	存货编码	存货名称	计量单位组	计量单位	税率	存货属性
空调	0015	美的变频空调87VE3P	01	台	13%	外购、内销、外销

【操作指导】

第一步：增加存货档案

1. 以账套主管zg01身份登录到【企业应用平台】，【操作日期】为"2019-09-24"。

2. 在【基础设置】选项卡中，执行【基础档案】-【存货】-【存货档案】命令，打开【存货档案】窗口，根据所给存货档案信息，补充完成新增存货档案，如图4.2.28所示。

74 直运销售

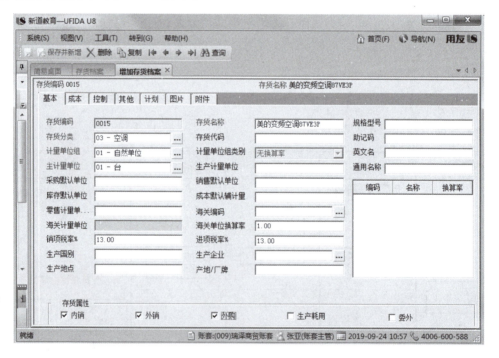

图4.2.28　新增存货档案

第二步：录入并审核销售订单

1. 以销售员xs01身份登录到【企业应用平台】，【操作日期】为"2019-09-24"。

2. 在【业务工作】选项卡中，执行【供应链】-【销售管理】-【销售订货】-【销售订单】命令，打开【销售订单】窗口。

3. 单击【增加】按钮，打开一张空白的销售订单，更改【订单号】为"ZYX001"，选择【业务类型】为"直运销售",表体的【预发货日期】改为"2019-09-25",根据合同内容录入其他信息,依次单击【保存】、【审核】按钮,如图4.2.29所示。

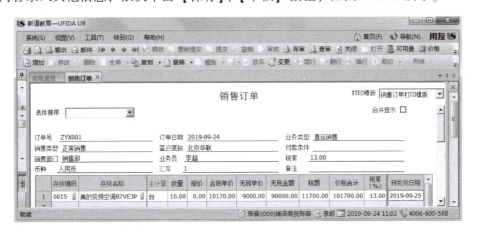

图 4.2.29 直运销售订单

第三步:生成并审核采购订单

1. 以采购员 cg01 身份登录到【企业应用平台】,【操作日期】为"2019-09-25"。

2. 在【业务工作】选项卡中,执行【供应链】-【采购管理】-【采购订货】-【采购订单】命令,打开【采购订单】窗口。

3. 单击【增加】按钮,打开一张空白的采购订单,更改【业务类型】为"直运采购",单击【生单】右侧的倒三角,参照销售订单生成采购订单。

4. 更改【订单编号】为"ZYG001",选择【供应商】为"美的",在表体录入【原币单价】为"8 000.00",单击【保存】按钮和【审核】按钮,如图4.2.30所示。

图 4.2.30 直运采购订单

第四步:参照生成采购发票

1. 通过快捷命令打开【专用发票】窗口,或者执行【供应链】-【采购管理】-【采购发票】-【专用采购发票】命令,打开【专用发票】窗口。

2. 单击【增加】按钮,将【业务类型】从"普通采购"修改为"直运采购",单击【生单】右侧倒三角下拉菜单中的"采购订单",弹出【查询条件选择-采购订单过滤】窗口,单击【确定】按钮,打开【拷贝并执行】窗口,双击选中ZYG001采购订单,单击【确定】按钮。

3. 打开【专用发票】窗口,更改【发票号】为"20190321",单击【保存】按钮,生成采购发票,如图4.2.31所示。

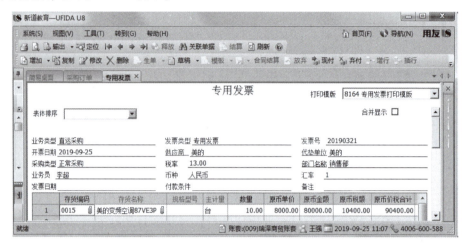

图 4.2.31 直运采购发票

第五步:参照订单生成并复核销售发票

1. 以销售员xs01身份登录到【企业应用平台】,【操作日期】为"2019-09-25"。

2. 在【业务工作】选项卡中,执行【销售管理】-【销售开票】-【销售专用发票】命令,打开【销售专用发票】窗口。

3. 单击【增加】按钮,系统弹出【查询条件选择-参照订单】窗口,关闭该窗口,将【业务类型】从"普通销售"修改为"直运销售",单击【生单】右侧倒三角下拉菜单中的"参照订单",弹出【查询条件选择-参照订单】窗口,单击【确定】按钮,双击选中记录,单击【确定】按钮。

4. 打开【专用发票】窗口,更改【发票号】为"20190210",单击【保存】按钮和【复核】按钮,如图4.2.32所示。

第六步:审核采购发票

1. 更换会计kj02身份登录到【企业应用平台】,【操作日期】为"2019-09-25"。

2. 在【业务工作】选项卡中,执行【财务会计】-【应付款管理】-【应付单据处理】-【应付单据审核】命令,打开【应付单查询条件】窗口,单击【确定】按钮。

3. 打开【应付单据列表】窗口,双击选中单据,单击【审核】按钮,系统提示"单据审核成功"。

第七步:审核销售发票并制单

1. 执行【财务会计】-【应收款管理】-【应收单据处理】-【应收单据审核】命令,打开【应收单查询条件】窗口,单击【确定】按钮。

2. 打开【应收单据列表】窗口,双击打开【销售专用发票】,单击工具栏的【审核】

按钮，系统提示"是否立即制单"，单击【是】按钮，系统生成收入确认凭证，单击【保存】按钮，如图 4.2.33 所示。

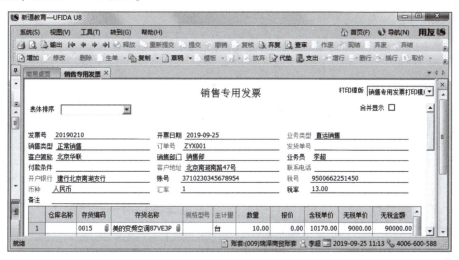

图 4.2.32　直运销售发票

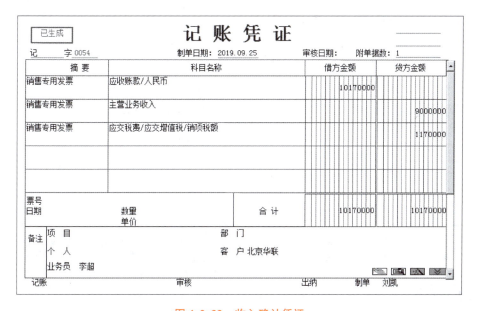

图 4.2.33　收入确认凭证

第八步：执行直运销售记账并生成采购和成本结转凭证

1. 执行【供应链】-【存货核算】-【业务核算】-【直运销售记账】命令，打开【直运采购发票核算查询条件】窗口，【单据类型】系统自动勾选"采购发票"复选框和"销售发票"复选框。

2. 单击【确定】按钮，打开【直运销售记账列表】窗口，单击【全选】按钮，如图 4.2.34 所示，再单击【记账】按钮，系统提示"记账成功"，单击【确定】按钮，关闭该窗口。

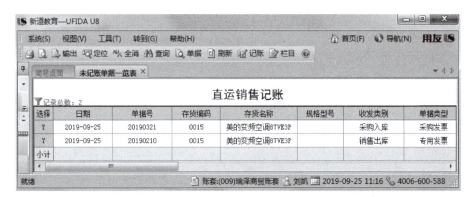

图 4.2.34　直运销售记账

3. 执行【存货核算】-【财务核算】-【生成凭证】命令，打开【生成凭证】窗口，单击【选择】按钮，弹出【查询条件】窗口，单击【确定】按钮。

4. 打开【未生成凭证单据一览表】，单据类型包括"采购发票"和"销售发票"，单击【全选】按钮，如图 4.2.35 所示。

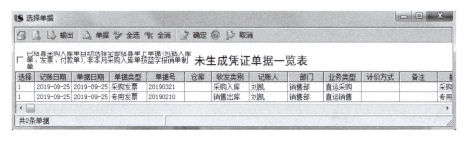

图 4.2.35　直运销售记账

5. 单击【确定】按钮，打开【生成凭证】窗口，补充空白科目为"1402"，如图 4.2.36 所示。

图 4.2.36　【生成凭证】窗口

6. 单击【生成】按钮，生成成本结转凭证，单击【保存】按钮，如图 4.2.37 所示。

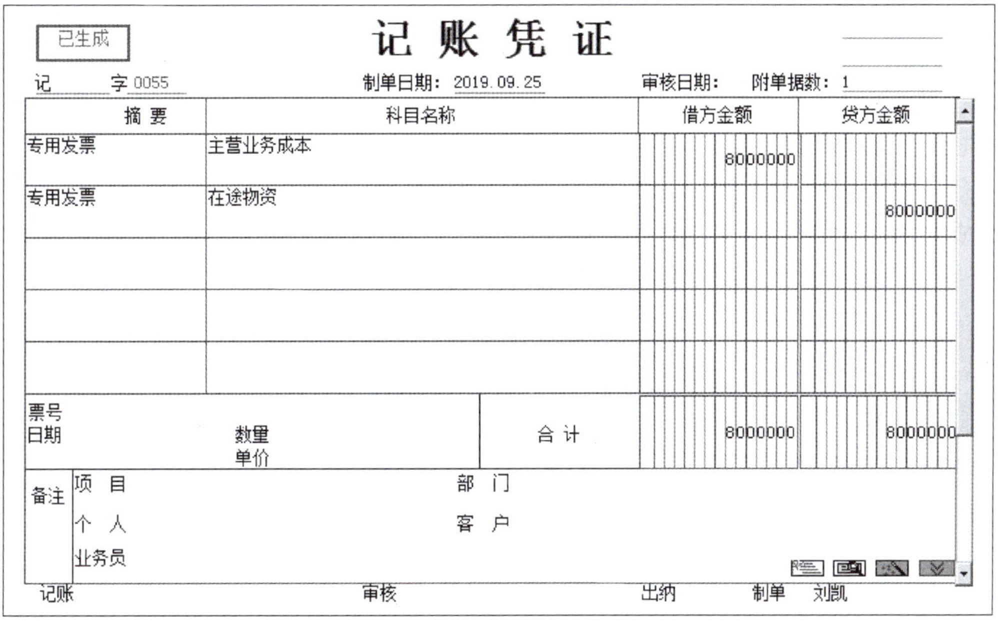

已生成

记账凭证

记 字 0055　　制单日期：2019.09.25　　审核日期：　附单据数：1

摘要	科目名称	借方金额	贷方金额
专用发票	主营业务成本	8000000	
专用发票	在途物资		8000000
票号 日期　数量 单价	合计	8000000	8000000

备注　项目　　部门
个人　　客户
业务员

记账　审核　出纳　制单　刘凯

图 4.2.37　成本结转凭证

7. 单击【下一页】按钮，生成商品采购凭证，单击【保存】按钮，如图 4.2.38 所示。

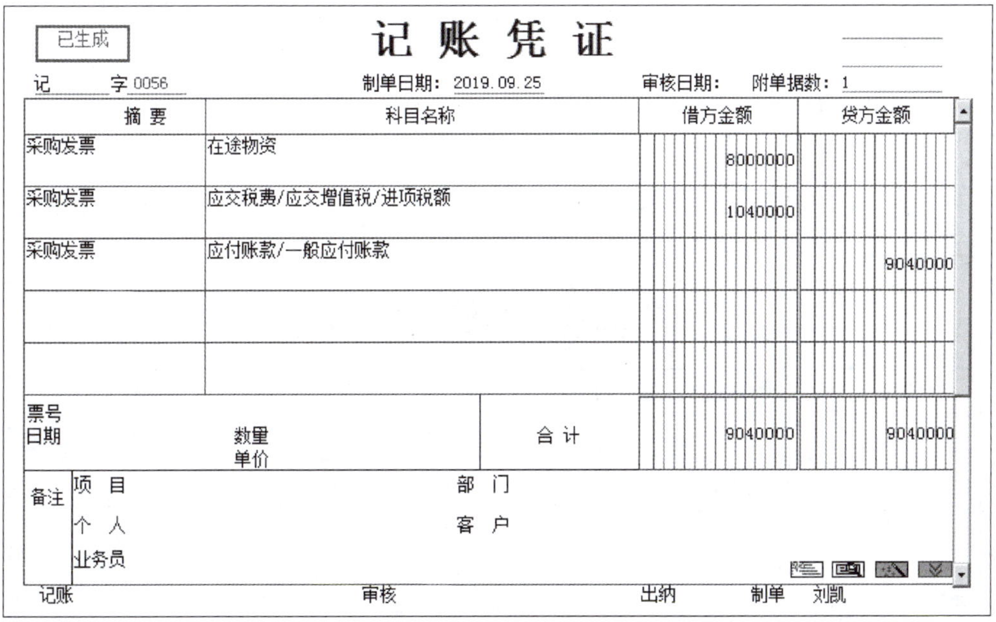

已生成

记账凭证

记 字 0056　　制单日期：2019.09.25　　审核日期：　附单据数：1

摘要	科目名称	借方金额	贷方金额
采购发票	在途物资	8000000	
采购发票	应交税费/应交增值税/进项税额	1040000	
采购发票	应付账款/一般应付账款		9040000
票号 日期　数量 单价	合计	9040000	9040000

备注　项目　　部门
个人　　客户
业务员

记账　审核　出纳　制单　刘凯

图 4.2.38　商品采购凭证

【注意事项】

1. 直运业务是由销售主导完成的销售及采购业务，销售订单和采购订单的【业务类型】分别是"直运销售"和"直运采购"。

2. 直运业务在【存货核算】系统执行的是"直运销售记账"命令，而非"正常单据记账"命令。

3. 采购发票在【应付款管理】系统完成审核后，需要在【存货核算】系统进行记账和生成凭证，且由于商品尚未验收入库，因此根据采购发票所生成的采购凭证中，存货科目为"在途物资"而非"库存商品"。

【拓展延伸】

对于直运业务，企业签订销售合同后，根据合同商品规格、数量安排采购，并要求供货商直接给客户发货，整个业务过程存货不入库，因此销售发票的表体无须注明仓库名称，也不会产生入库单或者出库单。这对于企业而言，减少了存货的采购成本、存储成本等。

任务 4　定金销售

【任务描述】

2019 年 9 月 25 日，销售部李超与济南银座签订购销合同，销售 TCL646A 电视 8 台，货物当天发出，双方约定购买方于合同签订当日支付 5 000.00 元定金，余款交货时结清。

【任务解析】

该业务是收取定金的销售业务，业务流程一般包括三大步骤，即签合同收定金、开发票确认收入和定金转货款。

【原始凭证】

出库单、销售合同、收账通知单（定金）、销售发票、收账通知单（余款），如图 4.2.39～图 4.2.43 所示。

出 库 单

2019 年 09 月 28 日

提货单位	济南银座商贸有限公司		发出仓库		彩电库	
编号	商品名称及规格	单位	数量		价格	
			应发	实发	单价	金额
0007	TCL646A	台	8	8		
	合计		8	8		
部门经理：略		会计：略		仓库：略		经办人：略

图 4.2.39　出库单

购销合同

合同编号：XS010

卖方：日照瑞泽商贸有限责任公司

买方：济南银座商贸公司

为保护买卖双方的合法权益，买卖双方根据《中华人民共和国合同法》的有关规定，经友好协商，一致同意签订本合同并共同遵守。

一、货物的名称、数量及金额

货物名称	计量单位	数量	单价（不含税）	金额（不含税）	税率	税额
TCL 电视 646A	台	8	3,200.00	25,600.00	13%	3,328.00
合计				¥25,600.00		¥3,328.00

二、合同总金额：人民币贰万捌仟玖佰贰拾捌元整（¥28,928.00）。

三、结算方式：电汇。付款时间：合同签订日支付定金伍仟元整，余款交货时支付。

四、交货时间：2019 年 9 月 28 日。

五、发运方式：买方自提。

卖　方：日照瑞泽商贸有限责任公司　　　　买　方：济南银座商贸公司
授权代表：李超　　　　　　　　　　　　　授权代表：刘雪丽
日　　期：2019 年 9 月 25 日　　　　　　 日　　期：2019 年 9 月 25 日

图 4.2.40　销售合同

中国建设银行电汇凭证（收账通知）

日期：2019 年 09 月 25 日　　NO 40118093

汇款人	全称	济南银座商贸有限公司	收款人	全称	日照瑞泽商贸有限公司
	账号	7322155825003545		账号	37002200369852147852
	汇出地点	山东 省 济南 市/县		汇入地点	山东 省 日照 市/县
	汇出行名称	工行济南历下支行		汇入行名称	中国建设银行烟台路支行

金额（大写）：人民币伍仟元整　　　¥5000 00

汇款用途：定金

留行待取预留收款人印鉴

上列款项已经进账，如有错，上列款项已照数无误。

汇入行签章

科目（借）
对方科目（贷）
汇入行解汇日期　年　月　日
复核　记账　出纳

此联是收款人开户行交给收款人的收账通知

图 4.2.41　收账通知单

图 4.2.42　销售发票

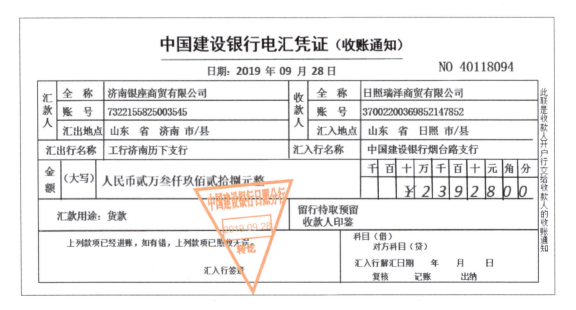

图 4.2.43　收账通知单

【岗位说明】

第一阶段：设置单据格式和数据权限。

1. 会计主管 zg01 在【基础档案】中完成销售订单格式的修改。
2. 会计主管 zg01 取消"用户"的数据权限控制。

第二阶段：签合同，收定金。

1. 销售员 xs01 在【销售管理】系统中录入销售订单。
2. 出纳 cn01 在【应收款管理】系统中参照定金生成收款单。
3. 会计 kj02 对收款单进行审核并制单。
4. 销售员 xs01 在【销售管理】系统中完成对该销售订单的审核。

第三阶段：开发票，确认收入。

1. 销售员 xs01 在【销售管理】系统中参照销售订单生成销售发货单，再参照销售发货单生成销售发票，对发票进行现结处理。
2. 库管员 ck01 在【库存管理】系统参照销售发货单生成出库单并审核。
3. 会计 kj02 在【应收款管理】系统审核销售发票并制单。
4. 会计 kj02 在【存货核算】系统对销售发票进行记账，并生成成本结转凭证。

第四阶段：定金转货款。

1. 出纳 cn01 在【应收款管理】系统中执行定金转货款，生成收款单。
2. 会计 kj02 对收款单进行审核并进行核销处理。
3. 根据收款单和核销合并生成定金转货款凭证。

【业务流程】

该业务的流程如图 4.2.44 所示。

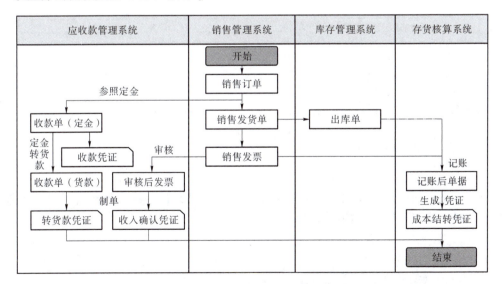

图 4.2.44 定金业务流程

【知识链接】

定金业务是指在合同中约定定金，销售方提前收到定金后开票发货。在使用软件处理定金业务时需要注意，收款单可以参照定金参照生成，但需要销售订单处于尚未审核状态。后期销售方开票发货后，先前的定金可通过转货款的操作，结清购销双方债权债务关系。

【操作指导】

第一阶段：设置单据格式和数据权限

第一步：设置单据格式

1. 以账套主管 zg01 身份登录到【企业应用平台】，【操作日期】为"2019 – 09 – 25"。

2. 在【基础设置】选项卡中，执行【基础档案】–【单据设置】–【单据格式设置】命令，打开【单据格式设置】窗口。

75 定金 – 设置单据及权限

3. 在左边【U8 单据目录分类】下单击【销售管理】–【销售订单】–【显示】–【销售订单显示模板】，打开【销售订单】模板。

4. 单击上方工具栏中的【表头项目】选项，弹出【表头】窗口，通过【定位】功能勾选"必有定金""定金原币金额"复选框。

5. 调整模板上"必有定金""定金原币金额"项目的位置，如图 4.2.45 所示，单击【保存】按钮。

图 4.2.45 销售订单模板

第二步：取消数据权限控制

执行【系统服务】–【权限】–【数据权限控制设置】命令，打开【数据权限控制设置】窗口，取消"用户"前的勾选。

第二阶段：签合同，收定金

第三步：录入销售订单

1. 以销售员 xs01 身份登录到【企业应用平台】，【操作日期】为"2019 – 09 – 25"。

2. 在【业务工作】选项卡中，执行【供应链】–【销售管理】–【销售订货】–【销售订单】命令，打开【销售订单】窗口。

3. 单击【增加】按钮，录入【订单号】为"XS010"，表头【必有定金】选择

"是","定金原币金额"录入"5 000.00",根据合同内容录入销售订单的其他内容,其中【预发货日期】为"2019-09-28",录入完毕后单击【保存】按钮,如图4.2.46所示。

76 收取定金

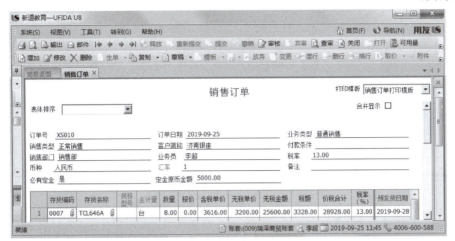

图4.2.46 销售订单

第四步:参照生成收款单并进行审核制单

1. 以出纳cn01身份登录到【企业应用平台】,【操作日期】为"2019-09-25"。

2. 在【业务工作】选项卡中,执行【财务会计】-【应收款管理】-【收款单处理】-【收款单录入】命令,打开【收款单】窗口。

3. 单击【增加】右侧倒三角的"销售定金",系统弹出【查询条件选择-参照订单】对话框,单击【确定】按钮,在【拷贝并执行】窗口显示销售定金列表,双击选中列表,单击【确定】按钮,系统参照销售定金生成收款单,补充【结算方式】为"电汇",【票据号】为"40118093",单击【保存】按钮,如图4.2.47所示。

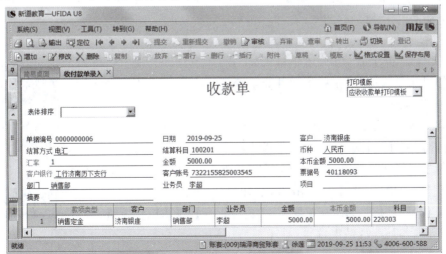

图4.2.47 收款单

第五步：审核收款单并制单

1. 更换会计 kj02 身份登录到【企业应用平台】,【操作日期】为"2019-09-25"。

2. 在【业务工作】选项卡中，执行【财务会计】-【应收款管理】-【收款单据处理】-【收款单据审核】命令，双击打开收款单，单击【审核】按钮，系统提示"是否立即制单"，单击【是】按钮，生成定金收取凭证，如图 4.2.48 所示。

图 4.2.48 定金凭证

第六步：审核销售订单

1. 以销售员 xs01 身份登录到【企业应用平台】,【操作日期】为"2019-09-25"。

2. 在【业务工作】选项卡中，执行【供应链】-【销售管理】-【销售订货】-【销售订单】命令，打开【销售订单】窗口。

3. 单击【末张】图标，显示编号"XS010"的订单，单击【审核】按钮，完成销售订单的审核。

第三阶段：开发票，确认收入

第七步：参照生成发货单并审核

1. 以销售员 XS01 身份登录到【企业应用平台】,【操作日期】为"2019-9-28"。

2. 在【业务工作】选项卡中，执行【供应链】-【销售管理】-【销售发货】-【发货单】命令，打开【发货单】窗口。

77 确认收入

3. 单击【增加】按钮，弹出【查询条件选择-参照订单】窗口，直接单击【确定】按钮，打开【参照生单】窗口，双击选中订单号"XS010"，单击【确定】按钮，生成发货单，选择表体【仓库名称】为"彩电库"，单击【保存】、【审核】按钮，如图 4.2.49 所示。

第八步：参照生成销售发票并复核

1. 执行【销售管理】-【销售开票】-【销售专用发票】命令或者通过快捷命令打

开【销售专用发票】窗口，单击【增加】按钮，利用【生单】右侧倒三角的"参照发货单"生成本业务的销售专用发票。

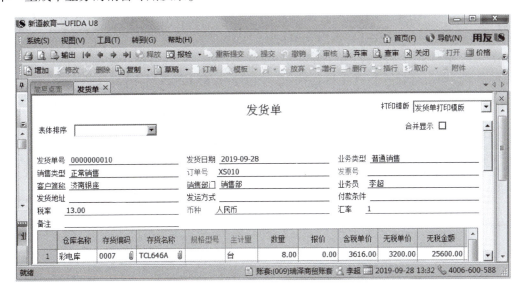

图 4.2.49　发货单

2. 更改【发票号】为"20190211"，单击【保存】按钮，再单击【现结】按钮，弹出【现结】窗口，【结算方式】选择"电汇"，【原币金额】填写"23 928.00"，【票据号】填写"40118094"，单击【确定】按钮，发票显示"现结"标志，在发票上再单击【复核】按钮，如图 4.2.50 所示。

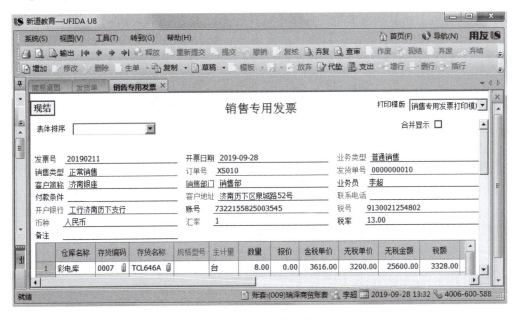

图 4.2.50　销售专用发票

第九步：参照生成销售出库单并审核

1. 更换库管员 ck01 身份登录到【企业应用平台】，【操作日期】为"2019-09-28"。
2. 在【业务工作】选项卡中，执行【供应链】-【库存管理】-【出库业务】-【销售出库单】命令，打开【销售出库单】窗口。
3. 单击【生单】右侧倒三角下拉菜单中的"销售生单"，参照济南银座的发货单生成销售出库单，单击【保存】、【审核】按钮，如图 4.2.51 所示。

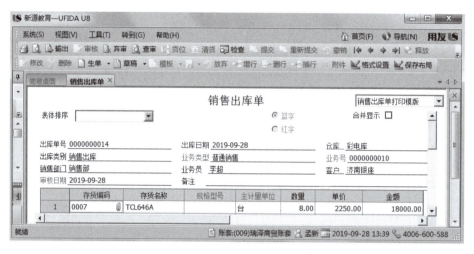

图 4.2.51 销售出库单

第十步：审核销售发票并制单

1. 更换会计 kj02 身份登录到【企业应用平台】，【操作日期】为"2019-09-28"。
2. 在【业务工作】选项卡中，执行【财务会计】-【应收款管理】-【应收单据处理】-【应收单据审核】命令，打开【应收单查询条件】窗口，勾选"包含已现结发票"复选框，单击【确定】按钮。
3. 打开【应收单据列表】窗口，双击打开单据，单击表头的【审核】按钮，系统提示"是否立即制单"，单击【是】按钮，系统完成制单，单击【保存】按钮，如图 4.2.52 所示。

第十一步：记账并生成凭证

1. 执行【供应链】-【存货核算】-【业务核算】-【正常单据记账】命令，打开【查询条件选择】窗口，单击【确定】按钮。
2. 打开【正常单据记账列表】窗口，双击选中票号为"20190211"的专用发票，再单击【记账】按钮，完成对该发票的记账工作。
3. 执行【存货核算】-【财务核算】-【生成凭证】命令，生成成本结转凭证并进行保存，如图 4.2.53 所示。

第四阶段：定金转货款

第十二步：定金转货款

1. 更换出纳 cn01 身份登录到【企业应用平台】，【操作日期】为"2019-09-28"。

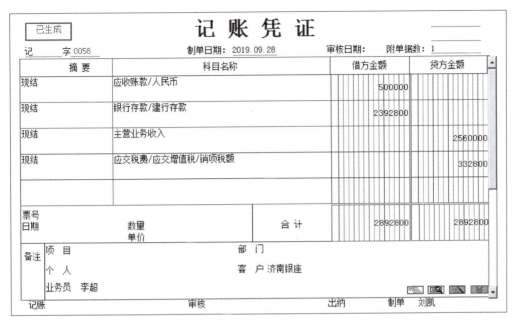

图 4.2.52 赊销凭证

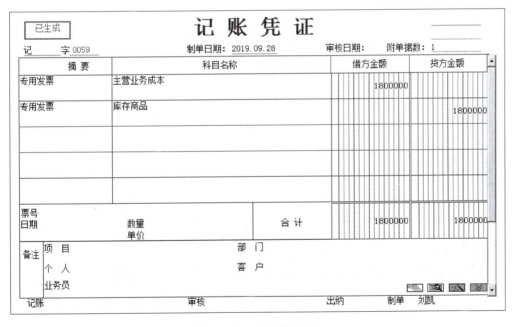

图 4.2.53 成本结转凭证

2. 在【业务工作】选项卡中，执行【财务会计】-【应收款管理】-【收款单处理】-【收款单录入】命令，打开【收款单】窗口。

3. 单击【末张】图标，找到销售定金收款单，单击表头项目【转出】右侧倒三角的"转货款"，如图 4.2.54 所示，系统弹出【销售定金转出】窗口，单击【确定】按钮，系统提示"转出成功生成1张收款单",单击【确定】按钮。

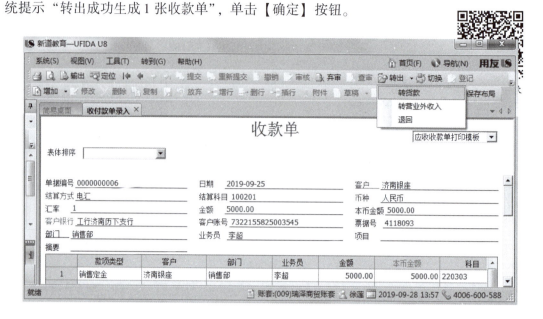

图 4.2.54　定金转货款

第十三步：审核收款单

更换会计 kj02 身份登录到【企业应用平台】，执行【财务会计】－【应收款管理】－【收款单据处理】－【收款单据审核】命令，完成对定金转货款所生成收款单据的审核，如图 4.2.55 所示。

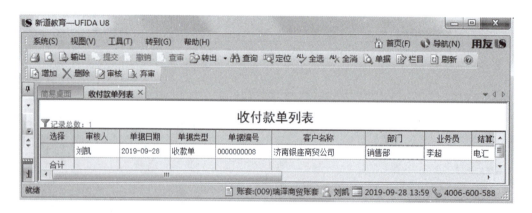

图 4.2.55　审核生成的收款单

第十四步：核销收款单

1. 执行【应收款管理】－【核销处理】－【手工核销】命令，打开【核销条件】窗口，选择【客户】为"济南银座"，单击【确定】按钮。

2. 打开【单据核销】窗口，在发票号为"20190211"发票的【本次结算】栏输入"5 000.00"，如图 4.2.56 所示。

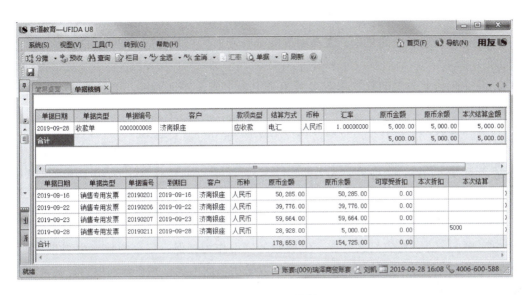

图 4.2.56 单据核销

3. 单击【保存】按钮，完成单据的核销。

第十五步：收款核销制单

1. 执行【应收款管理】-【制单处理】命令，勾选"收付款单制单""核销制单"复选框。

2. 在【应收制单】窗口，分别单击【合并】、【制单】按钮，生成定金转货款凭证，如图 4.2.57 所示。

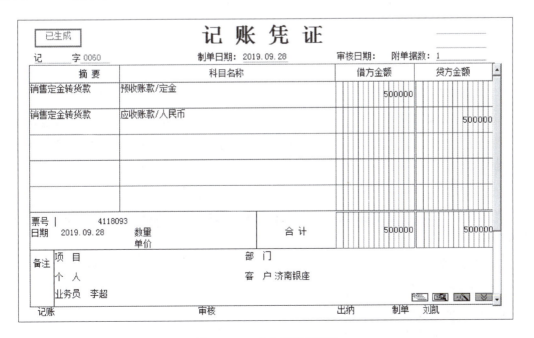

图 4.2.57 定金转货款凭证

【注意事项】

1. 定金销售业务中的订单，表头项目【必有定金】需要选择"是"，并输入定金金额或比例。

2. 定金销售业务中的收款单应参照销售定金生成，并且销售订单必须在收款单生成后进行审核。

3. 销售方开票确认收入后，需要执行定金转货款。

4. 收到的定金除了按照正常业务流程转货款外，还可能发生伴随销售解除的定金退回，或者对方违约作为营业外收入入账。

【拓展延伸】

定金是对买卖双方权利的保障及义务的约束。买卖当事人双方为了保证债务的履行，约定由当事人一方先行支付给对方一定数额的货币作为担保，定金的数额由当事人约定，但不得超过主合同标的额的20%。定金合同要采用书面形式，并在合同中约定交付定金的期限，定金合同从实际交付定金之日生效。债务人履行债务后，定金应当抵作价款或者收回。给付定金的一方不履行约定债务的，无权要求返还定金，收受定金的一方不履行约定债务的，应当双倍返还定金。

任务5 委托代销

【任务描述】

2019年9月28日，销售部李超与杭州佳美购物中心签订委托销售合同，销售TCL032F电视20台，货物当天发出，双方约定委托方按照销售额的10%支付给受托方手续费。30日，收到杭州佳美购物中心的代销清单，货物已经出售15台，财务部开具发票，收到佳美公司开具的手续费发票及电汇款。

【任务解析】

该业务是手续费方式的委托代销业务，销售方发出货物时，由于主要风险报酬尚未转移，因此暂不确认收入，待收到代销清单后，方可确认收入、结转成本。委托代销可分阶段处理业务。

【原始凭证】

销售合同、出库单、商品代销清单、销售发票、采购发票、电汇通知单，如图4.2.58～图4.2.63所示。

【岗位说明】

第一阶段：设置单据，补充基础档案。

1. 主管zg01通过【单据设置】对委托代销结算单进行格式和编号设置。

2. 主管zg01对销售费用支出单进行格式和编号设置。

3. 主管zg01在【基础档案】中增加供应商档案。

购 销 合 同

合同编号：WT001

卖方：日照瑞泽商贸有限责任公司

买方：杭州佳美购物中心

  为保护买卖双方的合法权益，买卖双方根据《中华人民共和国合同法》的有关规定，经友好协商，一致同意签订本合同并共同遵守。

一、货物的名称、数量及金额

货物名称	计量单位	数量	单价（不含税）	金额（不含税）	税率	税额
TCL032F	台	20	3,600.00	72,000.00	13%	9,360.00
合计				￥72,000.00		￥9,360.00

二、合同总金额：人民币捌万壹仟叁佰陆拾元整（￥81,360.00）。

三、结算方式及时间：电汇，月底卖方收到代销清单时，开具发票结算货款。买方按照销售货款（不含增值税）的10%收取手续费。

四、交货时间：2019年9月28日。

五、发运方式：买方自提。

卖 方：日照瑞泽商贸有限责任公司   买 方：杭州佳美购物中心

授权代表：李超   授权代表：刘艳

日 期：2019年9月28日   日 期：2019年9月28日

图 4.2.58 销售合同

出 库 单

2019年09月28日

提货单位	杭州佳美购物中心		发出仓库		彩电库	
编号	商品名称及规格	单位	数量		价格	
			应发	实发	单价	金额
0006	TCL032F	台	20	20		
合计			20	20		

部门经理：略 会计：略 仓库：略 经办人：略

图 4.2.59 出库单

商品代销清单

日期：2019 年 09 月 30 日　　　　　　NO：654321

委托方	日照瑞泽商贸有限公司	受托方	杭州佳美购物中心
账号	37002200369852147852	账号	6202154878952310
开户银行	中国建设银行烟台路支行	开户银行	中行杭州石桥路支行

代销货物	代销货物名称	计量单位	数量	单价（不含税）
	TCL032F	台	20	3600.00

代销方式	按照销售货款（不含增值税）的10%收取手续费
代销结算时间	月底委托方收到代销清单时进行货款结算

本月代销货物情况	代销货物名称	数量	单位	单价（不含税）	金额（不含税）	税率	税额
	TCL032F	15	台	3600.00	54000.00	13%	7020.00
	价税合计	大写：陆万壹仟零贰拾元整			小写：¥61020.00		

本次代销结算金额	大写：陆万壹仟零贰拾元整	小写：¥61020.00

图 4.2.60　商品代销清单

图 4.2.61　销售发票

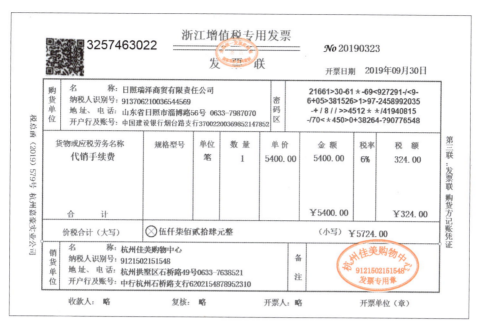

图 4.2.62 采购发票

图 4.2.63 电汇通知单

第二阶段：发出商品。

1. 销售员 xs01 在【销售管理】系统中录入并审核销售订单，并参照销售订单生成委托代销发货单。

2. 库管员 ck01 在【库存管理】系统中参照生成并审核出库单。

3. 会计 kj02 在【存货核算】系统对出库单执行记账，并生成发出商品凭证。

第三阶段：收到代销清单。

1. 销售员 xs01 在【销售管理】系统中录入委托代销结算单，系统自动生成销售发票，对发票执行"复核"处理。

2. 会计 kj02 在【应收款管理】系统对销售发票进行审核并制单。
3. 会计 kj02 在【存货核算】系统对销售发票执行记账,并生成成本结转凭证。

第四阶段:确认代销手续费。
1. 销售员 xs01 在【销售管理】系统录入销售费用支出单,并设计单据流向。
2. 会计 kj02 在【应付款管理】系统审核其他应付单,生成手续费凭证,并进行转账处理。

第五阶段:结算货款。
1. 出纳 cn01 在【应收款管理】系统录入收款单。
2. 会计 kj02 在【应收款管理】系统对收款单进行审核并核销制单。

【业务流程】

该业务的流程如图 4.2.64 所示。

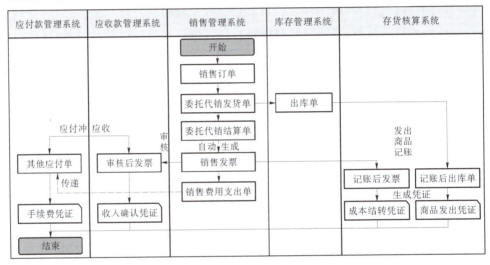

图 4.2.64 手续费方式委托代销业务流程

【知识链接】

委托代销包括手续费方式和视同买断两种,无论哪种方式,都可分阶段处理,即发出货物、收到代销清单和确认手续费结算货款。销售方发出货物的时候只是货物存放方式的转移,主要风险报酬尚未转移,因此不能确认收入,只有收到代销清单并给受托方开具发票后,方可确认收入。

【操作指导】

第一阶段:设置单据,补充基础档案

第一步:调整委托代销清单格式和编号

1. 以会计主管 zg01 身份登录到【企业应用平台】,【操作日期】为"2019-09-28"。

2. 在【基础设置】选项卡中,执行【单据设置】-【单据格式设置】命令,在左边【U8 单据目录分类】下单击【销售管理】-【委托代销结算单】-【显示】-【委托代销结算单显示模板】,打开【委托代销结算单】模板。

3. 单击工具栏的【表头项目】选项,打开【表头】窗口,勾选"发票号"复选框,

79 委托代销初始设置

单击【确定】按钮，在模板上调整"发票号"位置，如图4.2.65所示，保存后退出。

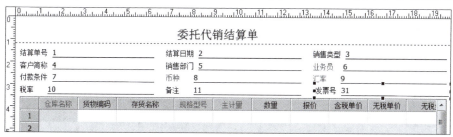

图4.2.65　委托代销结算单格式设置

4. 执行【单据设置】—【单据编号设置】命令，选中【销售管理】—【委托结算单】，单击【修改】图标，勾选"手工改动，重号时自动重取"复选框，单击【保存】按钮。

第二步：设置销售费用支出单格式和编号

1. 选中【销售管理】—【销售支出】，单击【修改】图标，选中"手工改动，重号时自动重取"复选框，单击【保存】按钮退出。

2. 执行【单据设置】—【单据格式设置】命令，打开【单据格式设置】窗口。

3. 在左边【U8单据目录分类】下单击【销售管理】—【销售费用支出单】—【显示】—【销售费用支出单显示模板】，打开【销售费用支出单】模板。

4. 单击工具栏中的【表头项目】选项，打开【表头】窗口，勾选"费用供货商名称""单据流向"复选框，取消"发票号"的勾选，并将"支出单号"的显示名称改为"发票号"，单击【确定】按钮，调整新增项目位置，修改后的单据模板如图4.2.66所示，单击【保存】按钮退出。

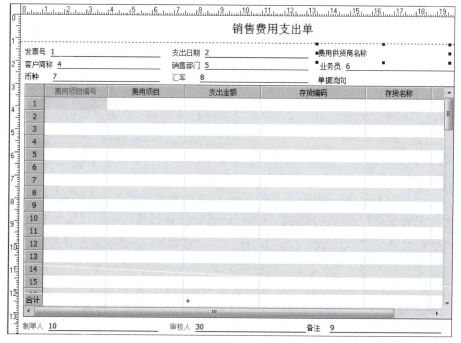

图4.2.66　费用支出单模板

第三步：增加供应商档案

1. 在【基础设置】选项卡中，执行【基础档案】-【客商信息】-【供应商档案】命令，打开【供应商档案】窗口。

2. 参照佳美的客户档案信息，建立供应商档案，如图 4.2.67 所示。

图 4.2.67 新增供应商档案

第二阶段：发出商品

第四步：录入、审核销售订单

1. 以销售员 xs01 身份登录到【企业应用平台】，【操作日期】为"2019-09-28"。

2. 在【业务工作】选项卡中，执行【供应链】-【销售管理】-【销售订货】-【销售订单】命令，打开【销售订单】窗口。

80 委托代销发货

3. 单击【增加】按钮，将【业务类型】改为"委托代销"，【销售类型】选择"委托销售"，根据合同录入销售订单，依次单击【保存】、【审核】按钮，如图 4.2.68 所示。

第五步：参照生成并审核委托代销发货单

1. 执行【供应链】-【销售管理】-【委托代销】-【委托代销发货单】命令，打开【委托代销发货单】窗口。

2. 单击【增加】按钮，弹出【查询条件选择-参照订单】窗口，单击【确定】按钮，进入【参照生单】窗口，双击选中佳美的委托代销订单，单击【确定】按钮，系统参照生成委托代销发货单，选择【仓库名称】为"彩电库"，依次单击【保存】、【审核】按钮，如图 4.2.69 所示。

第六步：参照生成并审核销售出库单

1. 更换库管员 ck01 身份登录到【企业应用平台】，【操作日期】为"2019-09-28"。

2. 在【业务工作】选项卡中，执行【供应链】-【库存管理】-【出库业务】-【销售出库单】命令，打开【销售出库单】窗口。

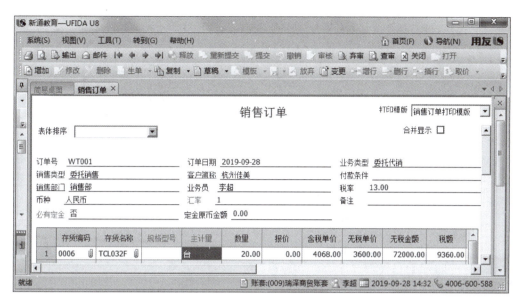

图 4.2.68　销售订单

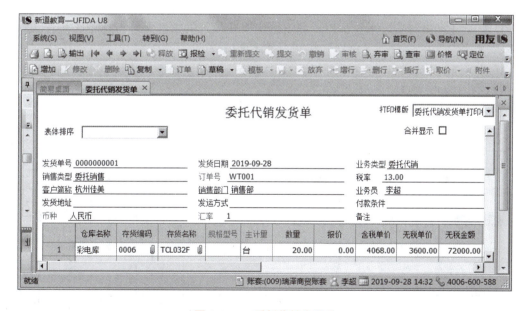

图 4.2.69　委托代销发货单

3. 单击【生单】右侧倒三角下拉菜单中的"销售生单",弹出【查询条件选择-销售发货单列表】窗口,单击【确定】按钮,打开【销售生单】窗口,选择相应的销售发货单,单击【确定】按钮,系统自动生成销售出库单并审核,如图 4.2.70 所示。

第七步:发出商品记账并生成凭证

1. 更换会计 kj02 身份登录到【企业应用平台】,【操作日期】为"2019-09-28"。

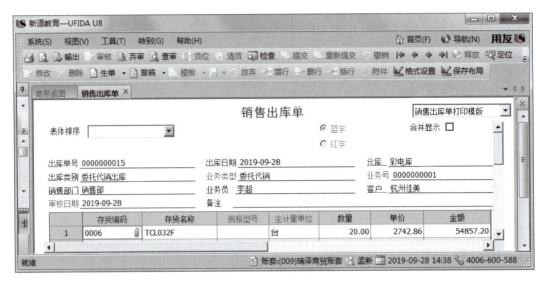

图 4.2.70　销售出库单

2. 在【业务工作】选项卡中，执行【供应链】-【存货核算】-【业务核算】-【发出商品记账】命令，打开【查询条件选择】窗口，单击【确定】按钮。

3. 打开【发出商品记账】窗口，双击选中委托代销发货单，单击【记账】按钮，系统提示"记账成功"，单击【确定】按钮，关闭该窗口。

4. 执行【存货核算】-【财务核算】-【生成凭证】命令，生成发出商品凭证，单击【保存】按钮，如图 4.2.71 所示。

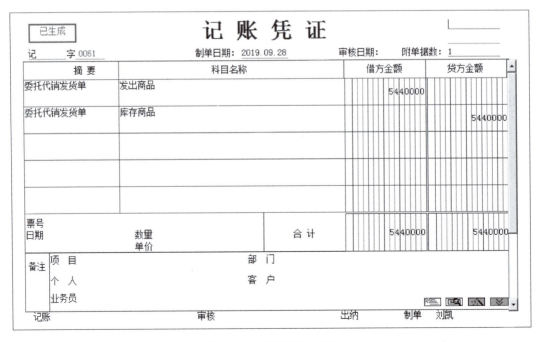

图 4.2.71　发出商品凭证

第三阶段：收到代销清单

第八步：录入委托代销结算单，自动生成发票

1. 以销售员 xs01 身份登录到【企业应用平台】，【操作日期】为"2019-09-30"。

81 确认收入

2. 在【业务工作】选项卡中，执行【供应链】-【销售管理】-【委托代销】-【委托代销结算单】命令，打开【委托代销结算单】窗口。

3. 单击【增加】按钮，弹出【查询条件选择-委托结算参照发货单】窗口，单击【确定】按钮，打开【参照生单】窗口，双击选中委托代销发货单，单击【确定】按钮，系统参照发货单自动生成委托代销结算单。

4. 更改表头项目【结算单号】为"654321"，输入【发票号】为"20190212"，更改表体项目【数量】为"15"，单击【保存】按钮，如图 4.2.72 所示。

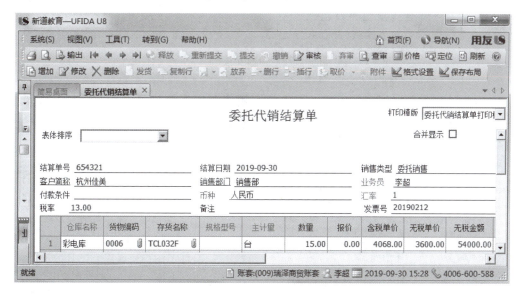

图 4.2.72　委托代销结算单

5. 单击【审核】按钮，系统弹出【请选择发票类型】窗口，勾选"专用发票"复选框，单击【确定】按钮。

第九步：复核发票

1. 关闭【委托代销结算单】窗口，执行【供应链】-【销售管理】-【销售开票】-【销售专用发票】命令，进入空白的【销售专用发票】窗口。

2. 单击【末张】图标，显示系统自动生成的委托代销结算业务发票，单击【复核】按钮，如图 4.2.73 所示。

第十步：审核发票并制单

1. 以会计 kj02 身份登录到【企业应用平台】，【操作日期】为"2019-09-30"。

2. 执行【财务会计】-【应收款管理】-【应收单据处理】-【应收单据审核】命令，打开【应收单查询条件】窗口，单击【确定】按钮。

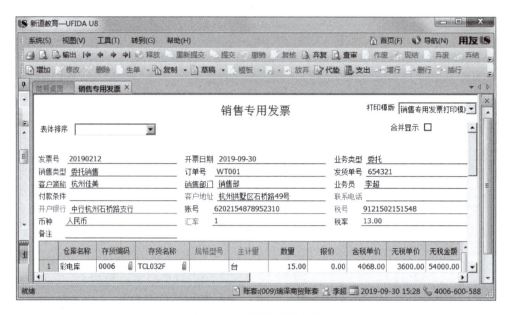

图 4.2.73 销售专用发票

3. 打开【应收单据列表】窗口，双击打开销售专用发票，单击表头项目的【审核】按钮，系统提示"是否立即制单"，单击【是】按钮，系统生成收入确认的会计凭证，单击【保存】按钮，如图 4.2.74 所示。

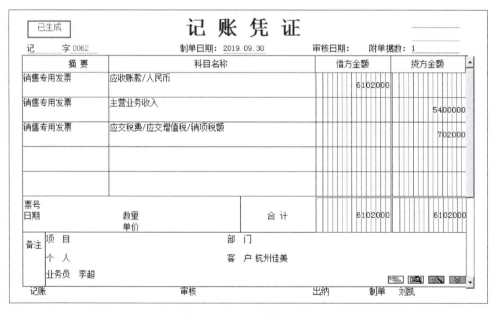

图 4.2.74 收入确认凭证

第十一步：记账结转成本

1. 执行【供应链】-【存货核算】-【业务核算】-【发出商品记账】命令，弹出

【查询条件选择】窗口，直接单击【确定】按钮，打开【发出商品记账】窗口，如图 4.2.75 所示。

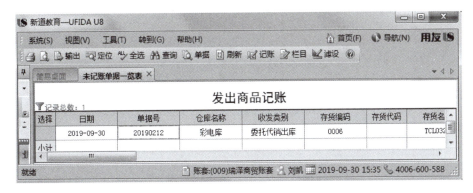

图 4.2.75　发出商品记账

2. 单击【全选】按钮，再单击【记账】按钮，系统提示"记账成功"。

3. 执行【存货核算】-【财务核算】-【生成凭证】命令，生成成本结转凭证，如图 4.2.76 所示。

图 4.2.76　成本结转凭证

第四阶段：确认代销手续费

第十二步：录入费用支出单

1. 以销售员 xs01 身份登录到【企业应用平台】，【操作日期】为"2019-09-30"。

2. 在【业务工作】选项卡中，执行【供应链】-【销售管理】-【费用支出】-【销售费用支出单】命令，打开【销售费用支出单】窗口。

82 确认代销手续费

3. 录入【发票号】为"20190323",选择【费用供货商名称】为"杭州佳美购物中心",【单据流向】为"其他应付单",补充完整表体内容,单击【保存】、【审核】按钮,如图4.2.77所示。

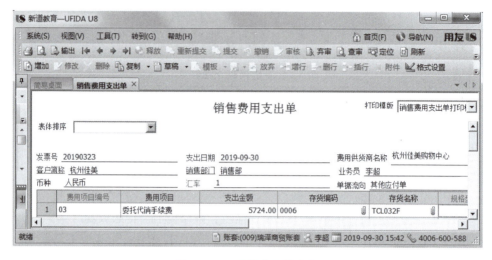

图 4.2.77　销售费用支出单

第十三步：应付款管理系统制单,并执行转账处理

1. 以会计 kj02 身份登录到【企业应用平台】,【操作日期】为"2019 – 09 – 30"。
2. 执行【财务会计】-【应付款管理】-【应付单据处理】-【应付单据审核】命令,打开【应付单查询条件】窗口,双击打开其他应付单。
3. 单击表头【审核】按钮,系统提示"是否立即制单",单击【是】按钮,系统生成会计凭证,补充会计科目"660102"和"22210101"并保存,如图4.2.78所示。

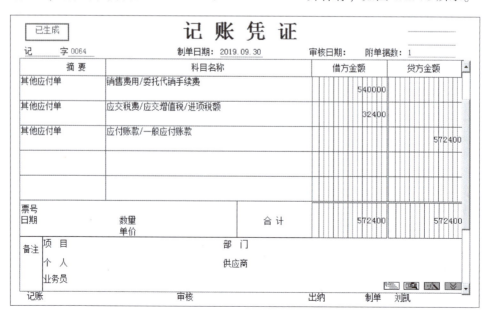

图 4.2.78　委托代销手续费凭证

4. 执行【应付款管理】-【转账】-【应付冲应收】命令，弹出【应付冲应收】窗口，在【应付】选项卡下选择【供应商】为"004 杭州佳美购物中心"，单击【应收】选项卡，选择【客户】为"004 杭州佳美购物中心"，单击【确定】按钮。

5. 在【其他应付单】的【转账金额】处输入"5 724.00"，在 2019－09－30 的销售专用发票的【转账金额】处也输入"5 724.00"，如图 4.2.79 所示。

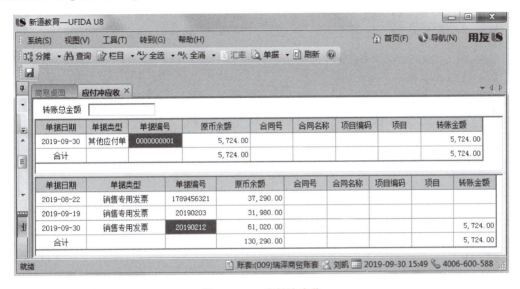

图 4.2.79　应付冲应收

6. 单击【保存】按钮，系统提示"是否立即制单"，单击【是】按钮，生成应付冲应收的会计凭证，如图 4.2.80 所示。

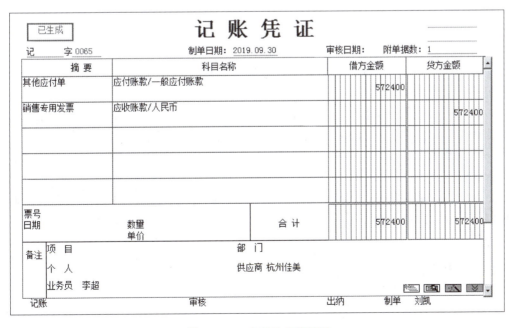

图 4.2.80　应付冲应收凭证

第五阶段：结算货款
第十四步：填制收款单

1. 以出纳 cn01 身份登录到【企业应用平台】，操作日期为"2019-09-30"。

2. 执行【财务会计】-【应收款管理】-【收款单据处理】-【收款单据录入】命令，打开【收款单】窗口，根据原始凭证录入收款单内容，单击【保存】按钮，如图 4.2.81 所示。

83 结算货款

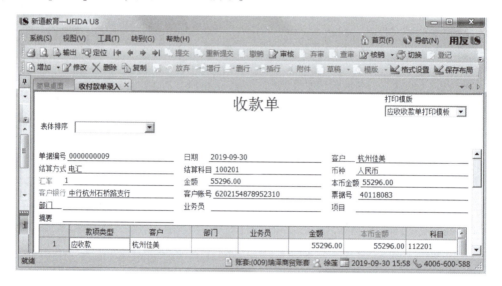

图 4.2.81　收款单

第十五步：审核收款单并进行收款核销

1. 以会计 kj02 身份登录到【企业应用平台】，【操作日期】为"2019-09-30"。

2. 执行【财务会计】-【应收款管理】-【收款单据处理】-【收款单据审核】命令，弹出【收款单查询条件】窗口，单击【确定】按钮，打开【收付款单列表】窗口，完成对该收款单的审核。

3. 执行【应收款管理】-【核销处理】-【手工核销】命令，弹出【核销条件】窗口，选择【客户】为"004 杭州佳美"，单击【确定】按钮，进入【单据核销】窗口，在 2019-09-30 销售专用发票的【本次结算】栏录入"55 296.00"，如图 4.2.82 所示，单击【保存】按钮。

4. 执行【应收款管理】-【制单处理】命令，打开【制单查询】窗口，勾选"收付款单制单"复选框和"核销制单"复选框，单击【合并】按钮和【制单】按钮，生成收款核销凭证，如图 4.2.83 所示。

【注意事项】

1. 委托代销包括手续费方式和视同买断两种方式。手续费方式下，受托方按照与委托方的协议价格对外销售，以手续费作为收入；而视同买断方式下，受托方自行决定商品对外销售价格，赚取商品对外售价与结算价的差额。

图 4.2.82　单据核销

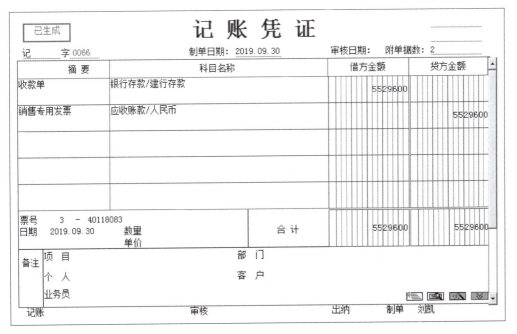

图 4.2.83　收款核销凭证

　　2. 委托方发出商品时不确认收入，应于收到代销清单时确认收入。

　　3. 委托方给受托方开具的发票不是通过【销售系统】-【销售开票】命令参照生成或者手工录入的，而是通过委托代销结算单审核时自动生成的，自动生成的发票只有经过复核，方可在【应收款管理】系统进行审核。

　　4. 委托代销结算单上的结算数量系统默认为发出商品数量，但是月末时候不一定将商品全部对外售出，如果受托方实际销售数量与委托方发货数量不一致，则需要对表体的结算数量进行修改。

5. 如果委托代销结算单的表头没有"发票号"项目，可以通过【单据设置】-【单据格式设置】命令，通过设置【委托代销结算单模板】增加该项目。

6. 委托方支付给受托方的手续费，会取得受托方开具的增值税专用发票。对于委托方而言，相当于购买了受托方的代销劳务，因此也可以通过【采购管理】系统录入发票，并在【应付款管理】系统进行审核制单。由于该手续费是为销售产品而发生的费用，因此应该计入"销售费用"。

7. 如果委托方在开具发票的同时就收到了受托方结算的款项，则需要在发票上进行"现结"处理。

【拓展延伸】

一般而言，手续费方式下的委托代销，双方提前约定了价格，后续业务按照合同约定执行即可。但是在销售过程中，如果结算价格出现了变动，则需要对委托代销的结算价进行调整，可以通过填制委托代销调整单的形式实现，调整后的结存金额即为原结存金额加上调整价税合计金额。

任务6 零售日报

【任务描述】

2019年9月30日，日照瑞泽商贸公司汇总了本月向专卖店日照海晶以零售方式销售的商品货物，确认本月实现的零售收入。

【任务解析】

该业务是零售日报业务，当发生零售业务时，零售日报的作用相当于销售发票，但是一般零售业务不会签订合同，其基本业务处理流程可比照普通销售业务。

【原始凭证】

零售日报、出库单、收据，如图4.2.84~图4.2.86所示。

零售日报					
2019 年 09 月 30 日					NO: 789654
购买单位	日照海晶				
编号	商品名称及规格	单位	数量	单价（含税）	金额
0008	美的35GW1.5P	台	1	4000.00	4000.00
0009	美的26GW1P	台	3	3200.00	9600.00
合计					¥13600.00
部门经理：略	会计：略		仓库：略		经办人：略

图4.2.84 零售日报

出库单

2019 年 09 月 30 日

提货单位	日照海晶		发出仓库		空调库	
编号	商品名称及规格	单位	数量		价格	
			应发	实发	单价	金额
0008	美的35GW1.5P	台	1	1		
0009	美的26GW1P	台	3	3		
	合计		4	4		
部门经理：略		会计：略		仓库：略		经办人：略

图 4.2.85　出库单

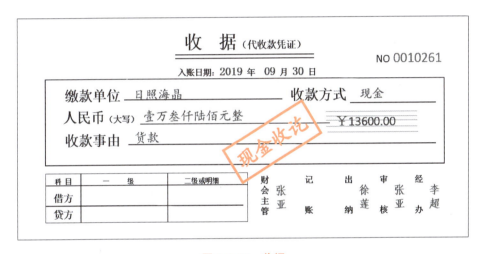

图 4.2.86　收据

【岗位说明】

1. 销售员 xs01 在【销售管理】系统中录入零售日报，现结并复核，系统自动生成发货单。
2. 库管员 ck01 在【库存管理】系统中录入或参照生成并审核出库单。
3. 会计 kj02 在【应收款管理】系统对零售日报进行审核，并生成收入确认凭证；在【存货核算】系统对零售日报或者出库单进行正常单据记账，并生成成本结转凭证。

【业务流程】

该业务的流程如图 4.2.87 所示。

【知识链接】

企业除了批发业务外，可以直接或者通过专卖店等渠道开展零售业务。由于零售业务很少签订合同，且不是所有的零售业务都需要开具发票，因此一般而言，零售业务不能根据发票来确认收入的实现，但是为了反映企业真实的收入情况，企业月末会汇总填制零售日报，因此可以用零售日报替代普通销售发票进行业务处理。

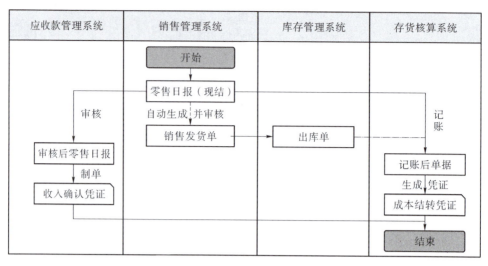

图 4.2.87 零售日报业务流程

【操作指导】

第一步：录入零售日报，现结并复核

1. 以销售员 xs01 身份登录到【企业应用平台】，【操作日期】为"2019-09-30"。

2. 在【业务工作】选项卡中，执行【供应链】-【销售管理】-【零售日报】-【零售日报】命令，打开【零售日报】窗口。

3. 单击【增加】按钮，根据原始单据补充完整单据内容，依次单击【保存】、【现结】按钮，打开【现结】窗口，录入【结算方式】、【原币金额】和【票据号】，单击【确定】按钮，回到【零售日报】窗口，单击【复核】按钮，如图4.2.88所示。

84 零售日报

图 4.2.88 零售日报

第二步：参照发货单生成并审核出库单

1. 更换库管员 ck01 身份登录到【企业应用平台】，【操作日期】为"2019－09－30"。
2. 在【业务工作】选项卡中，执行【供应链】－【库存管理】－【出库业务】－【销售出库单】命令，打开【销售出库单】窗口。
3. 单击【生单】右侧倒三角下拉菜单中的"销售生单"，参照销售发货单生成销售出库单，单击【保存】、【审核】按钮，如图4.2.89所示。

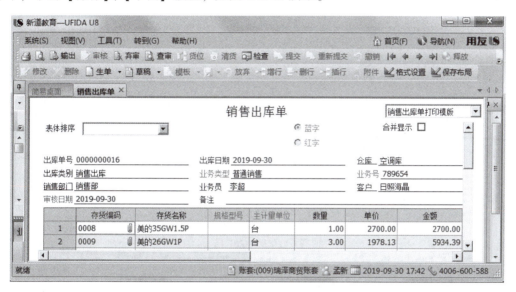

图 4.2.89　销售出库单

第三步：审核零售日报并制单

1. 更换会计 kj02 身份登录到【企业应用平台】，【操作日期】为"2019－09－30"。
2. 在【业务工作】选项卡中，执行【财务会计】－【应收款管理】－【应收单据处理】－【应收单据审核】命令，勾选"包含已现结的发票"复选框，单击【确定】按钮。
3. 打开【应收单据列表】窗口，双击打开零售日报，单击表头的【审核】按钮，系统提示"是否立即制单"，单击【是】按钮，生成收入确认凭证，如图4.2.90所示。

第四步：记账并生成凭证

1. 执行【供应链】－【存货核算】－【业务核算】－【正常单据记账】命令，打开【查询条件选择】窗口，单击【确定】按钮。
2. 打开【正常单据记账列表】窗口，双击选中 2019－09－30 的销售日报，如图4.2.91所示，再单击【记账】按钮，系统提示"记账成功"，单击【确定】按钮，关闭该窗口。
3. 执行【存货核算】－【财务核算】－【生成凭证】命令，打开【生成凭证】窗口，单击【选择】按钮，弹出【查询条件】窗口，单击【确定】按钮。
4. 打开【未生成凭证单据一览表】，依次单击【全选】、【确定】按钮，打开【生成凭证】窗口，单击【生成】按钮，生成成本结转凭证并保存，如图4.2.92所示。

图 4.2.90　收入确认凭证

选择	日期	单据号	存货编码	存货名称	规格型号	存货代码	单据类型	仓库名称	收发类别	数量	单价
	2019-09-10	0000000006	0007	TCL646A			采购入库单	彩电库	采购入库	8.00	2,300.00
	2019-09-19	20190204	0011	九阳豆浆机D08			专用发票	家用小电器库	销售出库	10.00	
	2019-09-19	20190204	0013	苏泊尔电饭煲B40			专用发票	家用小电器库	销售出库	5.00	
	2019-09-23	20190208	0012	九阳电磁炉C22			专用发票	家用小电器库	销售出库	20.00	
	2019-09-24	20190209	0011	九阳豆浆机D08			专用发票	家用小电器库	销售出库	12.00	
Y	2019-09-30	789654	0008	美的35GW1.5P			销售日报	空调库	销售出库	1.00	
Y	2019-09-30	789654	0009	美的26GW1P			销售日报	空调库	销售出库	3.00	
小计										59.00	

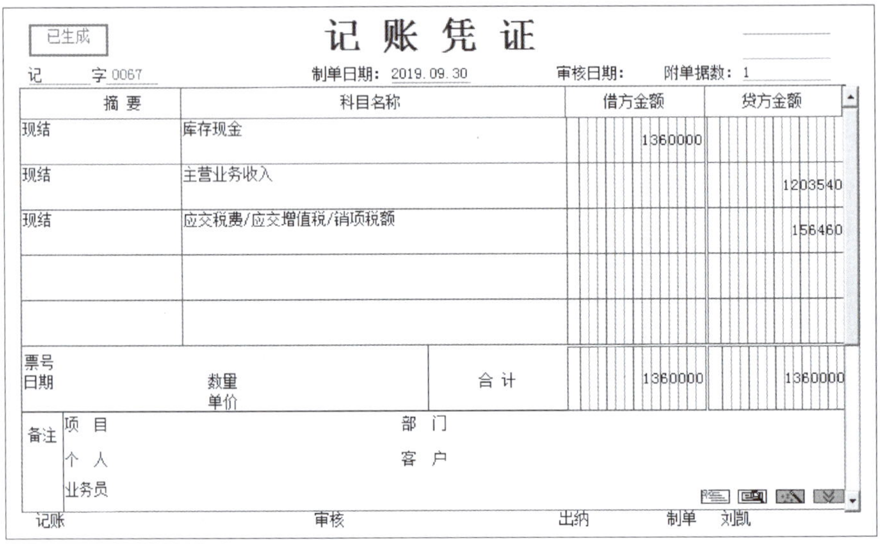

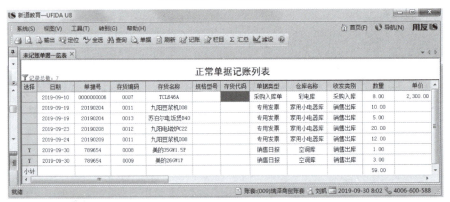

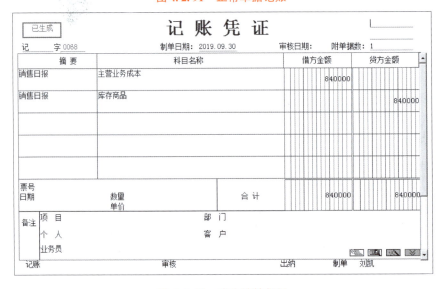

图 4.2.91　正常单据记账

图 4.2.92　成本结转凭证

【注意事项】

零售日报的作用相当于普通销售业务的发票,因此在【销售管理】系统录入零售日报并复核后,系统会自动生成并审核发货单,再根据发货单可参照生成出库单。零售日报自动传递到【应收款管理】系统,并在此完成该单据的审核和制单。

【拓展延伸】

零售日报是企业以零售方式销售商品在供应链系统进行业务处理的流程。由于针对零散客户很少开具发票,企业一般以零售日报替代发票,汇总零散销售商品的数量和类型;此外零星业务一般不会签订购销合同,因此该类经济业务的起始点不是销售订单,而是零售日报。

任务7 销售退货

【任务描述】

2019年9月30日,济南银座因质量问题退回16日购买的海尔642V2冰箱1台,即日办理退货,并开具红字增值税专用发票。

【任务解析】

该业务是销售退货业务,即商品对外销售后,已经确认了收入并结转了成本,由于商品质量等原因,对方要求退货,企业需要冲减已确认的收入和已结转的成本。

【原始凭证】

红字专用发票、红字出库单,如图4.2.93、图4.2.94所示。

图4.2.93 红字专用发票

图 4.2.94 红字出库单

【岗位说明】

1. 销售员 xs01 在【销售管理】系统中手工录入或者参照生成销售退货单,再参照销售退货单生成红字销售专用发票并进行复核。

2. 库管员 ck01 在【库存管理】系统中录入或参照生成并审核红字销售出库单。

3. 会计 kj02 在【应收款管理】系统对红字销售专用发票进行审核,并生成冲减收入的凭证;执行红票对冲,将红蓝发票进行冲减。

4. 在【存货核算】系统对红字销售专用发票进行正常单据记账,并生成冲减成本的凭证。

【业务流程】

该业务的流程如图 4.2.95 所示。

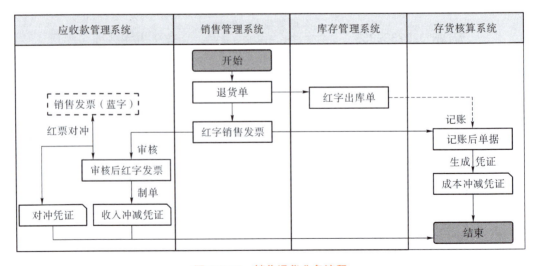

图 4.2.95 销售退货业务流程

【知识链接】

销售退货的起始点是销售退货单,退货单即红字的发货单,可根据销售订单或者发货单参照生成。需要注意的是，退货单上退货数量应为负值，而原币单价为正值，后续的业务处理流程可参照普通销售处理。退货业务所生成的会计凭证既包括收入的冲减，也包括成本的冲抵。

【操作指导】

第一步：参照生成并审核销售退货单

1. 以销售员 xs01 身份登录到【企业应用平台】，【操作日期】为"2019-09-30"。

2. 在【业务工作】选项卡中，执行【供应链】-【销售管理】-【销售发货】-【退货单】命令，打开一张空白的退货单。

85 销售退货

3. 单击【增加】按钮，弹出【查询条件选择-退货单参照发货单】窗口，单击【取消】按钮，单击【生单】右侧倒三角下拉菜单的"参照订单"，弹出【查询条件选择-参照订单】窗口，单击【确定】按钮，进入【参照生单】窗口，双击选中编号为"XS001"的订单，单击【确定】按钮。

4. 系统参照生成退货单，更改表头【销售类型】为"销售退货"，在表体删除存货 TCL155A 所在行，将海尔 642V2 的【数量】改为"-1"，选择【仓库名称】为"冰箱库"，依次单击【保存】、【审核】按钮，如图 4.2.96 所示。

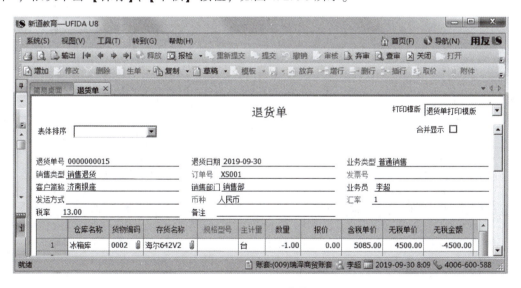

图 4.2.96　退货单

第二步：参照生成并复核红字专用发票

1. 执行【销售管理】-【销售开票】-【红字专用销售发票】命令，打开【红字专用发票】窗口。

2. 单击【增加】按钮，弹出【查询条件选择-参照订单】窗口，单击【取消】按钮，再单击【生单】右侧倒三角下拉菜单的"参照发货单"，系统弹出【查询条件选择-发票参照发货单】窗口，修改【发货单类型】为"红字记录"，如图 4.2.97 所示，单击【确定】按钮。

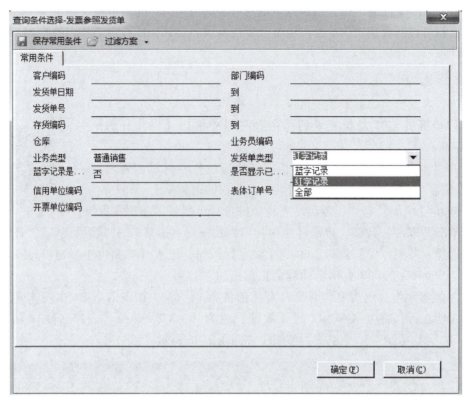

图 4.2.97 【查询条件选择－发票参照发货单】窗口

3. 在【参照生单】窗口，参照销售退货单生成红字专用发票，更改【发票号】为"20190213"，依次单击【保存】、【复核】按钮，如图 4.2.98 所示。

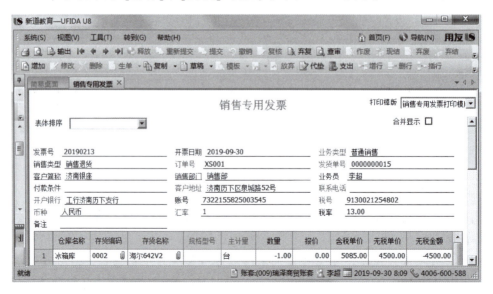

图 4.2.98 红字销售发票

第三步：参照生成并审核红字出库单

1. 更换库管员 ck01 身份登录到【企业应用平台】,【操作日期】为"2019-09-30"。

2. 在【业务工作】选项卡中，执行【供应链】-【库存管理】-【出库业务】-【销售出库单】命令，打开【销售出库单】窗口。

3. 利用【生单】的"销售生单"功能，参照退货单生成红字销售出库单，保存并审核，如图 4.2.99 所示。

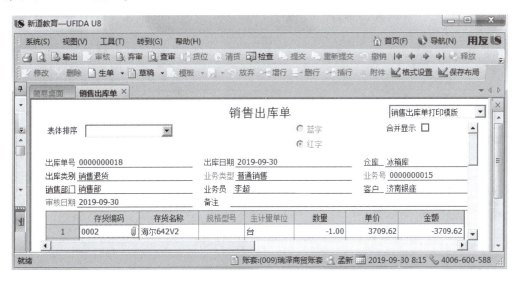

图 4.2.99 红字销售出库单

第四步：审核红字专用发票并制单

1. 更换会计 kj02 身份登录到【企业应用平台】,【操作日期】为"2019-09-30"。

2. 在【业务工作】选项卡中，执行【财务会计】-【应收款管理】-【应收单据处理】-【应收单据审核】命令，完成对济南银座商贸公司红字发票的审核。

3. 执行【应收款管理】-【制单处理】命令，根据红字销售发票生成收入冲减的凭证，单击【保存】按钮，如图 4.2.100 所示。

第五步：红票对冲

1. 执行【应收款管理】-【转账】-【红票对冲】-【手工对冲】命令，打开【红票对冲条件】窗口，选择【客户】为"002 济南银座"，单击【确定】按钮。

2. 打开【红票对冲】窗口，在单据编号为"20190201"的蓝字销售发票的【对冲金额】栏录入"5 085.00"，如图 4.2.101 所示。

3. 单击【保存】图标，系统提示"是否立即制单"，单击【是】按钮，生成红票对冲凭证，如图 4.2.102 所示。

第六步：记账并生成退货凭证

1. 执行【供应链】-【存货核算】-【业务核算】-【正常单据记账】命令，单击销售退货发票右键的"手工输入"命令，输入单价"3 700.00"，单击【确定】按钮，双击选中该单据，出现"Y"标记，如图 4.2.103 所示。

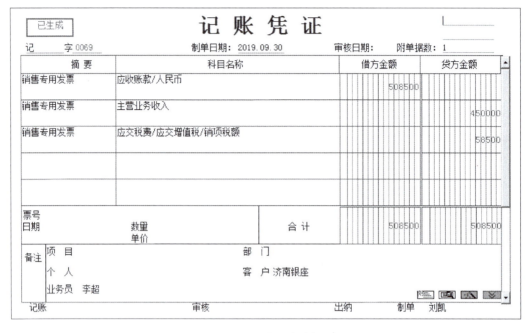

图 4.2.100　收入冲减凭证

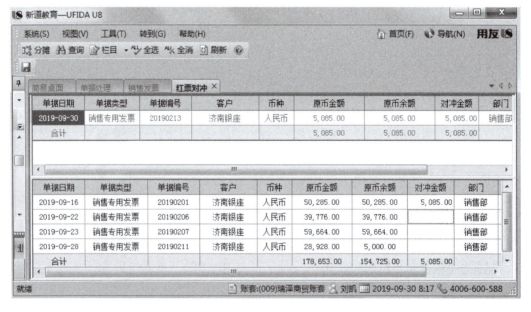

图 4.2.101　【红票对冲】窗口

2. 单击【记账】按钮，完成红字销售发票的记账。

3. 执行【存货核算】-【财务核算】-【生成凭证】命令，根据红字销售发票生成销售退回凭证，如图 4.2.104 所示。

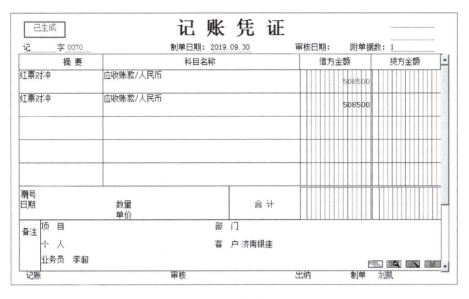

图 4.2.102　红票对冲凭证

图 4.2.103　正常单据记账列表

【注意事项】

1. 销售退货单即为红字发货单，可以参照销售订单或者销售发货单生成。

2. 销售退货单上的数量应为负值，如果在开具销售红字发票的同时退回了货款，应在发票执行现结处理，金额也应该为负值。

3. 销售退货虽然对于企业而言是物资入库，但是在【库存管理】系统参照生成的是红字出库单，而不是入库单。

4. 销售退货流程与基本赊销流程相似，生成的会计凭证以红字显示。

【拓展延伸】

在【存货核算】系统对红字发票进行正常单据记账的时候，需要手工录入单价，方可进行记账处理。这里的单价是当时销售实现时候所结转的单位成本，可以在【业务核算】—【恢复记账】窗口查到销售当时所结转的单位成本，也可以通过【存货核算】—【账簿】—【明细账】查看该业务销售时发出存货的成本。

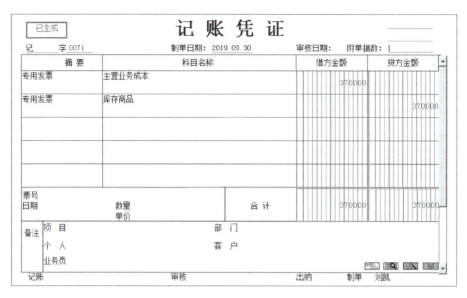

图 4.2.104 冲减销售成本凭证

任务 8　销售折让

【任务描述】

2019 年 9 月 30 日，19 日销售给徐州天盛的海尔冰箱 572E1 包装存在质量问题，经双方协商，瑞泽商贸公司给予对方 10% 的折让。

【任务解析】

该业务是销售折让业务。销售折让是指由于商品的质量、规格等不符合要求，销售单位同意在商品价格上给予的减让。

【原始凭证】

红字增值税专用发票，如图 4.2.105 所示。

【岗位说明】

1. 销售员 xs01 在【销售管理】系统中参照生成或录入并审核红字销售专用发票。
2. 会计 kj02 在【应收款管理】系统对红字销售专用发票进行审核，生成销售折让凭证。
3. 会计 kj02 在【应收款管理】系统执行红票对冲，生成红票对冲凭证。

【业务流程】

该业务的流程如图 4.2.106 所示。

【知识链接】

折让与销售退回业务不同，销售退货既要冲减收入，也要冲减成本，但是折让只是在商品价格上给予的让步，不存在退货的问题，因此只需冲减已确认的销售收入金额。

图 4.2.105　红字增值税专用发票

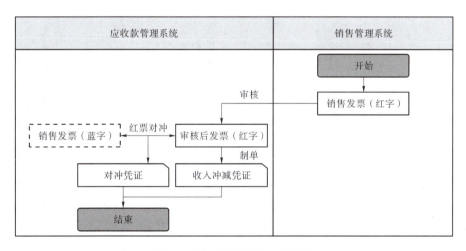

图 4.2.106　销售折让业务流程

【操作指导】

第一步：录入、审核红字销售专用发票

1. 以销售员 xs01 身份登录到【企业应用平台】，【操作日期】为"2019-09-30"。

2. 在【业务工作】选项卡中，执行【供应链】-【销售管理】-【销售开票】-【红字专用销售发票】命令，打开【红字专用销售发票】窗口。

86 销售折让

3. 单击【增加】按钮，参照"XS005 号"销售订单生成红字销售专用发票，更改表头的【发票号】为"20190214"，更改【销售类型】为"其他销售"。通过【删行】按钮删除表体 0008 号存货所在行，将 0001 号存货的表体【数量】、【无税单价】均改为"0"，【无税金额】输入"-3 800.00"，选择【退补标志】为"退补"，单击【保存】按钮和【复核】按钮，如图 4.2.107 所示。

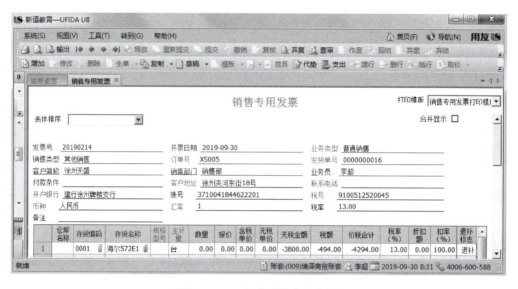

图 4.2.107　红字销售专用发票

第二步：审核红字专用发票并制单

1. 更换会计 kj02 身份登录到【企业应用平台】，【操作日期】为"2019-09-30"。

2. 在【业务工作】选项卡中，执行【财务会计】-【应收款管理】-【应收单据处理】-【应收单据审核】命令，完成对徐州天盛红字发票的审核。

3. 执行【应收款管理】-【制单处理】命令，根据红字销售专用发票生成收入冲减凭证，单击【保存】按钮，如图 4.2.108 所示。

第三步：红票对冲

1. 执行【应收款管理】-【转账】-【红票对冲】-【手工对冲】命令，打开【红票对冲条件】窗口，选择【客户】为"003 徐州天盛"，单击【确定】按钮。

2. 打开【红票对冲】窗口，在蓝字销售发票的【对冲金额】栏录入"4 294.00"，单击【保存】图标，系统提示"是否立即制单"，单击【是】按钮，生成红票对冲凭证，如图 4.2.109 所示。

【注意事项】

1. 销售折让只对价格打折，因此只能录入或者参照生成红字发票，没有入库单。

2. 折让的红字发票的表体上，无须选择仓库，数量、单价等信息一概填"0"，直接根据折让金额在金额栏录入即可。

3. 销售折让需要选择【退补标志】为"退补"，如果发票的表体没有该项目，需要通过【单据设置】-【单据格式设置】命令增加销售发票的表体项目。

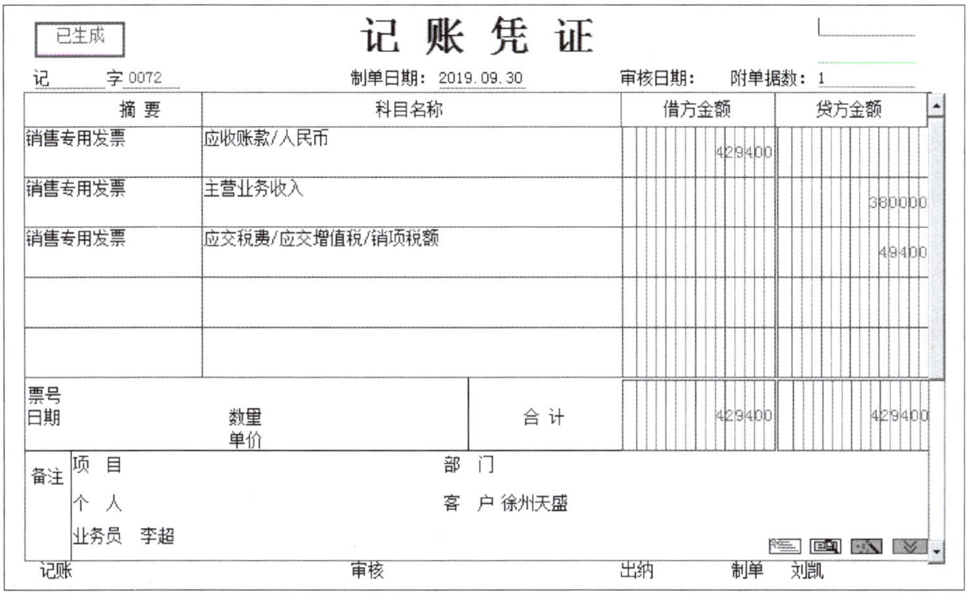

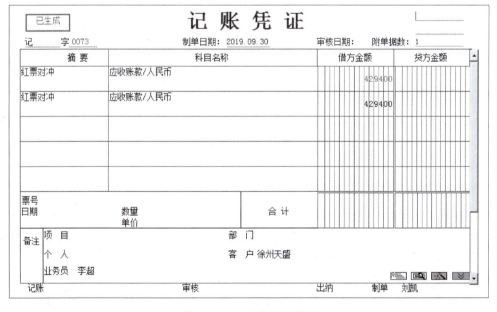

已生成

记 账 凭 证

记 字 0072　　制单日期：2019.09.30　　审核日期：　　附单据数：1

摘 要	科目名称	借方金额	贷方金额
销售专用发票	应收账款/人民币	429400	
销售专用发票	主营业务收入		380000
销售专用发票	应交税费/应交增值税/销项税额		49400
票号 日期　数量 单价	合 计	429400	429400

备注　项 目　　部 门
个 人　　客 户 徐州天盛
业务员 李超

记账　　审核　　出纳　　制单 刘凯

图 4.2.108　冲减收入凭证

已生成

记 账 凭 证

记 字 0073　　制单日期：2019.09.30　　审核日期：　　附单据数：1

摘 要	科目名称	借方金额	贷方金额
红票对冲	应收账款/人民币	429400	
红票对冲	应收账款/人民币	429400	
票号 日期　数量 单价	合 计		

备注　项 目　　部 门
个 人　　客 户 徐州天盛
业务员 李超

记账　　审核　　出纳　　制单 刘凯

图 4.2.109　红票对冲凭证

【拓展延伸】

会计处理中容易混淆的四种情形：一是商业折扣，它是指对商品价目单中所列的商品价格，根据不同销售对象给予一定的折扣优惠。商业折扣通常用 5%、10% 等百分数表示，扣减商业折扣后的价格才是商品的实际销售价格。二是现金折扣，它是企业为了鼓励客户在一定期限内早日偿还货款而给予客户的折扣优惠。一般表示为“2/10，1/20，n/30”，在实际发生时直接作为理财费用计入"财务费用"。三是销售折让，它是指商品由于品种、质量等不符合合同规定或其他原因应退而未退，对购买方在价格上给予的额外折让。销售折让会使企业销售收入减少，所以应对销售收入进行调整，但是不需要调整销售成本。四是销售退回，它是指企业售出的商品由于质量、品种不符合要求等原因而发生的退货。销售退回既需要冲减收入，也需要冲减成本。

财务新世界

管理会计来了，会计人员该如何转型

最近许多人在热炒管理会计，说管理会计前景看好，传统会计必将式微。所谓传统会计，就是指做凭证、出报表的核算会计。此外的会计职能差不多都可归到管理会计的范畴。如果将会计核算界定为传统会计，不可否认，会计核算工作在一点点没落与边缘化。记得20年前会计记账还是手工账一统天下，那时会计人员最提心吊胆的就是月末结账，做不平账是常事，能快速找出报表不平原因的会计就是财务部的骨干。当会计电算化出现后，账不可能做不平了，多少老会计引以为豪的技能没了用武之地。

如今IT技术、互联网与人工智能逐步渗透到了大众生活的方方面面，会计工作也因此受到冲击，并且冲击的力度会越来越大。财务软件出现后，烦琐的总分类账、明细账不再需要会计人手工登记，月末结账只需点一下按钮。网银出现后，出纳的大部分工作移到了网络。财务共享中心建立后，人工智能预计会逐渐取代人执行会计核算。

2017年上半年有两条新闻让会计人着实紧张了一阵。一是德勤推出了财务机器人，另一是海尔建立财务共享服务中心。这两条新闻本不搭界，却有明显的共同点，都是信息技术冲击传统的会计领域。一个是近在眼前的技术取代会计人，另一个是人工智能未来将终结会计核算工作，相信大多数会计人会有一种前途堪忧的恐慌。大胆预测，10年后传统会计的从业人数会大幅减少，会计人要么被职场淘汰，要么转型成为综合性的经济管理人才。如果会计人员还是一味埋头于会计核算工作，一方面这样的工作对企业而言是低价值的，另一方面这样的工作也不会给自己带来太多的成就感。但要说明，这么说不意味着做会计核算工作对个人发展毫无助益。

传统会计与管理会计的关系

我并不赞成生硬地把会计工作分割为传统会计与管理会计的说法。传统会计与管理会计是企业财务工作的一体两面，不宜割裂而论高下。会计人员在企业的工作大多是二者兼而有之，只是各有侧重。不可否认，绝大多数会计人员的职业发展都是从会计核算起步的，从基础性工作起步的。一方面，从基础做起可以积累经验，更深入地理解会计工作的弯弯绕绕，培养自己的职业敏感，浸淫日久，方得始终。另一方面，从简单工作做起，让自己的小成绩得到领导的认可，领导才会放心安排你做更重要的工作，才能获得进步的机会。脚踏实地与仰望星空不能对立起来看，脚踏实地是态度，仰望星空是志向。将二者对立着看就成了好高骛远。时刻谨记，宰相起于州郡，猛将发于卒伍。

财务人员转型，不能只是一句空话

不远的将来，会计核算大概很少需要人的判断和操作。通过标准化的流程，人工智能就能进行账务处理了。需要会计人做的是在一开始把规则制定好。把定好的规则输入到系统中，后续系统将按照拟定的记账规则把所有的账务处理好。或许有人还在疑问，会计核算领域人工智能真能完全取代会计人吗？其实这是个伪命题。就如你相信50年后不会再有马路清洁工一样。科技的进步会把简单重复、规则性强的工作交给人工智能，会计核算工作完全符合这一特征。如果你拒绝承认这种趋势，那是因为你觉得在会计领域还有计算机做不了的事，在想人工智能不会做假账、不会偷漏税。这是多么荒唐的想法啊！如果人工智能取代了会计核算，又何尝不会取代审计与税务稽查呢？与其不切实际的怀疑，不如多想想怎么应对人工智能情景下的会计工作新常态。会计人员需要转型，转型既可能是会计人员主动为之，也可能是人工智能倒逼会计人员被动而为之。

会计人员实现转型的路径

如何转型，大多数会计人未必清楚。华为曾给财务人员提出过三个转型要求，我在这里分享给大家作参考。

（1）由核算型向经营管理型转型。

对于创造性的工作、非规律性的工作，人工智能不能胜任，这需要人的智力投入。经营管理会计就是带有原创性质的会计工作，这将是未来财务工作的主阵地。要守住这方阵地，需要会计人员主动融入业务，能够帮助企业改进业务、改进经营。

（2）由事后的财务分析向事前的财务控制转型。

魏王问扁鹊："你兄弟三人谁医术最高？"扁鹊答："长兄最好，中兄次之，我最差。"魏王再问："为何你最出名？"扁鹊答："长兄治病于发作前，人们不知他事先能铲除病因；中兄治病于初起时，人们以为他只能治小病；我治病于危重时，人们误以为我医术高明！"故事给了会计人一个启示，财务工作的重心要由事后向事前推移。会计工作不要总是专注于事后解决问题。即便做得好，也只是给人以亡羊补牢的感觉。如果能设法避免羊丢失，不是更好吗？通过事前的有效预防，避免问题发生，代价会远低于事后解决问题。借助内控与制度流程建设，通过事先的筹划与预测，别让问题冒头，这是成本最小的管理方式，也是管理会计的精髓所在。

（3）工作作风由机关型向服务型转型。

财务部在业务的眼里是后台部门，是机关，很容易与业务起冲突。发生冲突时，财务或许有理，但又让人感觉别扭。真的没有办法避免冲突吗？财务对争议事项有无事先说明、有无培训宣贯、有无例外通道，这都能看出财务是否具有服务意识。

财务工作一般不能直接为公司创造价值，财务工作的价值需要通过业务来体现。财务人员要主动把业务当作自己的客户。财务人员的服务意识要由被动转为主动，预先谋划、特事特办、事后规范，努力做到为经营服务、为一线服务、为作战服务。这三个转型要求归结为一句话就是，会计融入业务、服务业务。

（文章来源：http://shuo.news.esnai.com/article/201805/175076.shtml）

项目小结

销售业务		
子项目	任务列表	学习内容
普通销售业务	1. 赊销	普通赊销业务流程
	2. 现结销售	现结销售业务流程
		现结销售的适用范围及注意事项
	3. 预收款销售	预收款业务流程
		预收冲应收流程及作用
	4. 现金折扣及代垫运费	现金折扣业务收款核销注意事项
		代垫运费业务流程及注意事项
	5. 一次开票分次出库	一次开票分次出库业务特点
		一次开票分次出库业务流程
	6. 一次出库分次开票	一次出库分次开票业务流程
	7. 商业汇票结算业务	商业汇票销售与商业汇票采购异同
		商业汇票销售的业务流程
特殊销售业务	1. 超订单出库开票	超订单出库开票相关参数作用
		超订单出库开票业务流程
	2. 外币结算销售	外币结算销售业务单据设置
		外币结算销售业务流程
	3. 直运销售	直运销售含义及流程
		直运销售业务注意事项
	4. 定金销售	定金的作用
		定金业务处理流程
	5. 委托代销	委托代销业务种类
		手续费方式下委托代销业务流程
		委托代销业务收入确认条件
	6. 零售日报	零售日报的特点
		零售日报的业务流程
	7. 销售退货	销售退货业务类型
		销售退货业务流程
	8. 销售折让	折让与退货、折扣的区别
		折让业务中销售发票的单据格式设置
		折让业务流程

项目五

库存管理与存货核算业务

职业能力目标

目标类型	目标要求	对应子项目
能力目标	能处理存货盘点业务	子项目5.1
	能使用存货发放非货币福利	子项目5.1
	能使用存货对外捐赠	子项目5.1
	能处理期末采购发票未到而货物已经验收入库的业务	子项目5.2
	能对使用全月平均法的存货进行单价计算	子项目5.2
	能根据月末汇率处理外币资产负债产生的汇兑损益	子项目5.3
	能进行月末各系统的结账工作	子项目5.3

续表

目标类型	目标要求	对应子项目
知识目标	掌握其他出入库单的使用方法	子项目5.1
	掌握存货盘点流程原理	子项目5.1
	掌握存货相关税务处理	子项目5.1
	理解汇兑损益产生的原理	子项目5.2
	掌握全月平均法单价计算原理及处理流程	子项目5.2
	掌握月末各系统结账的先后顺序关系	子项目5.3
素质目标	培养学生及时处理业务、高效的工作作风	子项目5.1~5.3
	培养学生加强部门合作的工作意识	
	培养学生具有按内控流程办理出入库、保证资产安全的意识	
	培养学生按规定管理存货、降低存货资产成本的意识	

 典型工作任务

项目	子项目	典型工作任务
库存管理与存货核算业务	库存管理业务	存货盘点
		发放非货币性福利
		对外捐赠
	存货核算业务	录入暂估成本
		计算发出存货成本
	期末业务处理	计算汇兑损益
		期末结账

 项目背景资料

本月除了进行正常采购及销售业务外，还发生了以外购产品发放福利、对外捐赠及存货盘点等系列业务，相关人员根据制度规定进行业务处理。月末，财务人员根据存货发出方法对使用全月平均法的存货进行单价计算、记账，为月末对账、结账做好准备。

子项目 5.1

库存管理业务

警钟长鸣——消失的存货

任务 1 存货盘点

【任务描述】

2019 年 9 月 30 日，仓储中心孟新对空调库进行了盘点，发现存在存货盘亏现象。

【任务解析】

该业务为存货盘点业务，需要仓储人员将盘点单录入【库存管理】系统，完成存货盘盈及盘亏的确认。

【原始凭证】

盘点单，如图 5.1.1 所示。

盘 点 单

仓库：空调库　　　　　　　　　　　　　　　　　　　日期：2019年09月30日

商品编号	商品名称及规格	单位	账面数量		盘点数量		盘盈	盘亏	备注
			数量	单价	数量	单价			
0008	美的35GW1.5P	台	16		16				
0009	美的26GW1P	台	13		13				
0010	美的72LW3P	台	10		9			1	仓储人员责任
	合计		39		38			1	

主管：略　　　　　　监盘：略　　　　　　保管：略　　　　　　制单：略

图 5.1.1　盘点单

【岗位说明】

1. 库管员 ck01 在【库存管理】系统中录入并审核盘点单，系统生成"其他出库单"和"其他入库单"。

2. 库管员 ck01 在【库存管理】系统对"其他出库单"和"其他入库单"进行审核。

3. 会计 kj02 在【存货核算】系统对"其他出库单"和"其他入库单"进行正常单据记账，并生成相关凭证。

4. 会计 kj02 在【总账】系统制单，处理盘亏。

【业务流程】

该业务的流程如图 5.1.2 所示。

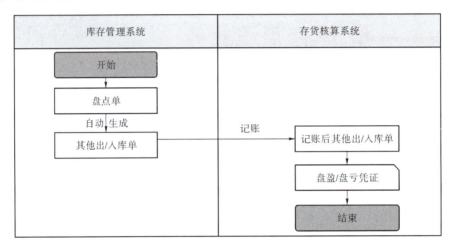

图 5.1.2　盘点业务流程

【知识链接】

盘点是确保存货账实相符的重要方法，库管员需要定期或不定期地开展盘点工作。信息化环境下，库管员将实际盘点单录入系统，系统根据盘盈盘亏情况自动生成"其他出库单"或"其他入库单"，对"其他出/入库单"执行记账后，即可生成确认存货盘盈或盘亏的凭证。

【操作指导】

第一步：录入并审核盘点单

1. 以库管员 ck01 身份登录到【企业应用平台】，【操作日期】为"2019-09-30"。

2. 在【业务工作】选项卡中，执行【供应链】-【库存管理】-【盘点业务】命令，打开【盘点单】窗口，单击【增加】按钮，选择表头【盘点仓库】为"空调库"，【出库类别】选择"盘亏出库"，【入库类别】选择"盘盈入库"，并选择部门和经手人。

87 存货盘点

3. 单击【盘库】按钮，系统提示"盘库将删除未保存的所有记录，是否继续？"，单击【是】按钮，弹出【盘点处理】窗口，默认盘点方式为"按仓库盘点"，如图 5.1.3 所示，单击【确认】按钮，该仓库的产品信息显示在盘点单上。

4. 将"美的72LW3P"的【盘点数量】改为"9"，系统自动在当行的【盘亏数量】出现"-1"，单击【保存】、【审核】按钮，如图 5.1.4 所示。

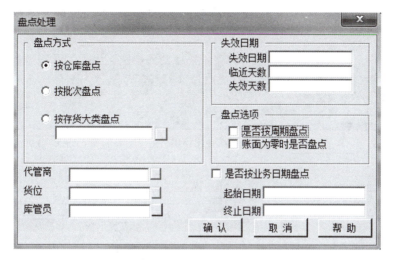

图 5.1.3　盘点处理

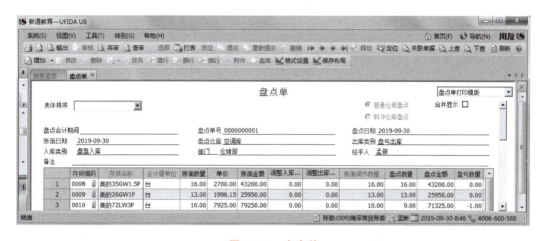

图 5.1.4　盘点单

第二步：审核其他出库单

1. 关闭【盘点单】窗口，执行【供应链】-【库存管理】-【出库业务】-【其他出库单】命令，打开【其他出库单】窗口。

2. 单击【末张】图标，找到盘亏存货自动生成的"其他出库单"，单击【审核】按钮，系统提示"该单据审核成功"，如图 5.1.5 所示。

第三步：记账并生成凭证

1. 以会计 kj02 身份登录到【企业应用平台】，【操作日期】为"2019-09-30"。

2. 在【业务工作】选项卡中，执行【供应链】-【存货核算】-【业务核算】-【正常单据记账】命令，对盘亏生成的"其他出库单"执行记账处理。

3. 执行【存货核算】-【财务核算】-【生成凭证】命令，根据"其他出库单"生成盘亏的会计凭证，通过【拆分】补充会计科目"22210104 应交税费/应交增值税/进项税额转出",贷方金额录入"1 030.25",修改"待处理财产损溢"的金额为"8 955.25",如图5.1.6所示。

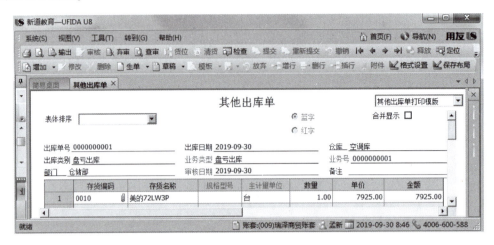

图5.1.5 其他出库单

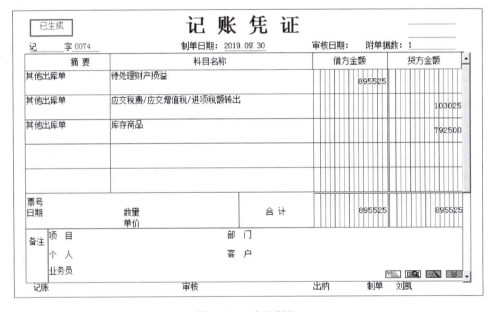

图5.1.6 盘亏凭证

4. 执行【财务会计】-【总账】-【凭证】-【填制凭证】命令,单击【增加】按钮,填制盘亏资产处理凭证,如图5.1.7所示。

【注意事项】

1. 在录入盘点单时,需要先选择仓库,进而才能选择存货。
2. 如果是人为因素造成的外购存货盘亏确认时,一般要转出已经抵扣的进项税额,将盘亏存货及转出的进项税计入"待处理财产损溢"账户,待管理部门批准处置后,再从该科目转入债权、费用等科目。

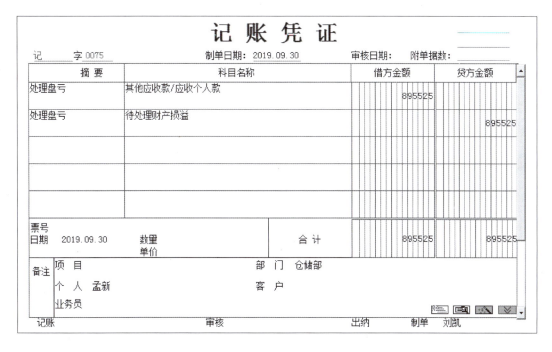

图 5.1.7 处理盘亏凭证

【拓展延伸】

为了加强存货管理，保障存货的安全性、完整性、准确性，需要定期或不定期对存货进行盘点。按照盘点范围分类，可以分为全面盘点和抽样盘点。无论是软件核算还是手工核算，对存货进行的盘点操作是相同的，软件下需要在盘点单中根据盘点结果更改盘点数量，系统自动生成"其他出库单"或者"其他入库单"，对单据记账，完成盘点工作。

任务2 发放非货币性福利

【任务描述】

2019年9月30日，管理部门决定给员工每人发放美的35GW1.5P空调1台作为春节福利，企业共有员工8人，其中管理人员5名，销售、采购、库管人员各1人。

【任务解析】

该业务是将外购商品作为职工福利进行发放的行为，直接通过【库存管理】系统的"其他出库单"进行处理。

【岗位说明】

1. 库管员ck01在【库存管理】系统中录入并审核"其他出库单"。
2. 会计kj02在【存货核算】-【业务核算】系统对"其他出库单"进行正常单据记

账，并在【存货核算】-【财务核算】中生成非货币性福利发放的凭证。

3. 会计 kj02 在【总账】系统填制非货币性福利分摊的会计凭证。

【原始凭证】

出库单，如图5.1.8所示。

出 库 单

2019 年 09 月 30 日

提货单位	职工福利发放		发出仓库	空调库	
编号	商品名称及规格	单位	数量		价格	
			应发	实发	单价	金额
0008	美的35GW1.5P	台	8	8		
合计			8	8		

部门经理：略　　会计：略　　仓库：略　　经办人：略

图5.1.8　出库单

【业务流程】

该业务的流程如图5.1.9所示。

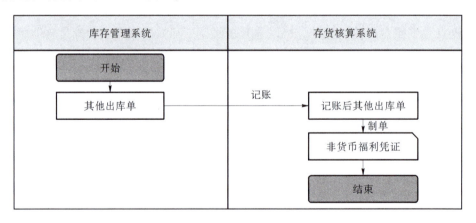

图5.1.9　非货币福利发放业务流程

【知识链接】

非货币性福利发放业务一方面涉及了企业商品物资的出库，但又不属于常规的采购、销售、生产等业务，因此既需要在【库存管理】系统完成，但又不能通过正常的销售出库单处理，因此该业务使用到的是其他出库单，并且税法规定外购商品发放福利不得抵扣购进时的进项税额，因此应将进项税额做转出处理。

【操作指导】

第一步：录入、审核"其他出库单"

1. 以库管员 ck01 身份登录到【企业应用平台】，【操作日期】为"2019-09-30"。

2. 在【业务工作】选项卡中，执行【供应链】-【库存管理】-【出库业务】-【其他出库单】命令，打开【其他出库单】窗口。

3. 单击【增加】按钮，根据原始单据填写完成"其他出库单"，单击【保存】、【审核】按钮，如图 5.1.10 所示。

88 发放非货币性福利

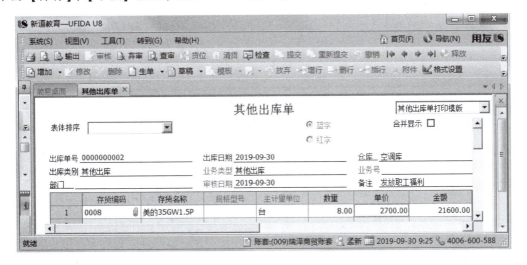

图 5.1.10　其他出库单

第二步：执行正常单据记账并生成凭证

1. 更换会计 kj02 身份登录到【企业应用平台】，【操作日期】为"2019-09-30"。

2. 在【业务工作】选项卡中，执行【供应链】-【存货核算】-【业务核算】-【正常单据记账】命令，完成 2019-09-30 的其他出库单的记账。

3. 执行【存货核算】-【财务核算】-【生成凭证】命令，打开【生成凭证】窗口，单击【选择】按钮，弹出【查询条件】窗口，单击【确定】按钮。

4. 打开【未生成凭证单据一览表】，依次单击【全选】按钮和【确定】按钮，打开【生成凭证】窗口，补充完整会计科目"221102 应付职工薪酬—非货币性福利"，如图 5.1.11 所示。

5. 单击【生成】按钮，生成非货币福利发放的凭证。通过【插分】按钮，插入贷方科目"22210104 应交税费/应交增值税/进项税额转出"，金额为"2 808.00"，修改借方金额为"24 408.00"，单击【保存】按钮，如图 5.1.12 所示。

第三步：总账系统填制非货币性福利分摊凭证

1. 执行【财务会计】-【总账】-【凭证】-【填制凭证】命令，单击【新增】图标，打开一张空白凭证。

2. 根据受益性原则，填制非货币性福利分摊凭证，如图 5.1.13 所示。

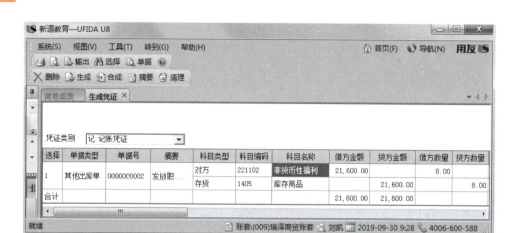

图 5.1.11　生成凭证

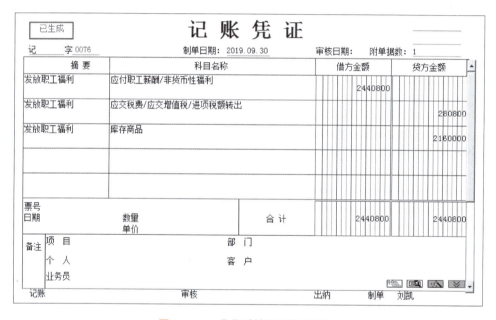

图 5.1.12　非货币性福利发放凭证

【注意事项】

1. 因为启用了【库存管理】系统,非货币性福利的发放涉及商品的出入库,因此不能直接在【总账】系统制单,而应该通过"其他出库单"从【库存管理】系统完成。

2. 非货币性福利的分摊凭证在【总账】系统填制完成,并且应按照受益性原则进行分摊。

【拓展延伸】

根据税法规定,外购货物、劳务、服务、无形资产和不动产用于简易计税方法计税项目、免征增值税项目、集体福利或者个人消费时,其进项税额不得抵扣。向职工发放非货币性福利属于个人消费范畴,因此进项税不得抵扣,应该予以转出。

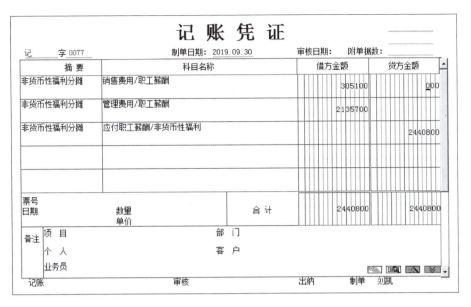

图 5.1.13 非货币性福利分摊凭证

任务3 对外捐赠

【任务描述】

2019年9月30日,管理部门决定向红星希望小学捐赠 TCL155A 电视 5 台,该商品的市场价格是 4 500.00 元/台。

【任务解析】

该业务是将外购商品进行对外捐赠的行为,直接通过【库存管理】系统的"其他出库单"进行处理。

【原始凭证】

出库单,如图 5.1.14 所示。

出 库 单

2019 年 09 月 30 日

提货单位	红星希望小学(捐赠)		发出仓库		彩电库	
编号	商品名称及规格	单位	数量		价格	
			应发	实发	单价	金额
0005	TCL155A	台	5	5		
	合计		5	5		
部门经理:略		会计:略		仓库:略	经办人:略	

图 5.1.14 出库单

【岗位说明】

1. 库管员 ck01 在【库存管理】系统中录入并审核"其他出库单"。
2. 会计 kj02 在【存货核算】-【业务核算】系统对"其他出库单"进行正常单据记账,并在【存货核算】-【财务核算】中生成捐赠的会计凭证。

【业务流程】

该业务的流程如图 5.1.15 所示。

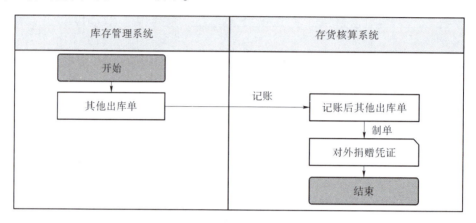

图 5.1.15 对外捐赠业务流程

【知识链接】

对外捐赠商品的业务原理与流程与非货币性福利发放相似,都是通过"其他出库单"完成,但是税法规定外购商品对外捐赠应视同销售,因此应按照商品的公允价值计算销售税额。

【操作指导】

第一步:录入、审核其他出库单

1. 以库管员 ck01 身份登录到【企业应用平台】,【操作日期】为"2019-09-30"。

2. 在【业务工作】选项卡中,执行【供应链】-【库存管理】-【出库业务】-【其他出库单】命令,打开【其他出库单】窗口。

3. 单击【增加】按钮,根据原始单据填制完成其他出库单,单击【保存】、【审核】按钮,如图 5.1.16 所示。

89 对外捐赠

第二步:执行正常单据记账并生成凭证

1. 更换会计 kj02 身份登录到【企业应用平台】,【操作日期】为"2019-09-30"。

2. 在【业务工作】选项卡中,执行【供应链】-【存货核算】-【业务核算】-【正常单据记账】命令,完成 2019-09-30 其他出库单的记账。

3. 执行【存货核算】-【财务核算】-【生成凭证】命令,打开【生成凭证】窗口,单击【选择】按钮,弹出【查询条件】窗口,单击【确定】按钮。

4. 打开【未生成凭证单据一览表】,依次单击【全选】、【确定】按钮,打开【生成

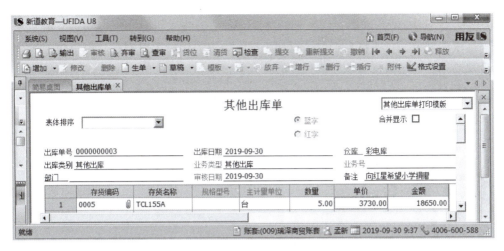

图 5.1.16 其他出库单

凭证】窗口，补充完整会计科目"671101"，单击【生成】按钮，生成对外捐赠的凭证。

5. 通过【插分】按钮，插入贷方科目"22210102 应交税费/应交增值税/销项税额"，金额为"2 925.00"，修改"营业外支出"的借方金额为"21 575.00"，单击【保存】按钮，如图 5.1.17 所示。

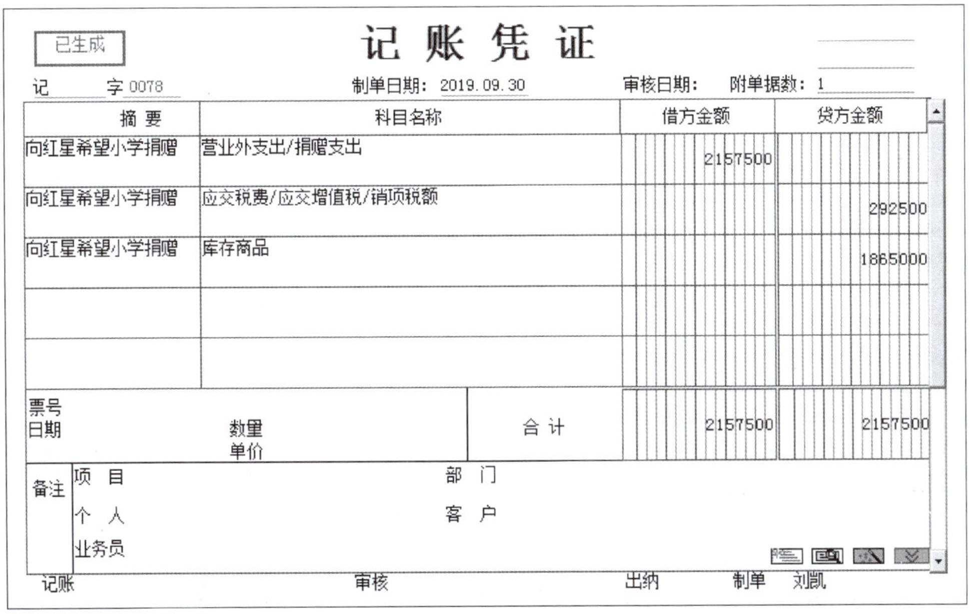

图 5.1.17 对外捐赠凭证

【注意事项】

1. 对外捐赠和发放非货币性福利的原理相似，因此两类业务的处理流程相同。
2. 企业将资产对外捐赠时，应视同销售，所以应确认销项税额，以其公允价值乘以税率加以计算，本题中的销项税计算：$4\ 500 \times 5 \times 0.13 = 2\ 925.00$（元）。

【拓展延伸】

根据税法规定，企业将自产、委托加工或者购进的货物无偿赠送其他单位或者个人的行为应视同销售，增值税应该以该存货的公允价值计算。

管理增效——ABC 存货管理

子项目 5.2 存货核算业务

任务 1 录入暂估成本

【任务描述】

2019 年 9 月 30 日，本月 10 日采购部从 TCL 公司购入的 8 台 TCL646A 电视的发票仍未收到，该批货物已经于本月 10 日验收入库，财务部根据该类存货的历史价格，按照 2 200.00/台的暂估价格进行处理。

【任务解析】

该业务属于本月货到单未到业务。若月末发票仍未到达，只能进行暂估成本录入，并生成暂估采购凭证。

【业务流程】

该业务的流程如图 5.2.1 所示。

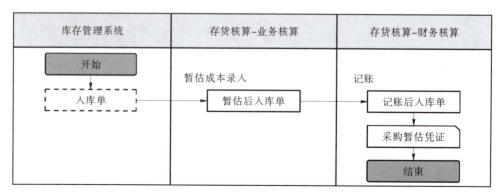

图 5.2.1 暂估成本录入流程

【岗位说明】

1. 会计 kj02 在【存货核算】-【业务核算】系统执行暂估成本录入，根据估价录入单位成本，然后可对该入库单进行记账处理。

2. 会计 kj02 在【存货核算】-【财务核算】系统根据估计的入库单生成采购暂估凭证。

【知识链接】

对于本月货到单未到业务，货物到达后即可填制入库单，因尚未取得发票，因此无法结算取得该批货物的采购成本，因此需要等发票。如果发票月底前取得，直接参照生成采购发票，进行采购结算，按照正常采购处理即可；月底发票若仍未收到，需要进行暂估成本录入，并对入库单进行记账，生成采购暂估的会计凭证，待日后再冲回。

【操作指导】

1. 以会计 kj02 身份登录到【企业应用平台】，【操作日期】为"2019-09-30"。

2. 在【业务工作】选项卡中，执行【供应链】-【存货核算】-【业务核算】-【暂估成本录入】命令，弹出【查询条件选择】窗口，将【包括已有暂估金额的单据】改为"是"，如图 5.2.2 所示，单击【确定】按钮。

90 暂估成本录入

图 5.2.2 查询条件选择

3. 进入【暂估成本录入】窗口，在【单价】栏将"2 300.00"改为"2 200.00"，单击【保存】按钮，系统提示"保存成功"，如图5.2.3所示。

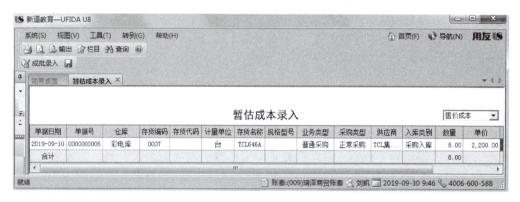

图5.2.3 暂估成本录入

4. 关闭【暂估成本录入】窗口，执行【供应链】-【存货核算】-【业务核算】-【正常单据记账】命令，弹出【查询条件选择】窗口，单击【确定】按钮，打开【正常单据记账列表】，双击选中TCL646A的入库单，如图5.2.4所示，单击【记账】按钮，系统提示"记账成功"。

图5.2.4 正常单据记账列表

5. 执行【存货核算】-【财务核算】-【生成凭证】命令，打开【生成凭证】窗口，单击【选择】按钮，弹出【查询条件】窗口，单击【确定】按钮。

6. 打开【未生成凭证单据一览表】，单击【全选】、【确定】按钮，打开【生成凭证】窗口，单击【生成】按钮，生成暂估采购凭证，单击【保存】按钮，如图5.2.5所示。

【注意事项】

1. 如果选项设定了入库单自动带出单价，那么在进行暂估成本录入时，需要将【包括已有暂估金额的单据】从默认的"否"改为"是"，否则无法查询到该单据。

2. 由于是暂估采购，没有取得采购发票，不能确定真正应支付的货款，因此生成的会计凭证的贷方为"应付账款—暂估应付账款",这区别于正常货单同到,进行采购结算后所生成的入库凭证。

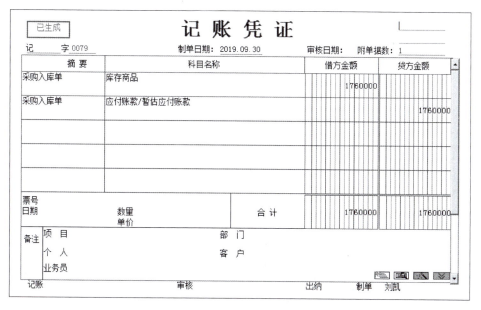

图 5.2.5　暂估采购凭证

【拓展延伸】

对于企业本月采购货到单未到商品入库时,先不进行单据的记账,要等发票。发票到了后进行结算,走正常采购业务处理流程;若月末发票仍然不到,就需要进行暂估成本录入和正常单据记账处理了。

任务2　计算发出存货成本

【任务描述】

2019 年 9 月 30 日,由于家用小电器库采用的是全月平均法核算发出商品成本,日常发出货物时尚未对该仓库存货进行记账及成本结账处理,月末计算平均单价并生成成本结转凭证。

【任务解析】

该业务要求对采用全月平均法的存货计算加权平均价格,生成成本结账凭证。

【岗位说明】

1. 会计 kj02 身份在【存货核算】-【业务核算】系统将所有使用全月平均法的出库单全部记账。

2. 在【存货核算】-【业务核算】系统进行期末处理,计算存货的加权平均单价。

3. 在【存货核算】-【财务核算】系统生成成本结账的会计凭证。

【知识链接】

全月平均法下，发出存货的成本在出库时无法确定，只能在月末的时候根据期初存货总成本、数量与本月入库存货成本、数量进行加权平均，方可计算取得，进而执行单据的记账和已售产品的成本结转。

【操作指导】

第一步：将单据全部记账

1. 以会计 kj02 身份登录到【企业应用平台】，【操作日期】为"2019-09-30"。

2. 在【业务工作】选项卡中，执行【供应链】-【存货核算】-【业务核算】-【正常单据记账】命令，打开【正常单据记账列表】窗口。

91 计算发出存货单价

3. 单击【全选】按钮，选中家用小电器库的所有专用发票，如图5.2.6所示，再单击【记账】按钮，系统提示"记账成功"。

选择	日期	单据号	存货编码	存货名称	规格型号	存货代码	单据类型
Y	2019-09-19	20190204	0011	九阳豆浆机D08			专用发票
Y	2019-09-19	20190204	0013	苏泊尔电饭煲B40			专用发票
Y	2019-09-23	20190208	0012	九阳电磁炉C22			专用发票
Y	2019-09-24	20190209	0011	九阳豆浆机D08			专用发票

图 5.2.6　正常单据记账

第二步：期末处理

1. 关闭【正常单据记账列表】窗口，执行【供应链】-【存货核算】-【期末处理】命令，打开【期末处理-9月】窗口，如图5.2.7所示。

2. 单击【处理】按钮，打开【仓库平均单价计算表】窗口，显示家用小电器库中所有商品本月发出的平均单价，如图5.2.8所示。

3. 单击【确定】按钮，系统提示"月末处理完成"，单击【确定】按钮，如图5.2.9所示，关闭【期末处理-9月】窗口。

第三步：生成家用小电器库成本结转凭证

1. 执行【存货核算】-【财务核算】-【生成凭证】命令，打开【生成凭证】窗口，单击【选择】按钮，弹出【查询条件】窗口，单击【确定】按钮。

2. 打开【未生成凭证单据一览表】，单击【全选】按钮，如图5.2.10所示，再单击【确定】按钮。

图 5.2.7　期末处理

月平均单价计算表

仓库平均单价计算表

记录总数：3

部门编码	仓库编码	仓库名称	存货编码	存货名称	存货单位	期初数量	期初金额	入库数量	入库金额	有金额...	平均单价
	04	家用小电器库	0012	九阳电磁炉C22	件	12.00	3,120.00	61.00	15,100.00	0.00	249.59
	04	家用小电器库	0011	九阳豆浆机D08	件	20.00	10,000.00	40.00	20,200.00	0.00	503.33
	04	家用小电器库	0013	苏泊尔电饭煲B40	台	5.00	8,000.00	0.00	0.00	0.00	1,600.00
小计											

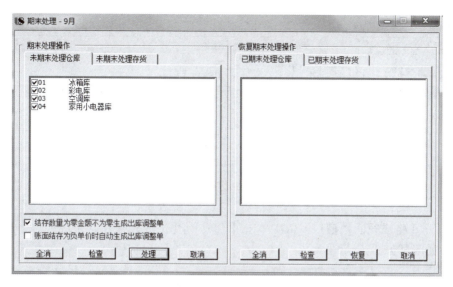

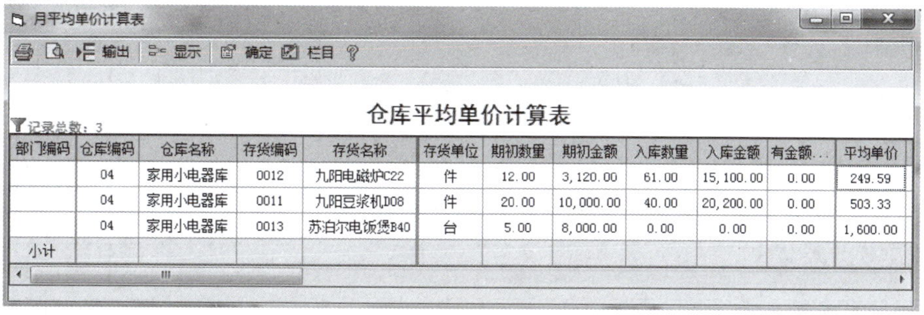

图 5.2.8　仓库平均单价计算表

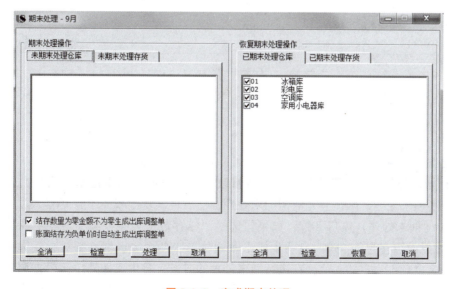

图 5.2.9　完成期末处理

图 5.2.10 未生成凭证单据一览表

3. 打开【生成凭证】窗口，依次单击【合成】、【生成】按钮，系统汇总生成成本结转凭证，如图 5.2.11 所示。

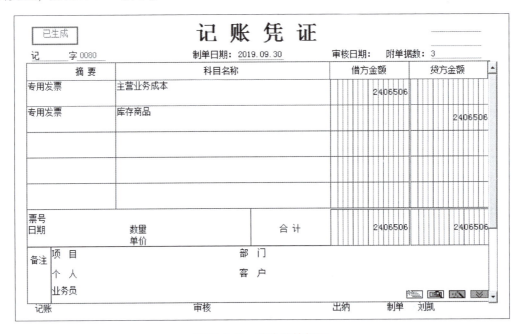

图 5.2.11 成本结转凭证

【注意事项】

1. 在进行期末处理之前，必须保证所有的单据均已记账。
2. 记账完毕后，如果需要对单据进行修改，可以通过"恢复记账"实现，但是如果已经完成了期末处理，则需要先取消期末处理，然后再恢复记账，才能更改单据。
3. 在【期末处理】窗口下方，如果勾选了"结存数量为零金额不为零生成出库调整单"和"账面结存为负单价时自动生成出库调整单"两个复选框，则对于存货结存数量为零，但是金额不为零的存货，在进行期末处理的时候，会生成调整单，根据调整单生成会计凭证进行金额的调整。企业也可以根据实际情况手工填制出库调整单对金额予以调整。

【拓展延伸】

对于采用全月平均法核算发出成本的存货，既可以在出库或销售时，根据出库单或销售发票进行记账，也可以在月末汇总记账。若在业务发生时执行记账，由于单价成本无法取得，因此无法生成出库或成本结转凭证，只有月末进行期末处理后，系统会自动计算得到发出存货的单价成本，进而才能生成相应凭证。

子项目 5.3 期末业务处理

四个自信——中国经济成绩单

任务 1　计算汇兑损益

【任务描述】

2019 年 9 月 30 日，人民币对美元的汇率为 6.58，计算应收账款美元户的汇兑损益。

【任务解析】

该业务要求计算外币资产负债由于汇率变动产生的汇兑损益。

【岗位说明】

1. 会计主管 zg01 设置期末调整汇率。

2. 会计 kj02 在【应收款管理】系统进行该系统受控科目由于汇率变动产生的损失或收益的计算，并生成汇兑损益凭证。

【知识链接】

当企业采用外币核算时，应选择月末计算或单据结清时计算汇兑损益。如果期末往来科目有余额，且企业选择了月末计算，则需要期末录入调整汇率，然后利用往来系统汇兑损益计算功能，根据期末汇率自动调整外币债权、债权余额，所产生的差额计入"财务费用"。

【操作指导】

第一步：录入调整汇率

1. 以会计主管 zg01 身份登录到【企业应用平台】，【操作日期】为"2019－09－30"。

2. 在【基础设置】选项卡中，执行【基础档案】－【财务】－【外币设置】命令，打开【外币设置】窗口，在"2019.09"的【调整汇率】栏录入"6.58"，如图 5.3.1 所示，然后单击【退出】按钮。

92 计算汇兑损益

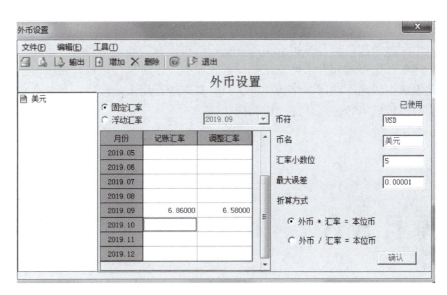

图 5.3.1　期末汇率设置

第二步：计算汇兑损益

1. 更换会计 kj02 身份登录到【企业应用平台】，【操作日期】为"2019-09-30"。

2. 在【业务工作】选项卡中，执行【财务会计】-【应收款管理】-【汇兑损益】命令，打开【汇兑损益】窗口，单击【全选】按钮，再单击【下一步】按钮，显示由于汇率变动所产生的应收账款（美元户）的汇兑损益计算金额，如图 5.3.2 所示。

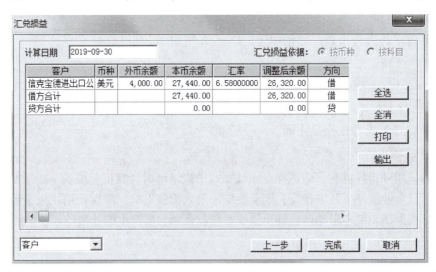

图 5.3.2　汇兑损益

3. 单击【完成】按钮，系统提示"是否立即制单"，单击【是】按钮，生成汇兑损益凭证，补充科目"660302"，并调整其方向为借方，单击【保存】按钮，如图 5.3.3 所示。

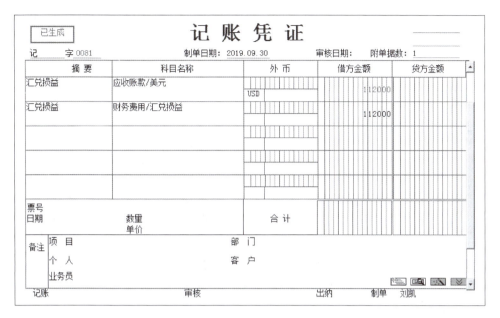

图 5.3.3 汇兑损益凭证

【注意事项】

1. 在计算本月汇率变动所产生的损益前，应先在【基础设置】中设置好调整汇率。
2. "财务费用"是费用类科目，其发生额应该在借方，可以用红字金额表示。

【拓展延伸】

对于【应收款管理】系统和【应付款管理】系统受控的往来核算科目，由于汇率变动所产生的汇兑损益在本系统进行处理，而库存现金、银行存款由于外币汇率变动所产生的汇兑损益，在【总账】系统处理。

任务 2　期末结账

【任务描述】

2019 年 9 月 30 日，本月所有经济业务处理完毕，对各启用系统进行结账处理。

【任务解析】

该业务要求完成各系统的结账工作。

【岗位说明】

1. 将供应链业务所生成的会计凭证在【总账】系统完成复核及记账工作。进行期间损益结转设置，并生成会计凭证，完成审核记账工作。
2. 会计主管 zg01 分别对【采购管理】系统、【销售管理】系统、【库存管理】系统和【存货核算】系统进行月结处理。
3. 会计主管 zg01 分别对【应收款管理】系统、【应付款管理】系统进行结账处理，当企业所启用的全部系统都已经完成结账，并且所有会计凭证已经审核记账后，进行【总账】系统的期末结账工作。

【知识链接】

月末通过结账工作将本月经济业务画上句号。软件各系统结账是有先后顺序的，一般来说对供应链系统先结账，然后是财务链各系统，只有所启用的所有其他系统结账完成后，才能进行总账系统的记账。

【操作指导】

第一步：完成凭证的复核及记账工作

1. 以出纳 cn01 身份登录【企业应用平台】，【操作日期】为"2019 - 09 - 30"，在【业务工作】选项卡中，执行【财务会计】-【总账】-【凭证】-【出纳签字】命令，对凭证完成出纳签字工作。

2. 更换会计 kj01 身份登录【企业应用平台】，【操作日期】为"2019 - 09 - 30"，在【业务工作】选项卡中，执行【财务会计】-【总账】-【凭证】-【审核凭证】命令，对所有的凭证完成审核工作。

93 期末结账

3. 更换会计 kj02 身份登录【企业应用平台】，【操作日期】为"2019 - 09 - 30"，在【业务工作】选项卡中，执行【财务会计】-【总账】-【凭证】-【记账】命令，对所有凭证执行记账。

4. 执行【财务会计】-【总账】-【期末】-【转账定义】-【期间损益】命令，打开【期间损益结转设置】窗口，【本年利润科目】录入"4103"，单击【确定】按钮，关闭窗口。

5. 执行【财务会计】-【总账】-【转账生成】命令，弹出【转账生成】窗口，选择"期间损益结转"，单击【全选】按钮，单击【确定】按钮，生成损益结转凭证，如图 5.3.4 和 5.3.5 所示。

图 5.3.4　期间损益结转凭证（一）

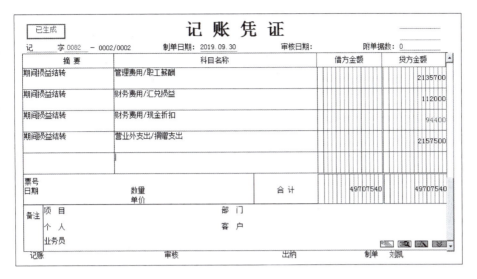

图 5.3.5 期间损益结转凭证（二）

6. 更换会计 kj01 身份对期间损益结转凭证进行审核，再以会计 kj02 身份对期间损益结转凭证进行记账。

第二步：供应链系统结账

1. 以会计主管 zg01 身份登录到【企业应用平台】，【操作日期】为"2019-09-30"。

2. 在【业务工作】选项卡中，执行【供应链】-【销售管理】-【月末结账】命令，弹出【结账】窗口，选中 9 月份，单击【结账】，系统提示"是否关闭订单"，单击"否"按钮，9 月结账成功，如图 5.3.6 所示，关闭窗口。

3. 执行【供应链】-【采购管理】-【月末结账】命令，弹出【结账】窗口，选中 9 月份，单击【结账】按钮，系统提示"是否关闭订单"，单击"否"按钮，9 月结账成功，如图 5.3.7 所示，关闭窗口。

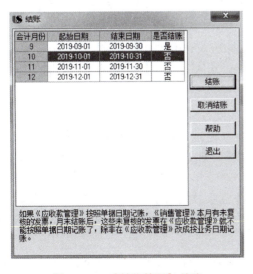

图 5.3.6 【销售管理】结账

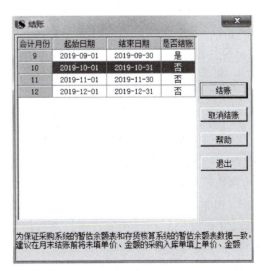

图 5.3.7 【采购管理】结账

4. 执行【供应链】-【库存管理】-【月末结账】命令，弹出【结账】窗口，选中9月份，单击【结账】按钮，系统提示"库存启用月份结账后将不能修改期初数据，是否继续结账？"，单击"是"按钮，9月结账成功，如图5.3.8所示，关闭窗口。

5. 执行【供应链】-【存货核算】-【业务核算】-【月末结账】命令，弹出【结账】窗口，如图5.3.9所示，单击【结账】按钮，关闭窗口。

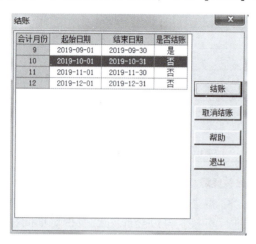

图5.3.8 【库存管理】结账

图5.3.9 【存货核算】结账

第三步：财务链系统结账

1. 执行【财务会计】-【应收款管理】-【期末处理】-【月末结账】命令，弹出【月末处理】窗口，在9月【结账标志】栏双击，出现"Y"标记，单击【下一步】按钮，单击【完成】按钮，系统提示"9月份结账成功"，单击【确定】按钮，关闭窗口。

2. 执行【财务会计】-【应付款管理】-【期末处理】-【月末结账】命令，弹出【月末处理】窗口，在9月【结账标志】栏双击，出现"Y"标记，单击【下一步】按钮，单击【完成】按钮，系统提示"9月份结账成功"，单击【确定】按钮，关闭窗口。

3. 执行【财务会计】-【总账】-【期末】-【结账】命令，弹出【结账】窗口，单击【下一步】按钮，进入【核对账簿】窗口，单击【对账】按钮，对账完毕后，单击【下一步】按钮，显示2019年9月的工作报告，如图5.3.10所示。

4. 单击【下一步】按钮，单击【结账】按钮，完成【总账】系统的期末结账工作。

【注意事项】

1. 结账要注意结账顺序和结账条件。

2. 由于采购、销售会影响存货数量，而存货又是通过【存货核算】生成会计凭证，因此供应链的结账顺序是先【采购管理】或【销售管理】，然后是【库存管理】，最后才是【存货核算】系统。

3. 由于采购销售业务的单据会自动传递到【应收款管理】和【应付款管理】系统，因此【采购管理】和【销售管理】系统的结账要早于【应收款管理】和【应付款管理】系统。

4. 只有当其他所有启用的系统完成结账后，才能进行【总账】系统的结账工作。如果【总账】系统结账不成功，可以通过检查工作报告，查找未能结账的原因。

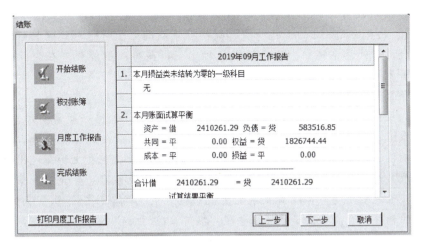

图 5.3.10　2019 年 9 月工作报告

【拓展延伸】

【总账】系统结账后,如果想修改单据,需要按照期末结账的逆顺序来取消结账,首先要取消【总账】系统的结账,通过 Ctrl + Shift + F6 快捷键予以实现。

 财务新世界

认识会计云

会计云计算的主要特征就是云(Cloud)。所谓云,就是基于广域网(包括公共云 Public Cloud、私有云 Private Cloud 和混合云 Hybrid Cloud)的软件和服务平台。会计云计算在世界范围内开始于 2005 年左右,目前在英语国家中,新西兰、澳大利亚和加拿大的会计云计算系统处于领先地位,具有代表性的是 Xero、Wave Accounting 和 Saasu。中国的传统会计软件开发商金蝶和用友正在开发在线版的会计软件,目前已经趋于成熟。

基于云的会计系统主要特征

会计云具有以下特征:一是随时随地接入系统——只要有网络连接。目前流行的解决方案都是完全依赖网络连接的,没有网络连接的时候完全无法使用。二是实时协作,无论是公司的内部会计人员还是外部会计师、审计师,都可以同步读写信息,公布更新内容。三是订阅式付费模式,区别于传统的买软件一次性投资,会计云计算的收费方式一般都是按月或者年交费,不交费无法继续使用。

会计云计算与传统会计软件的相同点

会计云计算与传统会计软件两者都是会计软件,都是用来记账的工具。无论使用哪种工具,最终达到的目的都是一样的:记账。现代会计软件都使用复式记账法为原则,关系型数据库为基础,一般都包括以下几个模块:总账、应收、应付、银行现金账、薪资等。这在会计云计算和传统会计软件中都是相同的。

会计云计算与传统会计软件的不同点

会计云计算和传统软件有什么不同呢?一是银行对账。在会计云计算系统中,银行对账变得简单易行。目前国际上主流的会计云计算软件都支持来自网上银行的实时数据（Live Feeds）。没有实时数据的银行一般都提供可下载的电子对账单。这些电子对账单可以直接导入会计云计算系统中，从而使银行对账变得简单和智能化。在会计云计算系统中，会计人员无须手工输入银行对账单上的内容和金额，节省了大量时间。智能化的会计云计算系统会自动记忆已经发生过的交易，并自动建议发生额的归集科目，从而减少了手工选择科目和税种的时间。二是数据备份。使用传统的会计软件一般需要每日备份数据。会计云计算系统上所有的数据都是实时的，一般没有备份的必要。主流会计云计算系统会和传统会计软件一样保留完整的审计线索（Audit Trial），所以在发生和发现错误时，可以通过反向分录来纠正。三是可扩展性，由于自身基于网络服务器，会计云计算系统有很好的可扩展性，可以轻松地与其他商业系统实现对接。主流的会计云计算系统如 Xero 已经开发了自己的插件平台，很多提供数据整理、报价系统的软件公司可以围绕会计云计算核心系统开发实用的增值服务。这在传统会计软件上是无法实现的。

会计云计算安全吗？

所有的会计云计算提供商都宣传会计云计算比传统会计软件安全。因为安装在个人电脑和局域网上的会计软件即便设置了密码也很容易被破解。如果个人电脑或者局域网被病毒、木马等安全威胁侵害，会计软件很难独善其身。而会计云计算系统一般是在高端的商用服务器上运行，除了更好的逻辑加密和保护外，这些服务器一般都设置在有专人监管的数据中心中，相对个人电脑来说更为安全可靠。如果用户能够接受网上银行的安全性，那么也应该能接受会计云计算的安全性，因为其数据中心和加密级别是一样的。

（文章来源 https：//wenda.so.com/q/1509021821217334？src=140）

项目小结

库存管理与存货核算业务		
子项目	任务列表	学习内容
库存管理业务	1. 存货盘点	存货盘点业务流程
		盘盈盘亏账务处理
	2. 发放非货币性福利	发放非货币性福利业务流程
		以外购存货发放福利的增值税处理
	3. 对外捐赠	对外捐赠流程
		以外购存货对外捐赠的增值税处理
存货核算业务	1. 录入暂估成本	暂估业务原理
	2. 计算发出存货成本	存货核算系统期末处理流程
		期末处理注意事项及作用
期末业务处理	1. 计算汇兑损益	往来核算系统汇兑损益计算流程
	2. 期末结账	各系统月末结账顺序
		月末无法结账的原因分析

拓展学习资源

差错更正微课				
期初入库单 录入错误	存货核算系统 无法记账	库存管理表体 无法编辑	开户银行信息 无法保存	审核不到 采购发票
无法生成 到货单	核销时 没有付款单	预付款 凭证错误	暂估业务 无法执行记账	参照入库单生成 的发票无法保存

比赛链接				
设置订单 自动关闭	汇票贴现	签订无法估计 退货率合同	签订可估计 退货率合同	处理销售存在 质量问题商品
运费分摊	签发商业汇票	债务重组	计提存货 跌价准备	月末处理

参 考 文 献

[1] 李爱红. ERP 财务供应链一体化实训教程（用友 U8V10.1）[M]. 北京：高等教育出版社，2017.

[2] 庄胡蝶. 会计信息化 [M]. 北京：高等教育出版社，2015.

[3] 王新玲. 会计信息系统实验教程 [M]. 北京：清华大学出版社，2014.

[4] 宋红尔，赵越，冉祥梅. 用友 ERP 供应链管理系统应用教程 [M]. 大连：东北财经大学出版社，2018.